はじめに

　本書は、「大学入学共通テスト」（以下、共通テスト）攻略のための問題集です。

　共通テストは、「思考力・判断力・表現力」が問われる出題など、これから皆さんに身につけて
もらいたい力を問う内容になると予想されます。

　本書では、共通テスト対策として作成され、多くの受験生から支持される河合塾「全統共通テス
ト模試」「全統共通テスト高2模試」を収録しました。

　解答時間を意識して問題を解きましょう。問題を解いたら、答え合わせだけで終わらないように
してください。この選択肢が正しい理由や、誤りの理由は何か。用いられた資料の意味するものは
何か。出題の意図がどこにあるか。たくさんの役立つ情報が記された解説をきちんと読むことが大
切です。

　こうした学習の積み重ねにより、真の実力が身につきます。

　皆さんの健闘を祈ります。

本書の使い方

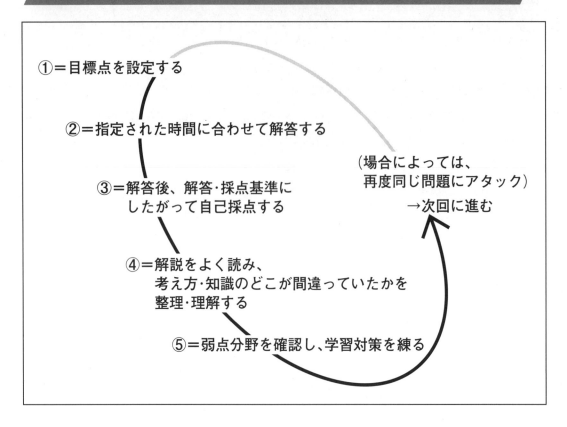

◎次に問題解法のコツを示すので、ぜひ身につけてほしい。

解法のコツ

1. 問題文をよく読んで、正答のマーク方法を十分理解してから問題にかかること。
2. すぐに解答が浮かばないときは、明らかに誤っている選択肢を消去して、正解答を追いつめていく(消去法)。正答の確信が得られなくてもこの方法でいくこと。
3. 時間がかかりそうな問題は後回しにする。必ずしも最初からやる必要はない。時間的心理的効果を考えて、できる問題や得意な問題から手をつけていくこと。
4. 時間が余ったら、制限時間いっぱい使って見直しをすること。

目　次

はじめに	1
本書の使い方	2
出題傾向と学習対策	4
出題分野一覧	8

―――――――――――――――― ［問題編］ ―― ［解答・解説編（別冊）］

		［問題編］	［解答・解説編（別冊）］
第1回 （'23年度第2回全統共通テスト模試改作）		9	1
第2回 （'23年度全統プレ共通テスト改作）		41	35
第3回 （'23年度第3回全統共通テスト模試）		75	69
第4回 （'23年度全統共通テスト高2模試）		109	107

― 3 ―

出題傾向と学習対策

英語（リーディング）

　従来の「大学入試センター試験」に代わって2021年1月から始まった「大学入学共通テスト」は，2024年1月で4回目の実施となった。本試験の英語（リーディング）の問題は，昨年度と比べて，大問の数や配点に変化はなかったが，一部の問題で読解素材の種類に変化があった。

　第1問Aは「観劇の申込書」から「国際交流イベントのチラシ」へ，第1問Bは「夏の英語特訓キャンプのウェブサイト」から「日帰りツアーについての案内」へ，第2問Aは「靴の広告のウェブサイト」から「コメント付きのクラブ活動の勧誘チラシ」へ，第2問Bは「交換留学生の書いたレポート」から「旅行保険プランのレビュー」へ，第3問Aは「会報」から「ブログ」へ，第3問Bは「ブログ」から「学校新聞の記事」へ，第4問は「2つの記事」から「英語クラブ用の部屋の模様替えに関する記事」へと変わった。

　設問で問われているポイントに大きな変化はなく，マーク数も昨年と同じであった。ただし，第5問の「物語文」が時系列に沿って展開せず，語数も昨年より約300語増えて，難化した。また，読まなければならない英語の総語数は，昨年が約6,100語，今年が約6,300語で，200語ほど増加した。大学入試センター発表の平均点は，昨年の53.8点から今年は2.4点下がって51.4点となり，やや難化し，平均点が得点率60％前後で推移していたセンター試験よりやや低くなっている。

2024年度共通テスト英語（リーディング）本試験　出題内容一覧

大問	分野		マーク数	配点
第1問	A	読解問題（チラシ，イラスト付き）	2	10
	B	読解問題（案内，イラスト付き）	3	
第2問	A	読解問題（チラシ，イラスト付き）	5	20
	B	読解問題（レビュー）	5	
第3問	A	ビジュアル読解問題（ブログ，写真4枚付き）	2	15
	B	読解問題（学校新聞，イラスト付き）	6	
第4問		ビジュアル読解問題（記事とアンケート結果，表・配付物付き）	6	16
第5問		ビジュアル読解問題（物語文，プレゼン用メモ付き）	9	15
第6問	A	ビジュアル読解問題（記事，プレゼン用メモ付き）	5	24
	B	ビジュアル読解問題（論説文，プレゼン用スライド付き）	6	
			49	100

　共通テストの英語（リーディング）では，単に「知識を蓄える力＝記憶力」ではなく，「知識を有効に使って思考する・判断する・表現する力」を様々な種類のテクスト（＝読み物）の読解力を試すことを通じて測ることを意図した問題が出題されている。テクストを読んで，概要や要点を把握する力や，必要な情報を的確に見つける力を使って，内容一致問題に加えて，「事実（fact）と意見

— 4 —

（opinion）を区別する問題」「本文と図表の情報を組み合わせて解答する問題」「複数の文章の情報を読み取って解答する問題」「読み取った情報から推測をする問題」などを解くことが求められている。

なお，2025年度からは，大学入試センターが令和4年（2022年）にモニター調査を行った際の大問8問構成という新しいパターンで共通テストが出題される可能性がある。その中で用いられるかもしれない「試作問題」が2問公表されているが，現段階ではどのようにその試作問題が入るのかは大学入試センターも公言してはいないので，本冊子では「全統共通テスト模試」「全統共通テスト高2模試」を掲載のほか，大問8問構成の新しいパターンの問題も掲載している。

最後に，忘れてほしくないことが1つある。それは，「思考力・判断力・表現力」の3つの力を十分に発揮するためには，「知識の蓄積」を基盤に据えなければならない，ということである。あからさまに文法・語法などの知識を試す問題が出題されないからといって，その種の問題演習をまったく無視して英語の知識を蓄えなかったら，結局は「英語の知識を使いながら英文を読む」というしっかりとした読解力は身につかない。君たちの読解力が「砂上の楼閣」にならないよう，市販の代表的な文法・語法の問題集を1冊，最低2回解くことによって，「知識による基礎固め」を怠らないようにしてほしい。

君たち受験生が，来年の共通テストの英語（リーディング）に十分に対処できるようになることを祈っている。

Keep studying!

（河合塾英語科講師　杉山俊一）

特徴的な問題

今年度の本試験では，「事実と意見を区別する問題」や「出来事を時系列に沿って並べる問題」，「本文と図表の情報を組み合わせて解答する問題」が引き続き出題された。

また，第3問Aで「ブログの投稿者に対する適切なコメントを選択する問題」が，第4問で「本文とそれに関するグラフ付きのアンケート結果を読み，グループ討論用の配布物を作成する問題」が，第4問と第6問Bでメモや配布物の中の誤りを指摘する問題が出題されたが，これらはいずれも新傾向の問題であった。

以下に，過去3年の本試験で出題された特徴的な問題を取り上げる。

➤事実（fact）と意見（opinion）を区別する問題

問3　One **opinion** stated by a member is that ☐8☐ .

　① comparing different games is interesting

　② many videos about go are useful

　③ members learn tips at competitions

— 5 —

④ regular meetings are held off campus

(2024年度本試験第2問A)

問2　One **fact** about the Commuting Challenge is that ⎡ 12 ⎤ .

① fewer than 10% of the participants were first-years
② it was held for two months during the winter
③ students had to use portable devices on buses
④ the majority of participants travelled by train

(2023年度本試験第2問B)

<特徴とポイント>

　客観的に成立する事柄を表す「事実(fact)」と主観的な考えや気持ちを表す「意見(opinion)」とを区別する問題が共通テストの第2問で毎年問われている。そのような問題は，「意見とは特定の人の考えや気持ちを表すもの」という基本的な基準に照らし合わせて，消去法で解くことができることを覚えておきたい。

➢出来事を時系列に沿って並べる問題

問1　Choose **four** out of the five events (①～⑤) and rearrange them in the order they happened.

⎡ 30 ⎤ → ⎡ 31 ⎤ → ⎡ 32 ⎤ → ⎡ 33 ⎤

① Kasumi becomes vice-president of her company.
② Kasumi gets in touch with Takuya.
③ Maki gets her university degree.
④ Maki starts working in her family business.
⑤ Takuya is inspired to start his own business.

(2024年度本試験第5問)

<特徴とポイント>

　共通テストでは，本試験の第3問Bと第5問で，本文で述べられた出来事を時系列に沿って並べる問題が4年続けて出題されている。書かれている順番に並べるだけでよい場合もあるが，動詞の時制，特に過去完了に注意して，順番を決めなければならない場合もあるので，注意が必要である。

— 6 —

➤本文と図表の情報を組み合わせて解答する問題

問3　If you take Kaitlyn's advice, how should you fill your backpack?　16

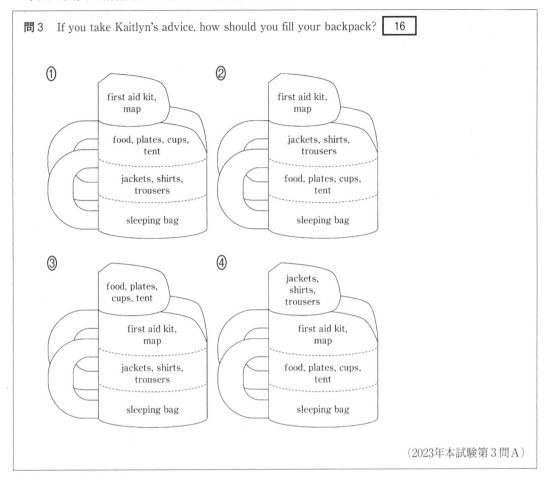

（2023年本試験第3問A）

＜特徴とポイント＞
　2023年度本試験の第3問A問1は，本文の情報を適切に表しているイラストを選ぶ必要のある新傾向の問題であった。当然のことながら，本文が十分に読めていなければ，正解の❷のイラストを選ぶことはできない。なお，2024年度本試験の第3問A問2でも，本文の内容に合う写真を選ばせる問題が出題されている。

出題分野一覧

		'21共通テスト 第1日程 A	'21共通テスト 第1日程 B	'21共通テスト 第2日程 A	'21共通テスト 第2日程 B	'22共通テスト 本試験 A	'22共通テスト 本試験 B	'22共通テスト 追試験 A	'22共通テスト 追試験 B
第1問	出題形式	ビジュアル読解問題	ビジュアル読解問題	ビジュアル読解問題	ビジュアル読解問題	ビジュアル読解問題	ビジュアル読解問題	ビジュアル読解問題	読解問題
	内容	携帯メールのやり取り	表入りウェブサイト	携帯メールのやり取り	表入りウェブサイト	料理本	ウェブサイト	携帯メールのやり取り	ウェブサイト
第2問	出題形式	ビジュアル読解問題	読解問題	ビジュアル読解問題	読解問題	読解問題	読解問題	読解問題	読解問題
	内容	評価表, コメント	オンライン掲示板	調査結果の集計（3つの表）	講座案内	図書館の案内	学校新聞	ホテルの案内	記事
第3問	出題形式	ビジュアル読解問題	読解問題	ビジュアル読解問題	読解問題	読解問題	読解問題	読解問題	読解問題
	内容	ウェブサイト上のQ&A	学校新聞	ブログ（遊園地の案内図）	雑誌記事	ブログ	雑誌記事	ブログ（表）	記事
第4問	出題形式	ビジュアル読解問題		ビジュアル読解問題		ビジュアル読解問題		ビジュアル読解問題	
	内容	Eメールのやり取り（表, グラフ）		Eメールのやり取り（グラフ, 表, プレゼン用下書き）		ブログ（表, イラスト）		2通のメール（表）	
第5問	出題形式	ビジュアル読解問題		ビジュアル読解問題		ビジュアル読解問題		ビジュアル読解問題	
	内容	ニュース記事（プレゼン用スライド）		伝記（プレゼン用メモ）		伝記（プレゼン用メモ）		伝記（プレゼン用スライド）	
第6問	出題形式	ビジュアル読解問題		ビジュアル読解問題		ビジュアル読解問題		ビジュアル読解問題	
	内容	記事, ポスター	論説文, グラフ	論説文	論説文, ポスター	論説文, 要約メモ	論説文, ポスター	記事（要約メモ）	論説文（プレゼン用ポスター）

		'23共通テスト 本試験 A	'23共通テスト 本試験 B	'23共通テスト 追試験 A	'23共通テスト 追試験 B	'24共通テスト 本試験 A	'24共通テスト 本試験 B	'24共通テスト 追試験 A	'24共通テスト 追試験 B
第1問	出題形式	ビジュアル読解問題	読解問題	読解問題	ビジュアル読解問題	読解問題	読解問題	読解問題	読解問題
	内容	演劇の申込書	ウェブサイト	使用説明書	チラシ	チラシ	案内	チラシ	ウェブサイト
第2問	出題形式	読解問題	読解問題	読解問題	読解問題	読解問題	読解問題	読解問題	読解問題
	内容	ウェブサイト（靴の広告）	レポート	メール	記事	チラシ	レビュー	広告	ネット記事
第3問	出題形式	読解問題	読解問題	読解問題	読解問題	ビジュアル読解問題	読解問題	ビジュアル読解問題	読解問題
	内容	会報	ブログ	雑誌記事	エッセイ	ブログ	学校新聞	ブログ	日記
第4問	出題形式	ビジュアル読解問題		ビジュアル読解問題		読解問題		読解問題	
	内容	2つの記事（表, グラフ）		2つのメール（表, 図）		記事とアンケート結果（グラフ, 討論用配布資料）		配布資料（表, 会議用メモ）	
第5問	出題形式	ビジュアル読解問題		ビジュアル読解問題		読解問題		読解問題	
	内容	物語文（プレゼン用メモ）		物語文（プレゼン用メモ）		物語文（プレゼン用メモ）		エッセイ（プレゼン用メモ）	
第6問	出題形式	ビジュアル読解問題		ビジュアル読解問題		読解問題		読解問題	
	内容	記事（要約メモ）	論説文（プレゼン用スライド）	記事（要約メモ・クイズ）	記事（プレゼン用ポスター）	記事（プレゼン用メモ）	論説文（プレゼン用スライド）	論説文（プレゼン用メモ）	論説文（プレゼン用スライド）

第 1 回

（80 分/100 点）

※この問題は'23年度第2回全統共通テスト模試を改作しており，第1問～第8問まであります。

◆　問題を解いたら必ず自己採点により学力チェックを行い，解答・解説，学習対策を参考にしてください。

配点と標準解答時間

設　問	配点	標準解答時間
第1問　読解問題（ウェブサイト）	8点	5分
第2問　読解問題（レポート）	10点	7分
第3問　読解問題（記事）	9点	7分
第4問　読解問題（レポート推敲）	12点	7分
第5問　読解問題（記事）	16点	12分
第6問　読解問題（レポート作成）	18点	16分
第7問　読解問題（記事）	15点	14分
第8問　読解問題（論説文）	12点	12分

各大問の英文や図表を読み，解答番号 1 ～ 47 にあてはまるものとして最も適当な選択肢を選びなさい。

第1問 （配点 8）

You are a senior high school student interested in railways and cameras. You find a website for a contest hosted by the transit department of the city where you live. You are thinking about entering the contest.

Calling All Train and/or Bus Lovers!

On July 1 this summer, the Green Line train line will start serving passengers on the east side of Kawai City. As part of the celebration, the transit department is holding an art contest for train and/or bus lovers. It consists of three sections: Photo Section, One-minute Video Section, and Painting Section. Any citizen of Kawai City can enter this contest.

◆ **Photo Section**

At least a part of a train or bus from our city has to be clearly shown in your photo. Only photos taken within the last 12 months will be accepted.

◆ **One-minute Video Section**

At least a part of a train or bus from our city has to be included in your video. Only videos recorded within the last 12 months will be accepted.

◆ **Painting Section**

Your work should concern a train or bus, but any image of them, abstract or concrete, can be used. There is no regulation on when your painting was completed.

▶ **Contest Schedule**

➢ The contest will be open until 5 p.m. on May 31. To enter, click **HERE** and follow the directions for each section.

➤On June 7, five finalists for each section will be selected from the entries, and these works will be put on display in the Central Station waiting room at noon. Visitors can vote for their favorite photo/video/painting until 11:59 p.m. on June 21. After that, three grand prize winners (one from each section) will be decided based on the number of votes received.

➤On June 30, there will be a ceremony on the new Green Line platform in Central Station, honoring the grand prize winners.

▶ **Prizes**

➤All finalists will receive 7 one-day passes, which will be valid for all bus and train travel within one day.

➤The grand prize winner for each section will also receive a 6-month transit pass and a souvenir jacket with the new Green Line logo.

問 1 In order for your work to qualify for entry, you must ☐ 1 ☐.

① include a clear image of a train or a bus in it

② make sure it was made after May last year

③ reside in the city where the contest is being held

④ take it to Central Station yourself

問 2 You can vote for your favorite work between ☐ 2 ☐.

① May 31 and June 7

② May 31 and June 21

③ June 7 and June 21

④ June 7 and June 30

もし15オク ファイナリ スト12

問 3 If the work you submitted is included among those of the fifteen finalists, you will [3].

① be awarded a bus and train pass valid for 6 months
② be invited to a ceremony at Central Station
③ receive clothing with a train line logo on it
④ receive seven days of free bus or train rides

問 4 The contest will be held to [4].

① celebrate the opening of a new train line
② conduct a ceremony on the platform
③ let you vote for your favorite work of art
④ support young, promising artists

第2問 （配点 10）

You are a member of the school English club. The club is working on a student project that aims to make learning English more enjoyable. To get ideas, you are reading a report about a school challenge. It was written by a British student who studied in another school in Japan.

Extensive Reading Challenge

Many Japanese teenagers enjoy reading if the language is Japanese. But when it comes to reading in English, it is something they do only in class or for homework, and the material is often uninteresting. What if students could choose the English books they read? We started a programme to encourage students to read more in English. Over four hundred English books were added to our library before the start of the school year. We analysed students' borrowing records at the end of the year and learned that 112 of 300 students at the school participated. Nearly two-thirds didn't take part. Why did they not participate? Let us take a look at some of the feedback (given below):

Feedback from students

YO: I enjoyed reading famous and popular stories in the original English rather than reading translations. I read all of the Sherlock Holmes stories, starting with the easiest and working my way up to the most difficult.

AN: I was interested at first because I thought we would be tested on the books in English class. When I realised we wouldn't be tested, I decided not to take part.

NH: I knew about this challenge, but I was so busy with homework and club activities that I didn't have time for it.

MB: I was glad that the school librarians helped me select the level of difficulty appropriate for me. Without their help, I might have spent a lot of time on books that were too hard to read.

EW: I felt there were too many fiction books in the selection and not enough non-fiction. There were hardly any books on science topics, which was disappointing.

— 13 —

問 1 The aim of the Extensive Reading Challenge was to help students to
  5 .

① enjoy reading in Japanese
② read books accurately
③ read more in a foreign language
④ use the library more frequently

問 2 One **fact** about the Extensive Reading Challenge is that 6 .

① a thousand books were available in English
② about 60% of students didn't take part
③ students couldn't choose what to read
④ the library of the school is old and small

問 3 From the feedback it is clear that participants were 7 during the
Extensive Reading Challenge.

A : enjoying non-fiction more than fiction
B : getting assistance with choosing the right books
C : reading well-known stories
D : studying for English tests

① A and B
② A and C
③ A and D
④ B and C
⑤ B and D
⑥ C and D

— 14 —

問 4　One of the participants' opinions about the Extensive Reading Challenge is that 　8　.

① homework and club activities are as important as reading

② there was a test for each book, which was very difficult

③ there were too few books about real people and events

④ time was wasted on books that were too hard to read

問 5　Clearly, 　9　 did not participate in the Extensive Reading Challenge.

① AN and EW

② AN and NH

③ EW and MB

④ MB and YO

⑤ NH and YO

第3問 (配点 9)

You enjoy doing charity work and have found an interesting story in a travel magazine about a situation in Haiti.

Digging Deep to Help Haiti

During the Spring Break, I traveled to Haiti with some friends from school. It wasn't a vacation, though — we were there to help dig wells for people living in the mountains. I had originally planned to just stay at home and watch TV during my time off, but after reading an article on the internet about how many people in Haiti didn't have access to clean water, I began to think I had to do something to make a difference. After speaking with the leader of my school's community service club, we found an organization that provided me and 10 other members of the club with plane tickets for the 7-hour flight to the island.

When we got there, I was surprised by how beautiful the scenery was and how colorful the cities were. However, as we took a small bus into the mountains, the roads got bumpier and bumpier, and I saw people carrying jugs of water on their shoulders. Our driver informed us that many wells had been damaged in a recent earthquake, which made it almost impossible for the residents to get clean water.

We stayed in three different villages over the next two weeks, working with local builders to help dig new wells and fix old ones. Everyone was extremely kind to us, not only offering us beds to sleep in, but also feeding us home-cooked meals for breakfast, lunch, and dinner, and treating us as members of the community. One week into the trip, I got such a high fever that our team leader was ready to send me home, but some local doctors came from a larger nearby village and gave me medicine. I was soon healthy enough to start digging again, which was a relief because I would have hated to leave the job before it was finished.

In the end, our team was able to assist with the construction or repair of a dozen wells. I made friends with some Haitian girls in one of the villages, and we promised to write letters to each other. Back at school after the break, I gave a presentation to my classmates about the trip, so hopefully next year we will have 20 more volunteers for another trip.

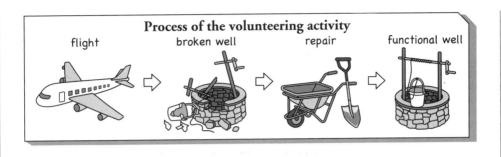

問 1 Put the following events (①～④) into the order in which they happened.

[10] → [11] → [12] → [13]

① Doctors treated the writer for her illness.
② The bus driver explained a problem in Haiti.
③ The team finished digging and repairing all the wells.
④ The writer made a presentation about Haiti to her classmates.

問 2 The main reason many Haitian villages needed new wells was that [14].

① a natural disaster had damaged their usual sources of water
② diseases were spreading quickly through existing water supplies
③ residents were spending too much time waiting in line for water
④ transporting water from more populated areas was too expensive

問 3 From this story, you understand that the writer [15].

① committed herself to helping the villagers
② explored the island during her free time
③ persuaded more classmates to enjoy a vacation in Haiti
④ wished she could have finished the well project

第4問 （配点 12）

In English class, you are writing an essay on a social issue you are interested in. This is your most recent draft. You are now working on revisions based on comments from your teacher.

Strategies for Reducing Food Waste in Businesses	Comments
In order to tackle the growing problem of food waste, businesses need to find new ways to avoid wasting food. This is better for the planet and it can save money. This essay will highlight three ways to reduce the amount of food wasted. First, companies need to make a more accurate prediction of the amount of food they can sell. By looking at data and market trends, they can better estimate how much food their customers will buy. (1)∧ They are less likely to produce too much excess food and throw it away. Next, it is important to review the best-before date rules for food. Often, the date on the packaging is earlier than it actually is. (2)∧Conducting more research on best-before dates and establishing more flexible best-before date guidelines could reduce the amount of food wasted. Another good way is to use (3)advertising to sell food at a discount. Food sharing apps allow businesses to give leftovers to people in need or charities. This allows people to buy or receive food that is likely to go unsold but is still edible. In conclusion, by anticipating what food can be sold, (4)not displaying the best-before date, and utilizing apps to share surplus food, companies can make an effort to avoid food waste. This is good for the environment, for the business, and for everyone. Starting a new way of doing things requires change.	(1) Insert a connecting expression here. (2) You are missing something here. Add more information between the two sentences to connect them. (3) This topic sentence doesn't really match this paragraph. Rewrite it. (4) The underlined phrase doesn't summarize your essay content enough. Change it.

— 18 —

第1回

問 1 Based on comment (1), which is the best expression to add? 　16

① As a result,

② For instance,

③ In contrast,

④ On the other hand,

問 2 Based on comment (2), which is the best sentence to add? 　17

① This is because it is difficult to distinguish safe from unsafe food.

② This is why warnings on dangerous foods are not compulsory.

③ This makes it impossible to store food until it is safely consumed.

④ This means that food is thrown away when it is still safe to eat.

問 3 Based on comment (3), which is the most appropriate way to rewrite the topic sentence? 　18

① apps to buy or donate missing food

② apps to sell or donate excess food

③ social media to check which food is needed

④ social media to dispose of surplus food

問 4 Based on comment (4), which is the best replacement? 　19

① gaining customer satisfaction

② legally regulating food waste

③ reducing production costs

④ setting better best-before dates

— 19 —

第5問 （配点 16）

Your teacher has asked you to read two articles about growth. You will discuss what you learned in your next class.

The Growth Mindset: Love for the Process
Vivian Bellweather
Career Counselor, Mountain View East High School

A big part of my job is meeting with students who are struggling in school. One common thing that I've noticed is that almost all of them have what psychologists call a "fixed mindset." To put it simply, they think of themselves as having identities that are difficult or even impossible to change. This can cause students who perform poorly in school at an early age to have trouble believing they can improve their performances at a later stage. But the problem doesn't just apply to students with low grades; students who performed well in their classes when they were younger often see themselves as naturally talented, and stop putting in the effort required to get good grades later on.

This is why the "growth mindset" is so important. Essentially, the growth mindset encourages people to think much more about the process of improving than about the outcomes. For example, a student who gets a good grade on a math test should be complimented not for being smart, but for the hard work they put into achieving the high score.

The growth mindset ends up being influential for a number of reasons. For one thing, outcomes are hard to control, but the process of learning isn't. Secondly, it teaches young people to view negative results as challenges that can and will be overcome, as opposed to evidence that they aren't good enough to succeed. Finally, by teaching people to take pride in doing things the right way, the growth mindset will help them continue to improve and develop later in life.

And this is the most important part of the growth mindset. Its application extends far beyond school, into our professional and personal lives. So remember, there's nothing you can't do — there are just things you haven't learned to do yet.

The Two Mindsets

Fixed Mindset	Growth Mindset
Intelligence is inborn.	Intelligence can be improved.
Useful negative feedback is ignored.	Feedback is a learning opportunity.

— 20 —

The Value of Pushing for Achievement

Fabian Morales

Assistant Principal, Mountain View West High School

There has been a lot of talk about the growth mindset over the last decade. Academics all over the world, from educators to researchers, agree that encouraging people to see themselves as capable of improvement is incredibly helpful. We must make sure that this type of encouragement leads to success for students even after they graduate. After all, once young people enter the workforce, they will be expected to get results.

In my opinion, the growth mindset is most effective when it is paired with clearly identified and expressed goals. Without these goals, the process of improving can become vague and meaningless. Even the smallest bit of progress is still progress, but what if a student is learning too slowly? Or if the progress they are making is from an F (the failing grade) to a D (the lowest passing grade)? At some point, it is not enough to simply say "I'm better than I was yesterday." Everyone needs a boost sometimes, and that can come in the form of setting a goal, reaching it, and celebrating that success.

There is research supporting the idea that people respond better to concrete goals than to abstract processes. One major study, performed last year, compared the behavior of students who were motivated by a reward ($10) with the behavior of those who received praise for their efforts. The students were asked to perform a variety of tasks, from puzzle solving to physical fitness exercises. When their final scores were added up, the scores in the reward group were higher, and this finding held true across dozens of randomized studies. The lesson is clear: if there is a motivating reward, most people will work hard to attain it.

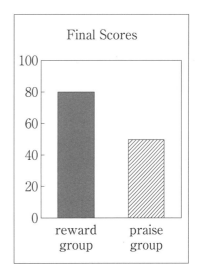

問 1　According to Bellweather, a fixed mindset presents problems for ☐20☐ .

① only exceptionally clever students

② only less intelligent students

③ only students of average grades

④ students of various abilities

問 2　Morales believes that ☐21☐ .

① achievement leads to rewards

② hard-earned victories are meaningless

③ minor improvements can be of little use

④ verbal support works better

問 3　Morales emphasizes the importance of setting ☐22☐ goals in order to reinforce an approach supported by Bellweather, who aims to give students a ☐23☐ approach to learning. (Choose the best one for each from options ①～⑥.)

① clear

② complex

③ consistent

④ sudden

⑤ temporary

⑥ traditional

問 4　Both writers agree that 　24　 is an important part of people's growth.

① organized testing

② parental support

③ personal satisfaction

④ success beyond school

問 5　Which additional information would be the best to further support Morales' argument for focusing on achievement?　25

① His personal theories about the future of education

② How different types of rewards affect student behavior

③ What physical fitness tasks the students in the study performed

④ What puzzle the students in the study enjoyed solving most

第6問 (配点 18)

You are working on an essay on the topic of whether face-to-face or online classes are more desirable.　You will follow the steps below.

Step 1: Read and understand different opinions about face-to-face versus online classes.

Step 2: Decide whether face-to-face or online classes are more desirable.

Step 3: Develop an essay outline using additional sources.

[Step 1] Read various sources

Author A (High school student)

Because students are in the same place, it is easy to communicate with their teachers and friends, which is one of the advantages of face-to-face classes. Students can ask the teacher direct questions about what they don't understand, and they work together on group projects that strengthen their bonds.　Face-to-face classes provide more opportunities for students to interact and collaborate with their classmates, as well as to participate in group discussions.　This helps improve their social and cooperative skills.

Author B (Lawyer)

Choice of education form is a fundamental human right.　Individual students have the right to choose the educational environment that best suits their circumstances and preferences.　Whichever is more appropriate depends on the student's learning style, family situation, and health.　People learn in different ways and may be educated in different environments.　Some students prefer to interact and collaborate in face-to-face classes, and the classroom atmosphere can have a positive impact on their learning.　On the other hand, online classes offer flexibility, and the advantage of learning without the limitations of time and

---

— 24 —

place.

Author C (Business person)

In face-to-face classes, all students spend the same amount of time on the same topics, which can cause some students to fall behind if they do not understand the more difficult content. However, online classes give students the flexibility to take extra time to catch up on these challenging topics. You can go deeper into each topic at your own pace and level of understanding. If you encounter a difficult concept, you can review that part of the recorded lesson over and over again if a recording of the class is available. This allows students to work on a topic until they fully understand it and feel confident to move on.

Author D (Teacher)

Face-to-face classes allow students to physically meet their teachers and friends, making them feel less alone. Students are more motivated to learn when they see their friends around them taking their studies seriously. When students see their classmates actively participating in class, asking questions, and engaging in discussions, they are encouraged to do the same. A passion for learning is shared and an atmosphere of collaboration and growth is fostered throughout the class. This is expected to improve the quality and outcome of learning.

Author E (Sociologist)

Online classes have several advantages. First, students can access them from home or elsewhere, saving time and transportation costs associated with commuting to school. By eliminating commuting time, students have more free time to enjoy hobbies and other activities. This reduces stress for students and promotes a more balanced lifestyle. In addition, online classes are very flexible for situations where students are unable to commute to school for any reason. In the event of illness, bad weather, or traffic problems, students can take online classes wherever they are. This flexibility helps students learn at their own pace and provides continuity of learning.

問 1 Both Authors C and E mention ☐26☐ .

① the advantages of being able to save commuting time

② the advantages of online classes in terms of price and accessibility

③ the benefits of being able to ask teachers questions

④ the benefits of online classes in terms of self-paced learning

問 2 Author B implies that ☐27☐ .

① having a choice between face-to-face and online classes has a significant impact on students' learning styles

② people have diverse learning styles, but there are no individual differences in the most effective education

③ students are free to choose the educational environment in which they receive their minimum compulsory education

④ students should be able to choose the educational environment that is most appropriate for them, whether it is face-to-face or online

第 1 回

[Step 2] Take a position

問 3　Now that you have understood the different points of view, you have decided on whether face-to-face or online classes are more desirable and have written it down as follows. Choose the best options to complete 　28　, 　29　, and 　30　.

Your position: Face-to-face classes are more desirable.

・Authors 　28　 and 　29　 support your position.

・The main argument of the two authors: 　30　.

Options for 　28　 and 　29　. (The order does not matter.)

① A
② B
③ C
④ D
⑤ E

Options for 　30　.

① Face-to-face classes have the advantage of being able to observe student discussions with academic objectivity

② Face-to-face classes have the advantage of better communication, stronger relationships and increased motivation through direct interaction

③ The advantage of face-to-face classes includes higher test scores, easier self-learning and closer collaboration between parents and teachers

④ The advantage of face-to-face classes includes social skills, which are enhanced by the physical separation from the classroom

[Step 3] Create an outline using Sources A and B

Outline of your essay:

Face-to-face classes are more desirable.

Introduction

Both face-to-face and online classes have their advantages. However, it is important to focus on the disadvantages of online classes.

Body

Reason 1: [From Step 2]

Reason 2: [Based on Source A] ⋯⋯ | 31 |

Reason 3: [Based on Source B] ⋯⋯ | 32 |

Conclusion

With these disadvantages of online classes, the advantages of face-to-face classes are more significant.

Source A

To take online classes, you will need the appropriate equipment and a high-speed internet connection. However, meeting these requirements involves certain costs. Some families may not have sufficient funds available for computers or broadband internet access, which may limit their children's access to education. Access to online classes can also be greatly affected by geographic location. Compared to urban areas, rural areas sometimes have limited access to high-speed internet. In addition, some home environments may lack quiet, dedicated spaces to study. Households with many children may

— 28 —

have to share a study area, or students may be required to study in an environment where noise or other family circumstances make it difficult to concentrate. For these reasons, as online classes become more widespread, students who are in unfavorable learning conditions are more likely to fall behind academically. This may contribute to educational disparity and increase social inequality.

Source B

A survey in France found that many teenagers are experiencing negative effects from online learning. The survey was conducted among approximately 1,000 students aged 13 to 18. The graph below shows specific examples of negative effects of online classes and the percentage of students who experienced them.

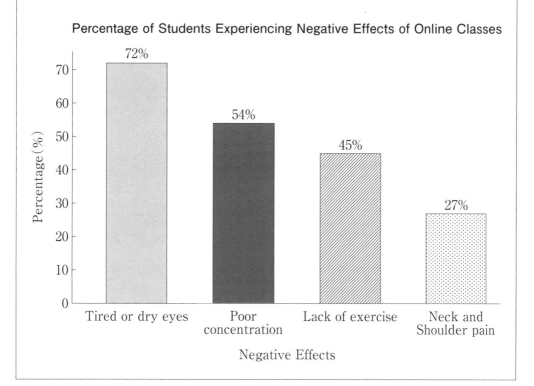

問 4 Based on Source A, which of the following is the most appropriate for Reason 2? 31

① Access to high-speed internet is more limited in urban areas compared to rural areas.

② Some students cannot fully benefit from online classes due to financial reasons.

③ Some students lack the knowledge to prepare the necessary equipment and environment for online classes.

④ The more siblings a student has, the less likely he or she is to receive public financial support.

問 5 For Reason 3, you have decided to write, "Online classes are physically hard on students." Based on Source B, which option best supports this statement? 32

① Just over half of the teens surveyed complain of a lack of exercise. Not getting enough exercise can have a negative impact on their daily lives.

② Less than a quarter of the respondents complain of neck and shoulder pain after taking online classes. This may be due to poor posture when sitting in class.

③ More than 50% of the respondents complain of poor concentration when asked about their experiences of online classes. No wonder they feel less tense in their own room at home.

④ More than three quarters of the teens surveyed complain of tired or dry eyes. Staring at computer screens for too long is probably to blame.

— 30 —

第1回

第7問 (配点 15)

Your English teacher has told everyone in your class to find an interesting story and present it to a discussion group, using notes. You have found a story written by an artist.

Lessons from the Art Studio

Timothy (Tim) Milton

I cannot remember when I started painting, but it must have been in my very early childhood. I thought that talent was the only important thing, that you are either born with it or not. It wasn't until I started going to an art studio when I was in high school that I realized how much more there was to art than just talent. What I learned in the art studio was far more than just painting and drawing — I learned many valuable life skills.

I had always been fascinated by the different ways artists expressed themselves through their work: how they captured emotions and stories, and how they expressed their individuality. I was determined to learn how to express myself through art and how to paint and draw beautifully, just like they did. At that time, it was all about me and the beauty I wanted to create.

In the beginning, it was a never-ending struggle. I wasn't able to draw a simple vase that looked even a bit realistic, let alone beautiful. My teacher, Mrs. Jenkins, saw that I was struggling and encouraged me in every possible way. She always emphasized that art is about the process, not just the end result. At first, I was not sure what she meant.

With her guidance, I gradually started to learn what "the process of creating art" actually was. Mrs. Jenkins taught me that I had to observe my objects very closely and try to catch every small detail. I wasn't supposed to try drawing a vase beautifully; the important thing was to see the natural beauty of the vase and convey it accurately on the canvas.

— 31 —

Thanks to Mrs. Jenkins, I grew more confident and skilled, and decided to apply to the National Art Academy. Surprisingly, they accepted me. It was at the Art Academy that I realized that Mrs. Jenkins had taught me many valuable lessons.

In my second year at the Academy, Mr. Hammond, the sculpture professor, was really pleased with my work and recommended it for an international competition. I was curious about what had made him recommend my work, so I asked him. He explained, "You are the only one in your class who understands that the artist is not important and that the focus should be on the creation." His praise immediately brought back memories of Mrs. Jenkins.

Another lesson I learned from Mrs. Jenkins was the importance of community and collaboration. At the time, she made all the children in the studio do projects together, saying that if an artist wanted to grow and improve, he or she should actively look for opportunities to collaborate with other artists. I realized how important that lesson had been right after I graduated from the Academy. My friend Jack Tilton, whom I had collaborated with on a number of projects in my third and fourth year at the Academy, went to work for a big advertising agency. He invited me to participate in several projects related to his work because, in his words, he knew me and he trusted me. It was the collaborative work we'd done together that created this friendship and trust.

In my 20s and 30s, I worked as an independent artist. I ended up participating in many projects that involved creating innovative art. My biggest achievement as a freelance artist was creating the logo of the International Music Festival in my early 30s. During all those years, the memory of Mrs. Jenkins never faded away — the lessons she taught me about art and life have been a major part of my journey as an artist. That is why, now that I'm 41, I've decided to become an art teacher and try to teach some of those lessons to the next generation of artists.

Your notes:

Lessons from the Art Studio

About the author (Timothy Milton)

· Started painting as a child.

· The lessons he learned in the art studio [33].

Other important people

· Mrs. Jenkins: Tim's art teacher, who taught him many valuable lessons.

· Mr. Hammond: Tim's sculpture professor, who helped Tim [34].

· Jack Tilton: Tim's classmate at the National Art Academy.

Influential events in Tim's journey towards becoming a better artist

Began painting → [35] → [36] → [37] → [38]

Why has Tim decided to become an art teacher?

He wants to [39].

What we can learn from this story

· [40]

· [41]

問 1　Choose the best option for ☐ 33 ☐.

① allowed him to create his own style

② helped him with marketing, and he became wealthy

③ included knowledge about art history

④ were helpful both in his art and in his general life

問 2　Choose the best option for ☐ 34 ☐.

① earn a scholarship to an art school abroad

② find a partner to collaborate with

③ greatly improve his sculpting technique

④ participate in an international competition

問 3　Choose **four** out of the five options (① ~ ⑤) and rearrange them in the order they happened.　☐ 35 ☐ → ☐ 36 ☐ → ☐ 37 ☐ → ☐ 38 ☐

① Collaborated with his friend on advertising projects

② Designed the logo of a major music event

③ Got admitted to the National Art Academy

④ Got employed by an advertising agency

⑤ Was first taught about the importance of the process of creating art

— 34 —

問 4　Choose the best option for ☐39☐ .

① convey to students what he has learned from Mrs. Jenkins

② get a financially stable job related to art

③ help art students learn his sculpting techniques

④ work with children and create a new style of art

問 5　Choose the best two options for ☐40☐ and ☐41☐ . (The order does not matter.)

① Actively collaborating with others can help you grow and improve.

② Becoming an art teacher is more difficult than creating art.

③ Being able to convey natural beauty through art is more important than just having talent.

④ It is never too late to start improving your technique and creating art.

⑤ Professors at university are not going to teach you a lot.

第8問 （配点 12）

You are in a student group preparing for a presentation in your science class. You are using the following passage to create your part of the presentation on diversity in animals.

Carp are a silvery-gray fish that live in fresh water. Carp came from Asia, where they are often eaten. In China about 2,000 years ago, some carp were born with a bright red color. They looked different from other carp because they had what is called a mutation. A mutation is a change in the normal DNA of an animal. People liked the red carp and raised them in ponds because they were so pretty to look at. Mutations brought about several new colors. People kept the fish with mutations they liked and started to call them goldfish rather than carp. In fact, the Chinese Empress liked goldfish so much that in 1162, she declared that only members of the royal family could raise yellow ones. Now there are goldfish which are not just different colors but also different shapes and sizes.

Today's goldfish come from the ones that people raised long ago in China. They have a shape that is very similar to that of carp. Their bodies are long and thin, and they are very strong. They are good swimmers and can live in water that is not very clean. They come in many pretty colors including black, brown, red, yellow, orange, and white. These athletic fish can live over 15 years and can grow up to about 30 centimeters long, so they are often kept in ponds. One of the popular types of goldfish is a comet. Comet goldfish were first raised in the United States. These active, playful fish are rather small, but have very long tails.

Over time, people started to raise goldfish inside their homes. Because the fish were protected from bad weather and other animals, new types could survive. These new types are called "fancy" goldfish because they have two tail

— 36 —

fins called a double tail. Wakin goldfish, which come from Japan, were the first fancy goldfish. They are large and shaped like comet goldfish except for a short tail that looks like an X from behind. Fantail goldfish are a mutation of wakin goldfish and are much smaller. Fantails have egg-shaped bodies and long fins that flow in the water. Some have extremely long tails that make them swim very slowly. Their tails can be damaged in water that is moving too quickly, so those fantails must be raised inside.

Oranda goldfish, another fancy goldfish, have a mutation that makes them look like they are wearing a hat. The puffy head is often red, but the body is white or orange. Oranda goldfish often get diseases in the part on their heads if they live outside. Pompom goldfish are much rarer than oranda goldfish, but they have a similar puffy mutation. However, the puffy part grows out of the nose rather than the top of the head. The fish looks like it has a pompom on each side of its face. Unfortunately, diseases easily affect the pompoms, so these fish must be kept inside. Pompom goldfish are very small, only about 15 centimeters at the most.

Telescope goldfish were first raised in the 1700s in China. They are very unusual because their eyes stick out of their heads. It is interesting to note that a young telescope goldfish has regular eyes. It takes about six months for the eyes to grow out to the sides. They do not see well due to the shape of their eyes and may even have a hard time finding food. They can also accidentally injure their eyes on sharp rocks or plant leaves, so they need to be kept in a fish tank without any decorations. Telescope goldfish have round bodies and long tails, which also slow down their swimming.

Now there are over 200 types of goldfish. It is amazing to realize that such visually different fish are all related. The long, thin comet goldfish looks nothing like the telescope goldfish with its round body and alien-like eyes. In reality, they are all goldfish, but small mutations make each one look very different.

Your presentation slides:

**Goldfish:
Colorful, Pretty Fish**

---

1. Basic Information
- mutated from the same fish species
- originally come from China
- favored by a Chinese Empress
- ⬚42

---

2. (A)

- come from the U.S.
- rather small
- active and playful
- have long tails

Wakin Goldfish

- come from Japan
- ⬚43
- ⬚44

---

3. (B)

- a mutation of the wakin goldfish
- have egg-shaped bodies
- have long fins and tails
- must be kept inside

Telescope Goldfish

- have popped-out eyes
- ⬚46
⋮

---

4. (C)

- look like they are wearing hats
- get diseases easily
- must be kept inside

(D)

- have puffy parts on their noses
- get diseases easily
- must be kept inside
- very small

---

5. Final Statement
⬚47

第 1 回

問 1 Choose the best option for ☐ 42 ☐.

① easily raised

② eaten all over the world

③ have different colors and shapes

④ kept only by the royal family

問 2 For the slide 2, select two features of the wakin goldfish mentioned in the text. (The order does not matter.) ☐ 43 ☐ · ☐ 44 ☐

① a mutation of the fantail goldfish

② have short, double tails

③ live over 30 years

④ look like comet goldfish except for tails

問 3 Complete the missing labels on the illustrations of goldfish for the slides 2, 3, and 4. ☐ 45 ☐

① (A) Comet Goldfish (B) Fantail Goldfish
  (C) Oranda Goldfish (D) Pompom Goldfish

② (A) Comet Goldfish (B) Fantail Goldfish
  (C) Pompom Goldfish (D) Oranda Goldfish

③ (A) Fantail Goldfish (B) Comet Goldfish
  (C) Oranda Goldfish (D) Pompom Goldfish

④ (A) Pompom Goldfish (B) Oranda Goldfish
  (C) Comet Goldfish (D) Fantail Goldfish

⑤ (A) Pompom Goldfish (B) Oranda Goldfish
  (C) Fantail Goldfish (D) Comet Goldfish

— 39 —

問 4 Which of the following should you **not** include for 46 ?

① have alien-like eyes from birth

② have difficulty finding food

③ have long tails

④ have poor eyesight

⑤ have round bodies

問 5 Which is the best statement for the final slide? 47

① All goldfish look very different. However, they all swim very fast.

② All goldfish look very different. However, they were all born and raised in the same country.

③ There are more than 200 types of goldfish now. However, they all have the same life span.

④ There are more than 200 types of goldfish now. However, they all originally evolved from carp.

第 2 回

（80 分／100 点）

※この問題は'23 年度全統プレ共通テストを改作しており，第 1 問〜第 8 問まであります。

◆　問題を解いたら必ず自己採点により学力チェックを行い，解答・解説，
学習対策を参考にしてください。

配点と標準解答時間

設　　問	配点	標準解答時間
第 1 問　読解問題（ウェブサイト）	8 点	5 分
第 2 問　読解問題（報告書）	10点	7 分
第 3 問　読解問題（雑誌記事）	9 点	7 分
第 4 問　読解問題（レポート推敲）	12点	7 分
第 5 問　読解問題（記事）	16点	12 分
第 6 問　読解問題（レポート作成）	18点	16 分
第 7 問　読解問題（エッセー）	15点	14 分
第 8 問　読解問題（論説文）	12点	12 分

各大問の英文や図表を読み，解答番号 1 ～ 47 にあてはまるものとして最も適当な選択肢を選びなさい。

第 1 問 （配点 8）

You are a high school student interested in improving your music skills during the winter vacation. You find a website for an intensive winter music camp.

For the first time ever, **Hoover Symphony Orchestra** (HSO) will host an intensive winter music camp for high school students in Japan. Sharpen your skills with the professionals in this ten-day camp!

Dates：January 4-13, 2024
Location：Kawai River Citizens' Centre
Cost：100,000 yen, including food and accommodation (additional fees for optional activities such as snowshoeing and cross-country skiing)

Courses Offered

◆**STRINGS**: You'll get one private lesson per five-day period, and daily class lessons on technique and performance. Your instructors will be professional musicians with many years' touring experience. You'll rehearse every day with the string orchestra and give an orchestral performance on the last day.

◆**WIND**: You'll do large group rehearsals and class lessons on your instrument. To ensure you get the individual attention you need, you'll also join a chamber music class in which you'll receive coaching and tuition every day on special topics. On the last day, you'll perform a Mozart work with your chamber group.

— 42 —

◆**PERCUSSION**: You'll receive direct instruction in orchestral, contemporary, and world music styles. There will be daily masterclasses given by skilled percussionists, as well as a selection of mini-courses that focus on specific topics. On January 13, you'll perform with the HSO Percussion Section.

▶**Application**

Step 1: Select a course and submit a one-minute video of yourself performing on the instrument of your choice by October 14, 2023.

Step 2: We'll let you know whether you have been accepted or not by e-mail in early November.

Step 3: If you're successful, we'll ask about your dietary requirements.

問 1　All courses include ☐ 1 ☐.

① one-on-one lessons

② opportunities to take classes every day

③ snowshoeing and cross-country skiing

④ the chance to meet famous actors

問 2　On the last day of the camp, campers will ☐ 2 ☐.

① compare their skills to those of professionals

② compose a new work for their instrument

③ perform as part of a musical group

④ study a work by a well-known composer

問 3　What will happen after October 14, 2023?　3

　　① Applicants will be informed whether or not they've been selected.
　　② Applicants will visit the office of the orchestra.
　　③ Successful applicants will be required to choose their course.
　　④ Videos of performances will be recorded.

問 4　The music camp will take place in Japan　4　.

　　① from January 13th, lasting for 10 days
　　② from January 13th, lasting for 5 days
　　③ from January 4th, lasting for 10 days
　　④ from January 4th, lasting for 5 days

第2問 (配点 10)

You are a member of the student council. The council has been discussing new research about the benefits of starting school later in the morning. To learn more, you are reading a report about an experiment. It was written by a researcher at a university in the US.

Teenagers and Waking Up

Most teenagers know how hard it is to get up early for school. There's a reason why it's hard for them: the changes happening in their bodies affect their sleep cycles, causing them to fall asleep later each night and wake up later each morning. Early school start times may be one of the causes of student sleepiness at school. To test this theory, we studied two groups of first-year high school students. One group started school at 8:30 a.m. and the other group started at 9:30 a.m. We found that the students who started at 9:30 a.m. slept 40 minutes longer and got higher test scores than the students who started school earlier. How come they got better test scores? Based on the feedback (given below), there seems to be an answer to this question:

Feedback from participants

JF: I was in the group that started at 8:30 a.m. I wish I had been in the other group! I LOVE sleeping.

HB: The wrist monitor we had to wear was annoying at first, but after a while I forgot it was there. I was actually sad to part with it at the end of the experiment.

PH: I used to fall asleep in morning lessons at school. But that happened much less after I joined the late-start group. I did much better on my exams too.

CP: I was grateful for the extra sleep, but I didn't see so much of my friends because they were in the 8:30 a.m. group. I would have preferred to stay with them.

KE: I was thrilled to be part of this study, even though I was in the early-start group. I really felt that I was contributing to science.

— 45 —

問 1　The aim of the school start time study was to see if ⬚ 5 ⬚.

① school start times affect students' sleepiness

② school start times should be changed regularly

③ teenagers can go to bed early

④ teenagers can wake up on time

問 2　One **fact** about the school start time study is that ⬚ 6 ⬚ than the other group.

① one group started school 90 minutes later

② the group that started school earlier slept less at home

③ the group that started school earlier was healthier

④ the group that started school later got lower test scores

問 3　From the feedback, it's clear that ⬚ 7 ⬚ were experiences reported by participants.

A：excitement about participating in the experiment

B：feeling sleepier during class

C：mixed feelings about wearing a device

D：seeing more of their friends

① A and B

② A and C

③ A and D

④ B and C

⑤ B and D

⑥ C and D

問 4 One of the participants' opinions about the school start time study is that
8 .

① first-year high school students were the subjects of this experiment
② it was disappointing to be separated from the people they like
③ there is a scientific reason for the sleepiness of young people
④ this is not a good study for people who have trouble sleeping

問 5 The author's question is answered by 9 .

① CP
② HB
③ JF
④ KE
⑤ PH

第3問 (配点 9)

You enjoy outdoor sports and have found an interesting story in a mountain climbing magazine.

First Time Underground

Two of my college friends invited me to go into a cave. We put on helmets and knee pads, then went hiking through the woods. I felt hot in my heavy clothes and I wondered why I needed three cheap flashlights. I actually thought Reggie was joking when he pointed to a small, dark hole in the ground. It was only about 60 centimeters wide! However, he crawled in on his hands and knees while holding a flashlight in his mouth.

I went next. It was dark and cold and smelled like dirt. I could not see anything other than rocks in front of my face. I was scared when my sleeve was caught on a rock. I could not move forward until I pulled it loose. Suddenly, there was a cold wind on my face. I was in a huge cave. Reggie held out his hand to help me stand up. I could not see the edges of the room. Water dripped somewhere. Otherwise, it was completely silent. Dan entered the cave behind me and sat down. I was too excited to sit and walked towards a wall.

However, I slipped on a rock and dropped my flashlight. It was very dark. For a moment I felt panic but then remembered my extra flashlights. I pulled out a new one and searched for the lost flashlight. Reggie and Dan came to help, but the flashlight I had dropped was lost among the rocks.

We climbed through many narrow tunnels until we came to a small lake with water that was as clear and cold as ice. We had to turn around. When we got to the big room, all the walls looked the same. Where was the exit? Dan smiled at me and shone his flashlight along the ground until we saw a bright yellow piece of tape next to a small hole. Now I knew why Dan had sat down. He had marked our exit.

We crawled one by one out of the cave. The sunlight was so bright it was hard to keep my eyes open. The forest was a rich green and the sky was so blue. I have never seen such beautiful colors. It was like I had entered a new world.

— 48 —

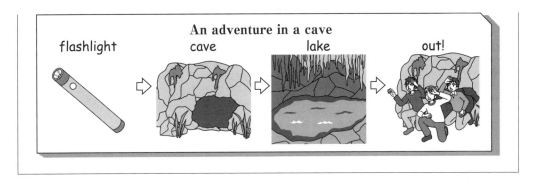

問 1　Put the following events (①〜④) into the order they happened.

　　　10 → 11 → 12 → 13

① Dan marked a hole with some tape.

② The writer and his friends saw a lake.

③ The writer dropped a flashlight.

④ The writer's shirt was caught on a rock.

問 2　What was the reason that the writer thought Reggie was making a joke? 14

① Reggie held a flashlight in his mouth.

② Reggie hid from the writer in the cave.

③ The cave was darker than the writer expected.

④ The entrance was smaller than the writer expected.

問 3　From this story, you learn that the writer 15 .

① enjoyed swimming in the underground lake

② sometimes felt nervous inside the cave

③ was amazed at all the colors inside the cave

④ was angry about losing a good flashlight

第4問 (配点 12)

In English class, you are writing an essay on a social issue you are interested in. This is your most recent draft. You are now working on revisions based on comments from your teacher.

Solutions for Empty Houses in Japan	**Comments**
Japan's problem with empty houses is expected to get worse in the future. We will look at three ways to solve this problem.	
First, we can use what is called an "empty house bank." This is a system where local governments keep a list of empty houses and share it with the public. ⁽¹⁾∧People looking for a place to live will also find it easier to find a house that suits their needs.	(1) *You are missing something here. Add more information between the two sentences to connect them.*
Secondly, ⁽²⁾we should coexist with empty houses and other buildings. These houses can be used for more than just living; they can become places for people to share, such as workspaces, guesthouses, meeting rooms, warehouses, or art studios. Using empty houses for a variety of things can also make neighborhoods more lively and interesting.	(2) *This topic sentence doesn't really match this paragraph. Rewrite it.*
Thirdly, we need to change the rules and tax laws. To solve the problem of empty houses, we need to help homeowners pull down houses that are in bad condition and give them tax breaks. ⁽³⁾∧We can make it easier for owners to maintain or get rid of their empty houses.	(3) *Insert a connecting expression here.*
In summary, to deal with the problem of empty houses in Japan, we can use an empty house bank ⁽⁴⁾to take out a big loan from the bank, find many different ways to utilize these houses, and change the rules and taxes to help owners. All of these steps will contribute to reducing the number of empty houses and improve communities.	(4) *The underlined phrase doesn't summarize your essay content enough. Change it.*

問 1　Based on comment (1), which is the best sentence to add?　16

① It helps the owners of these houses to find people who want to rent or buy their property.

② Most local authorities have a lot of difficulty finding owners and renters for these houses.

③ Owners of such houses can find people who want to sell their houses at a higher price.

④ This makes it more difficult for local authorities to operate such systems efficiently.

問 2　Based on comment (2), which is the most appropriate way to rewrite the topic sentence?　17

① we can find different uses for empty houses

② we can sell empty houses to young couples

③ we should live in harmony with the social facilities

④ we should motivate various people to buy empty houses

— 51 —

問 3 Based on comment (3), which is the best expression to add?   18

① As long as people pay the rent,

② Because people support society,

③ If we change the laws and taxes,

④ Unless we help the homeowners,

問 4 Based on comment (4), which is the best replacement?   19

① to match houses with owners

② to match houses with users

③ to provide rent support to owners

④ to provide rent support to users

第 5 問 (配点 16)

Your teacher has asked you to read two articles about addressing the problem of mood disorders. You will discuss what you learned in your next class.

Green Therapy for City Dwellers

Amir Monash

Psychologist, Monash's Mind Clinic

As a practicing psychologist in the inner city, I treat many patients who have mood disorders like anxiety and depression. I often prescribe medication to my patients, and I always ask them this question: "How close to your house is the nearest park?" If they answer that it's five minutes away or less, I tell them to take a walk in the park every week. Why do I do this? Let me explain.

Research has shown that people who live in cities are 56% more likely to experience mood disorders than people who live in the countryside. A region of the brain called the amygdala is responsible for this. The amygdala reviews information received by the eyes, ears and nose, and detects things which may be dangerous. In a city we are more likely to see, hear and smell things that the brain could perceive as threatening — for example, fast-moving cars, emergency sirens, bad smells — than we are in the countryside. When the amygdala is activated by this 'threatening' information, it creates feelings of anxiety and stress. Indeed, if we examine the brains of city dwellers and countryside dwellers, we can see that the amygdala is more active in city dwellers.

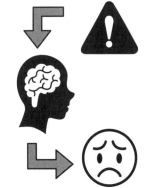

While they may not be surrounded by nature like those who live in the countryside, city dwellers can still benefit from the small amount of nature found in cities if they are exposed to it regularly. Thirty minutes per week in green space is beneficial, and there's evidence that longer visits may be even better. City dwellers who regularly spend time in natural environments like this show less amygdala activity during stressful situations. Of course, not all city dwellers live close to a park, so green therapy is not a practical solution for everyone.

Exercise : a Simple and Powerful Tool for City Residents

Yuja Ping

Psychiatrist, City University Hospital

I agree with Mr. Monash's ideas regarding the mental health benefits of visiting green spaces regularly, and I also agree with him when he says that this is not a practical solution for everyone. The unfortunate reality is that most city dwellers around the world do not live within 300 meters of a park. In fact, fewer than one third do. So we need an alternative tool for treating and preventing mood disorders in city residents. That tool is exercise.

When we exercise, 'good' chemicals in the brain are boosted and 'bad' chemicals are reduced. This lifts our moods and energy levels, and helps us to concentrate. Exercise can also take our minds off things that are worrying us, and it can make mood disorders, like anxiety, less severe. Anxiety is a response to fear, and the body responds to fear by sweating and by increasing the heart rate. Vigorous exercise also causes sweating and a faster heartbeat, and people with anxiety who exercise can learn that these symptoms are not dangerous. It's a similar principle to the one used by psychologists to treat strong fears. For example, people who are afraid of spiders can learn through gradual and repeated exposure that spiders are not threatening.

Thankfully, we don't need to do a lot of exercise to benefit from it. Just half an hour of moderate exercise a day, on most days of the week, is enough. Moderate exercise can be as simple as taking a brisk walk or cycling to work. Gyms are also useful when the weather or climate discourages outdoor activity. But if gyms aren't available or affordable, there are other ways which are affordable and easy to do in almost all weather conditions.

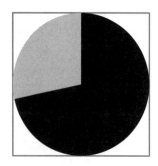

■ city residents who live further than 300 m from a park

■ city residents who live within 300 m of a park

問 1　Monash believes that 　20　 .

①　city dwellers should move to the countryside

②　most city residents have mood disorders

③　the amygdala is a dangerous part of the brain

④　there are more things we can sense as threats in cities

問 2　According to Ping, 　21　 city dwellers live within 300 meters of a park.

①　less than 33% of

②　over half of

③　two in five

④　up to one quarter of

問 3　Ping talks about exercise, and says that it's an option more 　22　 to city dwellers than the 　23　 therapy discussed by Monash.　(Choose the best one for each box from options ①～⑥.)

①　accessible

②　affordable

③　conventional

④　moderate

⑤　nature-based

⑥　quick-acting

問 4　Both writers agree that 　24　 are good for mental wellbeing.

① consistent visits to natural environments

② houses within 30 minutes of parks

③ medication and exercise

④ vigorous exercise and therapy

問 5　Which additional information would be the best to further support Ping's argument for exercise as a treatment for anxiety? 　25　

① Exercises that can be done at home

② How much sweat a person produces while exercising

③ The necessity of vigorous exercise

④ Why city dwellers should live close to parks

第2回

第6問 (配点 18)

You are working on an essay on the topic of whether more space exploration should be encouraged.　You will follow the steps below.

　　　Step 1: Read and understand various viewpoints about space exploration.

　　　Step 2: Decide whether more space exploration should be encouraged or not.

　　　Step 3: Develop an essay outline using additional sources.

[Step 1] Read various sources

Author A (Scientist)

We should focus more on space exploration.　The Moon and asteroids may have a lot of rare metals and other important materials that are hard to find on Earth. These materials could be very useful in many industries.　They could help make better electronics, develop new renewable energy technologies, and create strong materials needed to build advanced spacecrafts.　Making good use of these space resources could lead to new advancements in technology.

Author B (Politician)

Space exploration is not just a scientific and technological issue; it is often used as a means of enhancing national prestige.　As a result, there is a concern that international competition may increase, leading to a growing tendency to compete rather than cooperate.　While it is important to promote international cooperation and to tackle challenges together, as many problems on Earth have cross-border effects, there are also concerns that this could create a situation where space exploration is dominated by just a few countries.

Author C (Futurist)

Our planet's environmental problems are worsening rapidly.　To deal with this

— 57 —

critical situation and to protect people from major disasters that could occur worldwide, space exploration might be the crucial first step. We need to do this to find new places for people to live outside the Earth, which will increase the number of places where people could flourish in the future. Exploring space is more than just about staying alive; it's about keeping our cultures and everything we know safe.

Author D (High school teacher)

As a child, my dream was to become an astronaut. Every night, when I looked up at the stars, I imagined going into space. I dreamed of being in a spaceship, looking down at the Earth and floating around weightless in space. If I had had the chance to meet an astronaut, I would have asked them lots of questions about space. Although I did not become an astronaut like I always wanted to be, I never lost my love of space.

Author E (Economist)

A very large number of people on the planet today face pressing problems such as hunger, poverty, educational inequality, and diseases. I would therefore strongly suggest that investment in these social and economic problems should come before space exploration. If the money spent on space exploration were used to solve these basic problems on Earth, it would directly improve the lives of many people.

問 1　Both Authors B and E 　26　.

① are completely in favor of more aggressive space exploration

② believe that space exploration can solve social problems

③ note that space exploration is less competitive than before

④ share a skepticism about excessive focus on space exploration

問 2　Author C implies that 　27　.

① humans have undergone a major shift in cultural values

② in the future, humans may live on planets other than the Earth

③ the Earth's environment may be recovering today compared to the past

④ we urgently need to build underground disaster shelters

[Step 2] Take a position

問 3 Now that you have understood the different points of view, you have decided whether more space exploration should be encouraged and have written it down as follows. Choose the best options to complete 28 , 29 , and 30 .

Your position: More space exploration should be encouraged.
・Authors 28 and 29 support your position.
・The main argument of the two authors: 30 .

Options for 28 and 29 . (The order does not matter.)

① A
② B
③ C
④ D
⑤ E

Options for 30 .
① It is important for renewable energy technologies to enable the reuse of spacecraft
② Space exploration contributes significantly to the conservation of space resources
③ Space exploration opens doors to new discoveries that benefit all of humanity
④ There is value in spreading the wonders of human culture to other planets in space

[Step 3] Create an outline using Sources A and B

Outline of your essay:

More space exploration should be encouraged.

Introduction

Space exploration could lead to major advances that improve our life.

Body

Reason 1: [From Step 2]

Reason 2: [Based on Source A] ⋯⋯ | 31 |

Reason 3: [Based on Source B] ⋯⋯ | 32 |

Conclusion

The continued pursuit of space exploration is essential.

Source A

The technological developments necessary for space exploration are often applied to other areas on Earth, contributing to the overall advancement of science and technology. For example, space technology is essential for satellite-based Global Positioning Systems (GPS), which are used in car navigation systems. Similarly, technologies developed to reduce the size and weight of spacecrafts also contribute to the development of products used in everyday life, such as smartphones and computer components. Also, developments in robotic arms and autonomous rovers used in space environments are helping to advance robotics on Earth, such as robots for delicate surgery and disaster relief. Finally, let's not forget that new heat-resistant and durable materials for spacesuits and spacecraft bodies are being used to improve a wide range of products on Earth, including sports equipment, cars, and building materials!

Source B

A survey conducted in the US found that many people are in favor of promoting space exploration. The survey included around 1,000 people aged 13 to 85. The graph below shows the percentage of people with different reasons in favor of promoting space exploration.

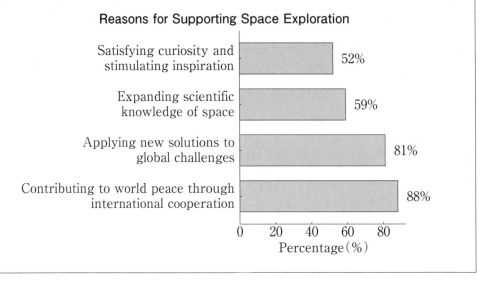

問 4 Based on Source A, which of the following is the most appropriate for Reason 2? 31

① New materials used in space may have durability problems in terrestrial conditions.

② Technology for products used in everyday life is often transferred to space exploration.

③ Robots used in space environments can operate much more effectively than those used on the ground.

④ The technological developments needed for space exploration are often applied to other areas on Earth.

第2回

問 5 For Reason 3, you have decided to write, "Space exploration contributes to world peace and stability." Based on Source B, which option best supports this statement? ☐32☐

① About 80% of Americans say space exploration could lead to new approaches to tackling global challenges, and less than a third of Americans say space exploration will provide inspiration.

② Over 60% of Americans say the reasons why space exploration should be encouraged are to increase scientific knowledge about space or to satisfy curiosity and provide inspiration.

③ More than three-quarters of Americans say their reasons for supporting space exploration include promoting world peace through international cooperation or applying new solutions to global challenges.

④ Less than 80% of Americans say space exploration would make the world far more peaceful and stable, and more than half of Americans say space exploration will significantly increase scientific knowledge of the universe.

第7問 (配点 15)

You are preparing to go on a one-week study trip abroad and stay with a local family during the trip. Your teacher has asked you to read about similar experiences, and present them to the class. You find an essay written by a Canadian student.

My Week of Discovery in Italy

Emma Fraser

I was in my second year of high school when my school announced that it had created an exchange program with a high school in Florence, Italy, and at the time, I wasn't interested. I had never left Canada before, even though the border to the U.S. is only three hours' drive from my town. To tell the truth, I was afraid of going somewhere different. I couldn't imagine how it would feel to be surrounded by people who have different cultural backgrounds or speak another language.

So why did I apply? The reason was my art teacher, Mr. Davies. Art has always been my favorite subject. When I was younger, I liked to draw and paint, but around junior high school, I became interested in the artworks of great artists from history. In my first year of high school, my summer vacation project was about the artist Michelangelo because I love classical art. It was Mr. Davies who suggested to me, "You know, if you apply to the exchange program, you can see works by Michelangelo and Leonardo da Vinci in person."

Of course! I hadn't even considered it, but Florence is famous worldwide for its art museums. Even though I was nervous about traveling to another country, I couldn't miss the chance to see those masterpieces in real life. So, I applied.

The trip was a long one. It is around 9 hours by plane from Canada to Italy. I was exhausted when we arrived, but seeing the city of Florence for the first time woke me up. It was so different from the scenery of my Canadian town. The streets are narrow and paved with bumpy stones, the rooftops are

— 64 —

all terracotta red, and there are beautiful olive trees growing everywhere. When I realized that Michelangelo and Leonardo had once walked down the same streets, I was almost moved to tears.

I met my host family on the first day. Mrs. Toscano was a very kind woman who spoke no English. I could say some simple Italian phrases that I learned at school, but mostly we communicated in gestures. She pointed at the table to say it was dinnertime. I pointed at the food and smiled, to show her how tasty it was. When her daughter, Angela, came home, things became easier. Angela was a student at the University of Florence and spoke English well. She helped to translate between her mother and me. I learned that Mrs. Toscano used to work at a famous art museum, the Gallery of the Academy of Florence. I got very excited. I told her how much I wanted to see the artworks there.

Mrs. Toscano smiled at me.

"What did she say?" I asked Angela.

"Mama said, let's go tomorrow."

So, the next day, Mrs. Toscano and I went to the Gallery of the Academy of Florence. Angela was busy at university, so it was just the two of us. We couldn't communicate well, but I think Mrs. Toscano understood from my smiles and gasps how happy I was. When I walked into the room with Michelangelo's famous statue of David, I had to wipe tears from my eyes. It was so majestic. Mrs. Toscano gave me a big hug. Even though I could not speak to her, I already felt that she was like a second mother to me.

The week flew past so quickly. I had fun attending class at the Italian high school with my friends, too, but the most special thing was spending time with Mrs. Toscano. We walked around the streets of Florence, and she pointed at beautiful places, teaching me their names. In the end, I didn't make much progress in speaking Italian during that week. But I learned so many other things: about art, about a different culture, and about being brave and stepping out of my little bubble into another world. I also learned that great friendship does not require that people share the same language. I will treasure my homestay memories forever.

Your notes：

Emma's Week in Italy

About the author (Emma Fraser)

· Comes from a Canadian town.

· Applied to the exchange program because she ┌ 33 ┐.

Other important people

· Mr. Davies: Emma's art teacher in Canada.

· Mrs. Toscano: Emma's host mother, who ┌ 34 ┐.

· Angela: Mrs. Toscano's daughter, who was a university student.

Sequence of events surrounding Emma's study trip

┌ 35 ┐ → ┌ 36 ┐ → Applied to the exchange program → ┌ 37 ┐ → ┌ 38 ┐

What Emma felt about her experience

The most enjoyable part of her trip was ┌ 39 ┐.

What we can learn from this story

– ┌ 40 ┐

– ┌ 41 ┐

問 1　Choose the best option for ☐ 33 ☐ .

① had always wanted to go to a foreign country

② hoped to overcome her fear of traveling abroad

③ wanted to master the Italian language

④ wanted to see masterpieces with her own eyes

問 2　Choose the best option for ☐ 34 ☐ .

① could not communicate in English

② told Emma all about Renaissance artworks

③ translated between Emma and Angela

④ worked at the University of Florence

問 3　Choose **four** out of the five options (① ~ ⑤) and rearrange them in the order they happened.　☐ 35 ☐ → ☐ 36 ☐ → ☐ 37 ☐ → ☐ 38 ☐

① Drew a picture of Florence

② Found the exchange program unattractive

③ Met Mrs. Toscano and Angela

④ Researched Michelangelo in high school

⑤ Visited the Gallery of the Academy of Florence

問 4　Choose the best option for 　39　.

① being with Mrs. Toscano

② going to the Italian high school

③ making friends with Angela

④ seeing Michelangelo's paintings

問 5　Choose the best two options for 　40　 and 　41　.　(The order does not matter.)

① Communication barriers always cause a lot of trouble.

② It is easier to become friends with people of our own generation.

③ Stepping outside our comfort zones can be beneficial.

④ We can learn a new language quickly in one week.

⑤ We do not need to speak the same language to make friends.

第8問 （配点 12）

You are making a presentation for a biology class on the theme of interesting abilities possessed by non-human creatures. You will use the following article as the basis for your presentation slides.

It is common knowledge that life on Earth almost certainly began in the ocean. Yet there is so much about our oceans that we do not know. Even though the ocean accounts for more than two thirds of our planet's surface, over 80% of the ocean has not yet been mapped or explored by humans. In particular, the deepest, darkest areas of the ocean are full of mysteries, because there is almost no light.

The part of the ocean closest to the surface is called the "Sunlight Zone." Here, the sun's rays reach into the water, and plant life, such as seaweed and algae, can grow. The majority of ocean life exists here. The next part is known as the "Twilight Zone." The sun's rays are weaker here, and plant life cannot thrive, due to a lack of the sunlight needed for photosynthesis. Next comes the "Midnight Zone." There is barely any light here. Many creatures do not have eyes, because they are not necessary. The two deepest zones are known as the "Abyssal Zone," and finally, the "Hadal Zone." As well as the absence of light, the pressure of the water is incredibly high, so very little life can exist here without being crushed. It is also extremely cold — generally between 1 and 4 ℃.

Many of the creatures that have evolved to live in these darkest parts have developed a special ability in order to survive in a world without sunlight. They produce their own light using chemicals inside their bodies. This ability is known as bioluminescence: "bio" relates to living creatures, and "luminescence" means the emission of light that is produced without heat. Most marine bioluminescence produces a blue-green light, although red bioluminescence also exists. More than 1,500 species of fish are known as bioluminescent organisms, in addition to algae, bacteria, jellyfish, sea worms, and other forms of ocean life.

Scientists estimate that bioluminescent organisms evolved by the Early Cretaceous period, which is around 140 million years ago. Furthermore, it is thought that they evolved not on one occasion, but in fact multiple times — probably more than forty — in different branches of the evolutionary tree. We can therefore assume that there was a strong evolutionary need for bioluminescence which triggered these multiple independent evolutions. What, then, are its purposes?

One purpose is defense against predators. Some creatures give off a bright flash of light when attacked, to scare the predator away. In the darkness of the Midnight Zone, a sudden flash of bright light can be quite a shock.

Another purpose is camouflage. Animals that produce light on their bottom sides use it to mimic the sunlight coming from the surface, meaning they can pass over the top of predators without being noticed.

A third purpose is to attract prey. Creatures produce a soft light to lure prey towards their mouths. Have you ever seen a photo of the deep-sea anglerfish? The glowing lantern hanging gently over those teeth is a bioluminescent trap, developed to attract smaller fish towards the mouth.

A fourth purpose is to attract a mate. Some marine creatures produce a colorful display of light to attract a partner of the opposite sex to mate with. Just as birds above land have developed attractive feathers to show off to their mates, marine creatures in the depths have evolved impressive light shows in order to pass on their genes. Other sea creatures, such as the lanternfish, use different patterns of bioluminescence to show whether they are male or female. This helps them to identify the opposite sex for mating.

When we consider the third and fourth purposes in particular, marine bioluminescence can be viewed as a form of communication. In fact, some scientists believe that because of the huge amount of bioluminescent life in the vast depths of our ocean, bioluminescence is actually the most common form of communication on Earth. That makes it more widespread and frequent than human speech, birdsong, or even our everyday digital communications that constantly fire rapidly across the world over the internet. Isn't that incredible?

Your presentation slides:

Marine Bioluminescence: Light in the Ocean Depths

---

1. Ocean Zones

[42]

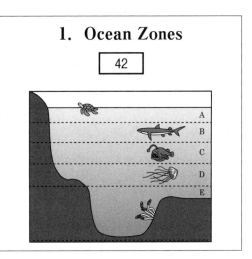

---

2. Basic Facts about Bioluminescence

- "bio" = of living things
- "luminescence" = the emission of light that is produced without heat
-
- [43]
-
-

---

3. Evolution of Bioluminescence

- Occurred at least 140 million years ago
- Evolved independently more than forty times

---

4. Purposes of Bioluminescence

- Avoiding being eaten
- Hiding from predators
- [44]
- [45]

---

5. Final Statement

[46]

問 1 Complete the missing labels on the illustration in the **Ocean Zones** slide.
　　 42

① (A) Abyssal Zone　(B) Hadal Zone　(C) Midnight Zone
　　(D) Twilight Zone　(E) Sunlight Zone

② (A) Sunlight Zone　(B) Abyssal Zone　(C) Hadal Zone
　　(D) Twilight Zone　(E) Midnight Zone

③ (A) Sunlight Zone　(B) Twilight Zone　(C) Midnight Zone
　　(D) Abyssal Zone　(E) Hadal Zone

④ (A) Sunlight Zone　(B) Twilight Zone　(C) Midnight Zone
　　(D) Hadal Zone　(E) Abyssal Zone

⑤ (A) Twilight Zone　(B) Midnight Zone　(C) Sunlight Zone
　　(D) Abyssal Zone　(E) Hadal Zone

問 2 Which of the following should you **not** include for 43 ?

① develop in places without sunlight

② emit the same color of light

③ made by a variety of life forms

④ made from substances creatures have in their body

⑤ necessary for surviving in the depth

— 72 —

問 3 For the **Purposes of Bioluminescence** slide, select two purposes of ocean creatures using bioluminescence. (The order does not matter.)

44 · 45

① Communicating information about where food can be found

② Indicating that they are ready to hunt

③ Lighting up the dark ocean to see prey more easily

④ Making an impressive display to appeal to a mate

⑤ Tempting prey to come closer

問 4 Which is the best statement for the final slide? 46

① Because bioluminescence evolved on multiple occasions, there is scientific proof that it fulfills a strong evolutionary need.

② Bioluminescence is possibly the oldest form of communication that has ever existed.

③ If we consider bioluminescence to be a type of communication, then it is the most widespread kind on our planet.

④ Over 1,500 species of fish use bioluminescence to communicate with each other about food, mating, and migration.

— 73 —

問 5 What can be inferred from the evolution of bioluminescence? 47

① Even humans could evolve to produce light from their bodies one day.

② Evolution usually takes place in multiple branches of the evolutionary tree at exactly the same time.

③ Life can adapt to survive even when there is a complete absence of something as important as light.

④ Using light is the best way for ocean creatures near the surface to communicate with each other.

第 3 回

━━━━━ 問題を解くまえに ━━━━━

◆　本問題は100点満点です。次の対比表を参考にして，**目標点**を立てて解答しなさい。

共通テスト換算得点	31以下	32〜41	42〜53	54〜62	63〜72	73〜81	82以上

偏差値 ➡　　　37.5　　　42.5　　　47.5　　　52.5　　　57.5　　　62.5

得　　点	30以下	31〜39	40〜49	50〜58	59〜68	69〜78	79以上

〔注〕　上の表の，
　　　「共通テスト換算得点」は，'22年度全統共通テスト模試と'23年度大学入学共通テストとの相関をもとに得点を換算したものです。
　　　「得点」帯は，'23第3回全統共通テスト模試の結果より推計したものです。

◆　この問題は第1問〜第6問まであり，問題解答時間は80分です。

◆　問題を解いたら必ず自己採点により学力チェックを行い，解答・解説，学習対策を参考にしてください。

◆　以下は，'23第3回全統共通テスト模試の結果を表したものです。

人　　　数	228,708
配　　　点	100
平　均　点	54.1
標　準　偏　差	19.2
最　高　点	100
最　低　点	0

各大問の英文や図表を読み，解答番号 1 ～ 49 にあてはまるものとして最も適当な選択肢を選びなさい。

第1問 （配点 10）

A You will attend a factory tour as part of a business summer workshop at your college next week. You have received the following information leaflet about the tour and noticed some specific instructions.

Nusnack Factory Tour
Group tours are on weekdays by appointment only.

Group tours are available for up to 20 people. Meet at the blue doors down the hall from the main lobby at 10 a.m.

Safety
Nusnack takes pride in safety and cleanliness. Group tours are shown through areas not open to regular visitors. Please listen to and follow all of the guide's instructions. You will receive hairnets, masks, and shoe covers, which you must wear at all times in the factory. Make sure the hairnet covers your hair and ears entirely. If it does not, please tie your hair back so that it is all contained within the hairnet. While touring the factory, please refrain from speaking.

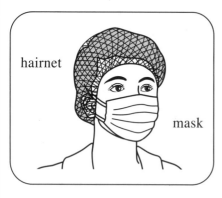

Hands-on Activity
After the tour, you'll get to sample our snacks. You can even create unique treats using the flavorings and colors we use for our products. As you work on your original snack, Nusnack employees will be available to advise you and answer any questions you have.

第3回

問 1 If you have a long hair, you will have to ☐1☐ .

    ① apply for special permission

    ② arrange your hair properly

    ③ buy a large hairnet

    ④ wear a hairnet in one area of the factory

問 2 You can ask the employees questions ☐2☐ .

    ① after making a unique snack

    ② before the factory tour

    ③ during the hands-on activity

    ④ while walking in the factory

B You want to try some food you have never eaten before. You are reading a flyer about the Egyptian breads sold at a store.

Common Egyptian Breads Available at Nile Bakery

People in Egypt enjoy a variety of breads every day. They not only taste different but are also eaten on different occasions. Why not try some of them? Our store offers a wide selection of Egyptian breads including the types below.

Bataw	Feteer Meshaltet

・Usually made with corn, but can have other flours in it ・Can be eaten alone or with cheese ・Often eaten by farmers in small villages	・Made out of many thin layers of dough stacked on top of each other ・Sometimes contains sweet filling like that used in desserts ・Popular dish often served at special events
Eish Fino	Eish Baladi

・Always baked using wheat flour, not other grains ・Most common bread for making sandwiches ・Given to children as dessert due to its soft texture	・Made by baking a mixture of wheat flour, salt, and water ・Generally dipped in soup or used to make sandwiches ・Eaten more than any other bread in Egypt

Type	Price (yen/each)
Bataw	100
Feteer Meshaltet	400
Eish Fino	200
Eish Baladi	150

▶If you buy 3 or more of any type, you can get a 5% discount.

▶Plastic bags cost 2 yen each for small ones and 5 yen each for large ones.

問 1　If you want to try the bread that is most widely and commonly eaten by Egyptians, which bread is most suitable?　| 3 |

① Bataw

② Eish Baladi

③ Eish Fino

④ Feteer Meshaltet

問 2　What will happen if you buy one Bataw round and 2 Eish Fino rolls?　| 4 |

① The store will give you a 3% discount.

② The store will offer you a special coupon.

③ You can get a discount of 25 yen.

④ You can get a free large plastic bag.

問 3　What is true about the information on the flyer?　| 5 |

① Eish Fino is as expensive as Eish Baladi.

② Feteer Meshaltet is likely to be served at weddings.

③ Only one of the types of bread can be used to make sandwiches.

④ The store sells only four kinds of Egyptians bread.

第2問 (配点 20)

A You are an exchange student living in a dormitory on a university campus in the US. You are looking for the cheapest way to get to your part-time job downtown, and you are reading information about a bicycle store.

HappyRide Bicycle Store
Open daily from 8 a.m. to 10 p.m.

Bicycle Rental
Bicycles can be rented by the hour or day. Rentals are calculated from the time you leave the store. If you return the bicycle after the scheduled time, you will be charged for the extended time, plus a late fee. University students can get a 10% discount on rentals.

Equipment Sales and Other Services
HappyRide Bicycle Store sells not only bicycles, repair kits, and replacement parts, but also a variety of products to make your bicycling experience convenient. Enjoy shopping as long as you want. And if you are tired from shopping, take a break to enjoy a drink at the juice bar. The store also offers a free half-hour orientation course with tips for safer travel.

Comments from Customers
- The orientation is given in the garage, so you can try the tips as you learn them. It's really useful!
- The selection of sunglasses is amazing. I found a pair that I now use all the time, and not just while cycling.
- You need to wear a helmet when you rent a bicycle from HappyRide, but don't worry, because each bicycle rental comes with one!
- I was relieved to learn that you can extend your rental and avoid the late fee if you call the store at least 20 minutes before the rental period ends.

- The juice bar is great! You can enjoy every kind of juice, coffee, tea and chilled water for nothing.
- All the staff members are so helpful. If you are a beginner, why not ask them what type of bicycle is best for your needs?
- The orientation includes a handy map which lists bike lanes. It helps you get around town safely.

問 1　At HappyRide Bicycle Store, you can ☐6☐.

① buy a bicycle at a 10% discount

② have your bicycle washed

③ rent a bicycle at nine in the morning

④ rent a bicycle by the week

問 2　Which of the following are you most likely to do at the store? ☐7☐

① Book an orientation course

② Drink juice

③ Get bicycle parts

④ Rent a bicycle cheaply

問 3　One **fact** about HappyRide Bicycle Store mentioned by one of the customers is that they ☐8☐.

① give you helpful information about nice products

② host an orientation cycling tour for students

③ lend you a helmet for free when you rent a bicycle

④ offer a wide selection of gloves for cyclists

問 4　One comment shows that one of the customers 　9　.

　① doesn't think that the store is suitable for beginners

　② finds it easy to extend their rental with only a phone call

　③ thinks wearing sunglasses while riding a bicycle is dangerous

　④ wishes the juice bar would sell a wider variety of drinks

問 5　According to one of the customers, information provided by the store about 　10　 is quite helpful.

　① how to buy cheap bicycles

　② places where you can ride a bicycle safely

　③ the maintenance of a bicycle

　④ times when the orientation course is given

B You and the other members of the student council were disappointed to read that many high school students have had no memorable experience in nature. The council wants the school to create more opportunities for "outdoor lessons," and you have found an article containing some interesting and relevant information.

Disconnected to Nature

Studies on Japanese youth lifestyles reveal a mixed story. According to a national survey by the government, young Japanese people exercise more and eat more healthily than their counterparts 30 years ago. However, they eat fewer meals with their families, don't learn how to cook, and maintain rigid routines with little free time. Worse still, fewer and fewer young people spend their free time connecting with and experiencing the natural world. They don't eat, sleep, or cook outdoors, don't climb mountains, cannot identify plants, and have never experienced the joy of relaxing around a campfire at night with family and friends. Sadly, it seems many would prefer to spend more time with their smartphones.

Advice from Experts

Yukari Sano — Schoolteacher
Young people should stay for extended periods, days rather than hours, in remote areas, and during this time learn to cope with and appreciate all types of weather.

Kevil Chapman — Ph.D. in education
Students must not only study the science behind natural ecosystems, but they must also actively experiment on them in laboratories.

Ken Hayashi — Pediatrician
Young people should spend more time immersed in nature and away from digital devices. By doing this, they can give their eyes a break from digital screens and also greatly improve their mental health.

Ai Furuta — Psychology professor
Students, families, and school administrators should realize that nature provides many meaningful lessons in all school subjects. Studying in a natural environment can be very valuable and effective if done well.

Masami Okamoto — School counselor
Due to light pollution, most city people rarely see stars and cannot identify objects in the night sky. Viewing stars and planets allows us to think about scale — how tiny we are in the universe.

問 1　The main purpose of this article is to 　11　.

①　claim that Japanese students need to study more about nature in school

②　compare the health of Japanese youth with that of the youth in other countries

③　discuss the issue of young Japanese people overusing their phones

④　express concerns about the youth in Japan not connecting with nature

問 2　One **fact** about young Japanese people is that 　12　.

①　they have to learn to cook

②　they live a healthier life than the previous generation

③　they often eat meals with their families

④　they tend to have too much free time

問 3　From the advice, we can see that 　13　 were ideas suggested by experts.

A：learning the names of plants

B：looking at a star-filled sky

C：staying away from digital devices

D：studying weather patterns at university

①　A and B

②　A and C

③　A and D

④　B and C

⑤　B and D

⑥　C and D

問 4　One of the experts' opinions about the topic is that 　14　.

① gaining knowledge about and experiencing nature is valuable

② looking after plants can help you understand the natural world

③ noting nature's rhythms and cycles connects us to nature

④ watching animal behavior helps us connect with nature

問 5　The advice that is **not** relevant to the council's goal is from 　15　.

① Ai Furuta

② Ken Hayashi

③ Kevil Chapman

④ Masami Okamoto

⑤ Yukari Sano

第3問 (配点 15)

A An exchange student in your school is interested in Pacific Island cultures. You are reading an article she wrote for a magazine called *Young Travelers*.

In Hawaii

Rachel Osweiller

At the end of the summer, there's always a big surfing event at Kala Beach in Hawaii. It's a chance for the community to come together and celebrate their shared love of the ocean and beach culture. I finally went to the event a week ago, and it was incredible! Surfers from all over the islands gave demonstrations of different surfing styles, from longboarding on 11-foot longboards to using 6-foot shortboards to jump off waves and do tricks.

Some professional surfers were offering lessons to beginners, but I decided not to participate. After all, there are sharks in the Pacific Ocean that are the size of small boats! There were also native Hawaiians showing how traditional surfboards, called *alaia*, used to be made from local trees and explaining the culture of *he'e nalu*, or wave sliding. In Hawaiian culture, chiefs and other leaders were sometimes chosen based on their surfing skills. I also saw local people dancing hula to the traditional hula music. They were so graceful and expressive.

When the sun set, there was a big barbecue, because if there's one thing that Hawaiians love more than surfing, it's grilling food on the beach. We ate freshly cooked fish, octopus, and even a pig. By the time the day was over, I couldn't eat another bite!

I recommend taking a trip out to Kala Beach's surfing event if you ever have the chance!

問 1　From the article, you learn that Rachel ☐ 16 ☐.

    ① danced hula with local people

    ② met the village leader

    ③ saw various surfboards

    ④ went fishing in the sea

問 2　Rachel decided not to take a surfing lesson because ☐ 17 ☐.

    ① she had had too much grilled food

    ② she knew it could be dangerous

    ③ she wanted to ride a small boat

    ④ she was already a capable surfer

B You are interested in robotics and you are reading an interesting story in a science magazine.

Building and Programming a Chef

Josh Warren

A year ago, the team I belonged to decided to enter an international cooking robot competition. None of us was very good at cooking, but that was the challenge: to build a robot chef capable of making breakfast on its own. We all agreed that our goal would be to make a robot that could crack eggs and cook an omelet that we wouldn't be ashamed of serving to a guest.

The team had 16 people on it, split equally between building and programming. The building team worked for months, creating a robot that could stand up and could move back and forth over a low kitchen counter. There was a shortage in powerful computer chips during the building process, so the team decided to use two weaker CPUs (central processing units) instead of one powerful one when building the robot's "brain." It wasn't easy, but the robot was eventually completed. The omelet it made right away using our initial program was far from delicious — everyone spat it out.

First, there were problems with getting the robot to crack eggs properly. It had no difficulty breaking them, but no matter how the programming team changed the robot's behavior, it kept getting eggshells in the omelet mixture. Although not all the team members agreed, we voted to abandon our original plan to have the robot break the eggs itself. Instead, we supplied it with pre-broken eggs in a bowl for it to mix up. Once we made that shift, we were able to focus on programming the robot to make the omelet as delicious as possible.

We moved on to teaching the robot to shake just the right amount of salt and pepper into the eggs before cooking them. Even the smallest things, like the angle at which it held its arm while shaking, created very different outcomes. At last, we had the flavor the way we wanted it, but we still had to program the robot not to burn the omelet. We realized that because it moved slower than a human, we needed it to flip and remove the omelet from the pan earlier than we first thought.

Our robot didn't win the contest, but we learned a lot from the experience. And honestly, the last omelet it made wasn't too bad!

問 1　Put the following events (①～④) into the order in which they happened.

$$\boxed{18} \rightarrow \boxed{19} \rightarrow \boxed{20} \rightarrow \boxed{21}$$

① Team members disagreed about the robot cracking eggs.

② The omelet the robot made contained some eggshells.

③ The robot was taught to use spices in the right way.

④ The team changed the structure of the robot's brain.

問 2　Why did the team have trouble keeping the robot from overcooking the omelet?　$\boxed{22}$

① It couldn't smell the eggs when they were burning.

② It didn't move as quickly as a human chef would.

③ The egg mixture it used was easy to burn.

④ The lack of other ingredients made the eggs cook faster.

— 89 —

問 3　From this story, you learn that the writer 　23　.

① received second place in the competition
② succeeded in his initial programming goal
③ thought of the experience as very fruitful
④ worked only on the planning of the project

第4問 (配点 16)

Your teacher has asked you to read the following two articles about effective ways to reduce the amount of methane gas in the atmosphere. You will discuss what you learned in your next class.

Why Putting a Tax on Methane Would Be Such a Key Part of Reducing Global Warming

Andrea Yale

Professor, Merton University

In terms of greenhouse gases that cause climate change, methane (CH_4) is second only to carbon dioxide — CO_2. It is tens of times more potent as a greenhouse gas than CO_2, but only has a lifespan of about ten years (compared to hundreds of years for CO_2). Methane's short lifespan in the atmosphere means that efforts to reduce it now could bring benefits within a few decades: reducing current methane levels by 35-40% could cut around 0.3 degrees off the temperature increase predicted between now and the 2040s. Another advantage of reducing methane levels is that it will lead to a reduction in ground-level ozone, which is a harmful gas that restricts the growth of plants and food crops.

Worldwide, the agriculture industry is the biggest emitter of methane, accounting for 40% of emissions. Of methane emissions from agriculture, the vast majority (75%) come from the gas expelled from an animal's body after it eats grass. Apart from the expensive solution of putting a mask on every cow, pig and sheep and collecting and bottling the gas they expel, there is limited potential to reduce methane emissions in farming through existing technology. But if we put a tax on every ton (1,000 kg) of methane produced, farmers will be encouraged to reduce emissions. The money collected from this methane tax should be used to fund research into breeding more efficient animals, creating animal feed that produces less methane, and developing tanks that can effectively contain the methane from animal droppings before it is released into the atmosphere.

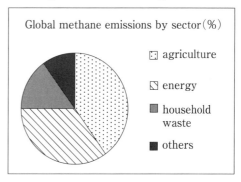

Without a tax on methane, change in the farming industry will not occur quickly enough to significantly reduce emissions.

Focus on Methane Is Distracting us from a Bigger Problem: CO_2
Victor Mikhaylov
Professor, Jonestown University

By focusing on farm-produced methane, we lose focus on the greater problem caused by carbon dioxide (CO_2) produced by burning fossil fuel. As Ms. Yale rightly pointed out, carbon dioxide stays in the atmosphere much longer than methane, and so it will contribute to global warming long into the future. Methane from farm animals, on the other hand, has a circular life. Animals eat grass and release methane. After about ten years in the atmosphere, this methane becomes carbon dioxide, which is absorbed by grass as it grows, and animals eat the grass, continuing the cycle.

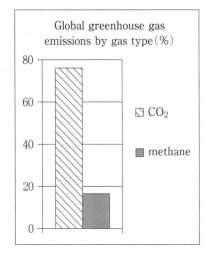

Treating all greenhouse gas emissions equally, regardless of their source, risks sacrificing long-term gains in favour of short-term ones, thus passing the effects of climate change onto future generations. Reducing methane can achieve ten years of benefits, whereas reducing CO_2 from coal, gas, and oil can bring hundreds of years of benefits.

Putting a tax on agricultural methane will only work if all countries agree to it. For countries which do it alone, food will become more expensive to produce, and they will lose customers to countries which don't tax methane. These 'cheaper' countries will then produce more food, and more methane as a result. Taxing methane in only a few countries may in fact lead to more methane being produced globally.

I disagree with Ms. Yale's statement that there is limited technology available to reduce methane emissions in farming. In Europe, a dietary additive has been produced that seems capable of cutting cow-produced methane by 40%. This additive also increases the quality of the cows' milk, so farmers may be able to pay for the additive by charging higher prices for their milk. A simple solution also exists for methane released by animal droppings: collect the droppings every day and put them into a tank so that the methane from them won't be released into the atmosphere. And this methane can be used in many good ways.

問 1　According to Yale, farm animals are responsible for $\boxed{24}$ of global methane emissions.

① 15%

② 30%

③ 40%

④ 75%

問 2　Mikhaylov believes that $\boxed{25}$.

① CO_2 and methane are equally harmful

② CO_2 is more of a problem than methane

③ methane from agriculture is expensive

④ only methane from developed countries should be taxed

問 3　The methane cycle, in which the emission of methane by grass-eating animals is followed by the $\boxed{26}$ of methane into CO_2 and then the absorption of that CO_2 by grass, is introduced by Mikhaylov in order to challenge $\boxed{27}$ on reducing methane Yale discussed. (Choose the best one for each box from options ①～⑥.)

① completion

② decrease

③ division

④ focus

⑤ solution

⑥ transformation

問 4　Both writers agree that methane 　28　.

① emissions cannot be cut by existing technology

② has a shorter atmospheric life than CO_2

③ is produced more easily than CO_2

④ reduction is the quickest way to tackle global warming

問 5　Which additional information would be the best to further support Mikhaylov's argument for the use of technology to reduce methane emissions? 　29　

① How to change methane into CO_2

② How to estimate the amount of methane in the atmosphere

③ How to make cow's milk more tasty

④ How to use methane to generate energy

第3回

第5問 （配点 15）

Your English teacher has told everyone in your class to choose a short story in English to read. You will introduce the following story to your classmates, using a worksheet.

The Meaning of Service

There she was, sitting at her computer and trying to recall any extra-curricular activities she had taken part in. The summer program Lisa had applied to had asked her what she did to improve her community. As she sat there, staring at the mostly blank screen, she realized she had a serious problem. In just a couple of years she would be applying to universities, but she had nothing to write about except for her work in school!

Desperate, Lisa started searching on the internet for volunteering opportunities. The only thing she could fit into her schedule was helping out on Saturday mornings at a local food bank, a place where food is distributed to people in need. She didn't want to get up early on the weekend, but she had no choice, so she signed up.

When she got to Bank of Hope for her first day, she met Mr. Goddard, the manager. He was a nice, patient man who took Lisa around the building, introducing her to everyone personally. After they did their tour, Mr. Goddard took Lisa to his office and said, "Now, Lisa, I just want to tell you how grateful I am for your help. It means so much to me that a young person would be willing to give up her weekends to help those who are less fortunate." Although Lisa smiled and said it was no problem, inside she felt bad, knowing that she had really signed up to help herself.

It wasn't just Mr. Goddard who was incredibly kind and caring; everyone working at Bank of Hope seemed to have a real passion for helping the people

— 95 —

who came in. At first, Lisa felt uncertain. "Do I deserve to be here?" she asked herself. But soon she found herself working harder than she had planned. Whenever someone gave her a job to do, she gave it her full attention and effort.

One day, a few months after Lisa started volunteering, a man named Jason, who was often unable to buy food, came in with red marks all over his face. She felt that she now knew him pretty well, so she asked, "Hey Jason, what happened? Did you get in a fight or something?" "No," he said, "my skin got irritated from the dry weather, and I wasn't able to take a shower or buy proper medicine, so it got worse." She was shocked that something as simple as taking a shower was difficult for him.

That night when she was at home, she couldn't stop thinking about her conversation with Jason. "Sure, we are giving out food to people who need it, but can we do more?" She decided to speak with Mr. Goddard about it the next Saturday.

He seemed surprised when Lisa brought it up in his office. "Wow, Lisa," he said, "I wasn't expecting this from you. Unfortunately, shower services are not something we have a budget for." Lisa asked, "What if I tried to get donations on my own?" Mr. Goddard smiled. "Well, I think that would be great, and I know some people who can help you get started."

It wasn't easy, but by talking the city government and many private charity groups into donating money, Lisa was able to raise enough money for a portable shower that they could set up on sunny days outside the food bank. And even after paying for the shower, she still had some money left to buy medical supplies for the food bank. She even managed to find a hairdresser who was willing to volunteer and give haircuts for free. It was wonderful to see how much people's moods were affected by being able to take a shower and have a haircut.

Lisa's experience at Bank of Hope inspired her to start a community service club at school, and now she helps others because she believes it's the right thing to do.

Your worksheet:

---

1. Story title

"The Meaning of Service"

2. People in the story

Lisa: She decides to volunteer at a food bank on Saturdays.

Mr. Goddard: He is the manager of Bank of Hope and ⬚30⬚ .

Jason: He uses the food bank regularly.

3. What the story is about

Lisa's experiences and growth while volunteering :

⬚31⬚
⬚32⬚
⬚33⬚
⬚34⬚

She changes her behavior as a volunteer as a result of ⬚35⬚ and ⬚36⬚ .

4. My favorite part of the story

She asks herself, "Do I deserve to be here?"

This shows that she ⬚37⬚ .

5. Why I chose this story

Because I am thinking about volunteering when I become a college student next year and want to know what will be required. This story taught me that ⬚38⬚ .

問 1　Choose the best option for ☐ 30 ☐.

　　① buys some of the materials needed for Lisa's plan

　　② gives Lisa ideas about portable showers

　　③ introduces some people to Lisa so that she can pursue her goal

　　④ tells Lisa to pay more attention to her assigned tasks

問 2　Choose **four** out of the five descriptions (①～⑤) and rearrange them in the order they happened.　☐ 31 ☐ → ☐ 32 ☐ → ☐ 33 ☐ → ☐ 34 ☐

　　① She asks for funding from different groups.

　　② She finds out about a food bank user's health problem.

　　③ She starts to put attention and effort into volunteering.

　　④ She tries to find volunteering opportunities.

　　⑤ She writes an essay about her time at the food bank.

問 3　Choose the best two options for ☐ 35 ☐ and ☐ 36 ☐.　(The order does not matter.)

　　① a refreshing shower

　　② being confident in herself

　　③ seeing people feel better

　　④ talking with a politician

　　⑤ watching the staff at work

問 4　Choose the best option for ☐ 37 ☐.

① didn't want to keep working

② felt guilty for volunteering for selfish reasons

③ thought she had made Mr. Goddard angry

④ was irritated by getting up early

問 5　Choose the best option for ☐ 38 ☐.

① good leaders push us to be the best versions of ourselves

② luck is an important part of making the world better

③ we can help others by doing more than what is asked of us

④ we should respect ourselves so that others will appreciate us

第6問 （配点　24）

A　You belong to an English discussion group. Each week, members read an article, create a summary, and create a quiz question to share with the group. For the next meeting, you read the following article.

Reduce and Reuse before Recycling

In 2013, visitors in Glastonbury, England, were delighted to see a giant bee sculpture. The sculpture, designed by Ptolemy Elrington, took 900 hours to create. What was most amazing about the beautiful insect sitting on a flower was that it was made entirely of plastic bottles and other waste taken from the ocean. The detergent company Ecover had the sculpture made to emphasize the need to dispose of garbage properly.

The sculpture is just one of many sculptures that Elrington has made using unwanted materials. Look at his beautiful wolf sculpture closely and you will see it is made from old car parts Elrington found by the road. Elrington's work is a perfect example of a technique called upcycling. Upcycling is taking an unused item and turning it into something more useful or valuable. It is different from recycling, which is breaking an unused item down into its base materials and reusing them, for example, melting down the glass from an old bottle and creating a new one. Recycling is important, but upcycling helps keep materials out of the waste stream at an earlier stage. Recycling also may decrease the quality of the base materials during the breakdown process.

Upcycling is essential because most garbage today gets sent to landfills. Landfills are, like the name suggests, places where garbage is put and then covered over with dirt. Landfills are bad because many people throw away poisonous things, such as paint, which can leak into the earth or water and hurt the environment. In addition, gasses build up inside landfills when the material rots, and these gasses can catch fire. Despite the risks, landfills are necessary

— 100 —

because there is so much waste. In the UK alone, the average household generates 1 ton of waste per year. In other words, an average total of 31 million tons of waste go to landfills in the UK every year.

Anyone can upcycle to help stop the waste going into landfills. Dinah Wulf is a working mother. She enjoys finding interesting old items, especially furniture, and making them into gifts for her family and friends. For example, she buys paint that will give old furniture a new look. She made a centerpiece for her table out of a can that held food for dinner. In an interview, Wulf said that upcycling is about trial and error. If she does not like the finished piece, she will take the pieces apart and start again until it looks the way she wants it to. Wulf feels that upcycling is important and has created a website full of projects for people to try on their own.

By contrast, Shari Mendelson does not feel the need to convince others to upcycle. Instead, she makes beautiful and useful items out of discarded pieces of plastic such as bottles. Her friends know that she likes interesting plastic items, so they bring her old pieces that would normally be thrown away. Thanks to Shari's example, her friends have learned about upcycling and are making their own efforts to reuse waste.

Upcycling results in a special project. People can enjoy using a one-of-a-kind wallet made from a tire, a backpack made from an old tent, or jewelry made from wires from a broken computer. However, the process takes time. The creator must find an old item and decide what it might become. It can take hundreds of hours to make that vision a reality. Even so, upcycling can be very fun and fulfilling. The main point to remember is that products must be kept out of the waste stream, so that the amount that goes to landfill is reduced. An upcycling project should have a purpose: it should be something that is actually functional or useful. It can be a rug made from old jeans or a beautiful sculpture for a yard, but the end result should have value. Upcycling is growing in popularity because it uses the concept of reduce and reuse before getting to the step of recycling.

Your summary:

Reduce and Reuse before Recycling

General information
The author mainly wants to say that [39].

Upcycling
Ptolemy Elrington [40].
Dinah Wulf is a mother with a job, and she [41].

Beneficial Results of Upcycling
It can result in you owning [42].
Although it is time-consuming, it is enjoyable and satisfying.

Your quiz question:

Which of the following does <u>not</u> represent a story or item mentioned in the article?

A
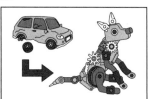

B
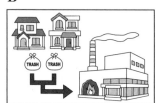

C

D

Answer [43]

第 3 回

問 1 Choose the best option for 39 .

① altering our attitudes towards waste hardly means anything

② creating original things from waste saves a lot of time

③ making unwanted materials more valuable is better than recycling

④ preserving the natural environment is the most important thing now

問 2 Choose the best options for 40 and 41 .

① collected interesting plastics to sell

② created works of art using unwanted materials

③ developed a website to exchange unwanted things

④ discovered ways to turn waste into energy

⑤ made a big bee sculpture using 900 plastic bottles

⑥ took old furniture and made it look new

問 3 Choose the best option for 42 .

① a unique item

② an old masterpiece

③ popular items on the market

④ the most expensive treasure

問 4 The answer to your quiz question is 43 .

① A

② B

③ C

④ D

— 103 —

B You are preparing a poster for an in-school presentation on biological discovery, using the following article.

Orchids, which have the scientific name of Orchidaceae, are popular houseplants and are often used in flower arrangements. However, the orchids grown for commercial use are only a small part of the orchid family. Orchidaceae includes over 28,000 species, which is four times the number of species of mammals. About 6 to 11 percent of all seed plant species are orchids. All orchids have flowers, each of which has three sepals, two petals, and one lip. In a flower, stamens and pistils are fused, and pollens stick to each other, forming lumps called pollinia, which are carried by insects. Their seeds are extremely small with hardly any nutrients in them. Most orchids have simple leaves with veins growing in straight lines, and no wood on the stems. The outer layers of some orchids' roots are so thick that they absorb and hold water and nutrients.

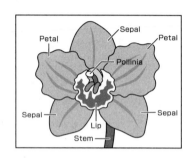

Most people think of orchids as plants which grow in tropical forests, and that is true for some. Most orchids, such as cattleya orchids from Central and South America, live on trees. Orchids that live on trees usually have special organs called pseudobulbs to help them store water, since their roots are not in the ground where they can collect water. Cattleya orchids not only have pseudobulbs, but also have thick roots that can catch and hold moisture. They have giant, sweet-scented flowers that are often used in flower arrangements.

Dendrobium orchids also have pseudobulbs and can be found in trees. However, they have many smaller flowers that grow on tall stems. They live in the Eastern Hemisphere in tropical rainforests on islands in the South Pacific. They also live in the Himalayan mountains of India. Ones that grow in colder areas often lose their leaves when there is little rain and grow new leaves during rainy seasons. Dendrobium is one of the largest groups of orchids, with about 1,500 species.

Like dendrobium orchids, oncidium orchids live in a wide range of environments from the tropics at sea level to the Andean mountains, though they are found in the Western rather than the Eastern Hemisphere. Oncidium orchids are often brown and yellow, though they can also be pink, purple, green, or white. This type of orchid usually has bright markings and is sometimes called a "dancing lady" because the lower flower petal looks like the skirt of a woman who is dancing.

Since they live on the forest floor or cliffs rather than trees, paphiopedilum orchids do not have pseudobulbs to store water. They are found in shady parts of East Asian rainforests. Their flowers have a special shape, like a cup, that catches insects attracted to its color and smell. The insect pollinates the flower when it climbs out of the cup. Vanda orchids attract insects as well, using flowers of all shapes and sizes. Some of the flowers look almost exactly like insects flying. Vanda orchids are found in Southeast Asia and bloom several times a year. While some prefer warm, humid valleys, others live on cool mountains. No matter where they live, vanda orchids all thrive in bright sunlight.

Phalaenopsis orchids are the easiest to grow at home. They are tropical, from Asia and the South Pacific, and have large, wide leaves that hold water. Often, they are called "moth orchids" because their big flowers look like moths. Flower growers have created thousands of varieties of these popular orchids with different colors and shapes. By contrast, other orchids are almost impossible to grow outside their native habitat. For example, there is a rare orchid in Australia, called rhizanthella, that lives completely underground away from sunlight. It gets nutrients from fungi rather than through photosynthesis in green leaves.

Orchids are popular for more than their appearance, though. Orchids have a variety of smells that are used in the perfume industry. Vanilla, the popular flavoring for food, also comes from an orchid plant. Some species of orchids are used in traditional medicine. Scientists are studying them to find out if they can help cure diseases. Orchids grow in so many unusual places that, even today, new species are being discovered. Who knows what kind of new and amazing orchids will be found next?

Your presentation poster draft:

Orchids

Basic information 44

Orchidaceae ...

    A. are often used in flower arrangements

    B. depend on insects to get pollinated

    C. generally have no wood on their stems

    D. have leaves with a network of veins

    E. include more than 28,000 species

    F. produce tiny seeds after pollination

Where in the world various orchids grow 45

Dendrobium
Paphiopedilum
(A)
Vanda

(C)
Oncidium

(B)

Interesting features of orchids

46

47

Orchids in the future

48

問 1 You are checking your poster. You spotted an error in the **Basic information** section.　Which of the following should you **remove**?　44

　① **A**

　② **B**

　③ **C**

　④ **D**

　⑤ **E**

　⑥ **F**

問 2 You are going to make a map which shows natural habitats of various orchids.　Choose the best combination to complete the map.　45

①	(A) Cattleya	(B) Phalaenopsis	(C) Rhizanthella
②	(A) Cattleya	(B) Rhizanthella	(C) Phalaenopsis
③	(A) Phalaenopsis	(B) Cattleya	(C) Rhizanthella
④	(A) Phalaenopsis	(B) Rhizanthella	(C) Cattleya
⑤	(A) Rhizanthella	(B) Cattleya	(C) Phalaenopsis
⑥	(A) Rhizanthella	(B) Phalaenopsis	(C) Cattleya

問 3 From the list below, select the two which best describe the features of orchids.　(The order does not matter.)　46 ・ 47

　①　All orchids worldwide bloom more than once a year.

　②　Most orchids that grow on trees kill the trees they grow on.

　③　Orchids cannot grow in cold places like the Himalayan or Andean mountains.

　④　People have nicknamed some orchids due to their shapes.

　⑤　Some orchids have thick roots that are able to hold water and nutrients.

— 107 —

問 4　From this passage, which of the following could happen in the future?

　　　 48

① 　Fewer orchids will be grown and sold at gardens and shops in the world.

② 　Flowers of orchids may not be as popular as they are today.

③ 　Orchids might be proven to be useful for treating diseases.

④ 　The perfume industry will protect orchids from becoming extinct.

問 5　From this passage, we can infer that the writer　 49 　.

① 　has discovered a new kind of orchid in her garden

② 　insists that we learn much more about the scents of orchids

③ 　is interested in the great diversity of orchids

④ 　loves orchid flowers because they look a lot like insects

第 4 回

――― 問題を解くまえに ―――

◆　本問題は100点満点です。

◆　この問題は第1問～第6問まであり，問題解答時間は80分です。

◆　問題を解いたら必ず自己採点により学力チェックを行い，解答・解説，学習対策を参考にしてください。

◆　以下は，'23全統共通テスト高2模試の結果を表したものです。

人　　　数	120,811
配　　　点	100
平　均　点	45.2
標　準　偏　差	18.9
最　高　点	100
最　低　点	0

第4回

各大問の英文や図表を読み，解答番号 $\boxed{1}$ ～ $\boxed{49}$ にあてはまるものとして最も適当な選択肢を選びなさい。

第 1 問 （配点 10）

A You are taking a cooking class during a homestay in the US, and you need to choose one of two projects to complete. Your teacher gives you this handout.

Delicious Dessert Classes

Birthday Cake

Learn how to use different tools to create beautiful cake decorations.

All students will

- be given the same decorating pattern with a choice of colors;
- use both easy sugar roses and real flowers from the garden;
- receive a free book of cake recipes.

Box of Chocolates

Make different flavors of chocolates to put into a pretty gift box.

All students will

- work together to create six different fillings (including orange, almond, and caramel) and then each student will fill their own chocolates;
- take home completed boxes of twelve chocolates;
- be able to purchase extra boxes at a cost of $5 each.

— 110 —

Instructions:

The class will make only one of the desserts on this handout. Which do you prefer? Vote for one at the end of the third class. Before the fourth class, the teacher will send an email with a list of supplies to bring for the project.

問 1　What will you do to show which dessert you prefer? ☐ 1

① Ask other students to help you decide.

② Complete and turn in a handout.

③ Email your choice to the teacher.

④ Place a vote at the end of a class.

問 2　Which is true about both dessert classes? ☐ 2

① It is possible to buy extra supplies.

② Students can take something home.

③ The desserts are decorated with flowers.

④ They offer a wide variety of different flavors.

B You are a high school student interested in learning a practical skill during the summer vacation. You read a leaflet about a woodworking workshop aimed at high school students.

Sponsor:
National Woodworking Association

3-Day Workshop

Woodworking for Beginners!

Learn practical skills from woodworking professionals and develop your confidence through this residential course.

Dates: August 5–7, 2024

Location: Green Hills Campsite

Cost: $220, which includes meals, log cabin accommodation, and all materials and tools

Course Contents

◆**Day 1**: Learn the basics using a variety of tools, such as a saw, hammer, and more. Try out a range of different woodworking tasks under the guidance of professionals.

◆**Day 2**: Choose a simple piece of furniture to make as your personal project. Examples include stools, benches, and racks. Design and plan your project on paper, and choose the materials and tools you will need.

◆**Day 3**: The final day will be spent making your own piece of furniture. With experienced professionals available at all times to supervise and give advice, you'll be able to solve any problem that comes up. Your finished project will be yours to take home and enjoy!

第4回

▶**Applications**

Step 1: Fill in the online application **HERE** by June 15, 2024.

Step 2: We'll contact you when your application has been confirmed.

Step 3: You will be required to pay a non-refundable deposit of $50 by July 30, 2024.

Please note: Applications will close when the maximum number of applicants (30 people) is reached.

問 1　The purpose of the course is ⎡ 3 ⎤.

① to allow experts to hold a series of group discussions

② to help intermediate carpenters learn advanced skills

③ to make a piece of furniture that can be sold

④ to teach beginners the fundamentals of woodworking

問 2　On the final day of the course, each participant will ⎡ 4 ⎤.

① create and complete their own piece of furniture

② learn how to use woodworking tools

③ present their work at the group discussion

④ start planning their personal projects

問 3　What is true about applications for the workshop?　⎡ 5 ⎤

① Before applying, all applicants must send a deposit of $50.

② Professional carpenters are encouraged to apply as instructors.

③ They are scheduled to close on June 30th, 2024.

④ They will close when thirty people have applied.

— 113 —

第2問 (配点 20)

A You want to buy an e-bike because you live far from your school and often arrive sweaty and tired. You visit a bike shop and pick up this pamphlet.

Join the e-bike revolution with *E-Speed*

E-Speed bikes are energy-saving, comfortable, and reliable. They are available in three gear options and five colors.

Special Features

E-Speed bikes are fitted with a rechargeable battery that provides a power boost to the rider. This reduces the muscle work your legs have to do. The battery is lightweight and detachable, so you can recharge it using the power outlet in your home. But you don't have to recharge often, because our batteries provide 60 kilometers of riding life per charge. Once the battery is attached to the bike, it locks automatically, so you don't have to worry about it being stolen.

Advantages

Change gears easily: With our grip-shift gear adjusters you simply twist the grip on the handlebars up or down to change gears.

Check battery life at a glance: Electronic display mounted on the handlebar shows the amount of battery life remaining.

Arrive at your destination looking good: There's no need to arrive red-faced and sweaty when you're riding an *E-Speed*. The power boost does the hard work for you.

Rest assured: Our products are guaranteed. If you have a problem with the battery or the bike within three years of purchase, we will fix it free of charge.

Customers' Comments

● I bought the optional solar panel attachment to boost my battery on sunny days. I recommend it!

● The three-gear model is perfect for flat areas. You might want a five-gear model if you live on a slope.

● Thanks to *E-Speed*, I don't need to take a towel anymore when I ride to school.

● Cycling used to be tiring, but now it's a pleasure.

● The battery uses a fingerprint-scan lock, so it's very secure.

● The stylish, modern design has caught the attention of my classmates!

● I think the one-gear model is good enough for normal commuting. It's cheaper too!

問 1   According to the maker's statements, which best describes the new bike?

　　　 6

① High-performance racing bike

② Power-assisted bike

③ Solid modern bike

④ Traditional everyday bike

問 2   Which benefit offered by the bike is most likely to appeal to you?   7

① A less exhausting cycling experience

② Being able to change gears easily

③ The three-year guarantee

④ The rechargeable battery

問 3　One **opinion** stated by a customer is that 　8　.

① all models are good for climbing hills

② the accessories are expensive but worthwhile

③ the automatic lock stops the battery being stolen

④ the simplest model is a good value for money

問 4　One customer's comment mentions something they used to take with them.
What did the customer use it for?　9

① To attract attention from classmates

② To charge the battery

③ To make the ride more fun

④ To wipe sweat

問 5　According to one customer's opinion, 　10　 is recommended.

① changing the style of the bike

② going on a cycling tour

③ having more gears for riding in hilly areas

④ riding a bike to boost the battery

B You are a member of the student council. The council members have been discussing a student project that aims to help students learn better eating habits. To get some new ideas, you are reading an exchange student's report about a project that was done at her school in Canada.

School Garden

Our school serves healthy lunches. However, many of the students do not eat the vegetables. My class wanted to stop students from wasting this food. Therefore, we started a school vegetable garden behind the gym building. Each class has its own area for growing vegetables. The first week, everyone was very busy preparing the ground and planting the vegetables. We grew over twelve types! Now, students take turns watering and picking the vegetables. It only takes a few minutes every day.

When the vegetables are ripe, the school kitchen uses them to make school lunches for everyone. Students always try the food they have grown, and this has led to more students eating vegetables every day. In fact, it seems that now a lot of students eat vegetables every day, regardless of whether they were grown in the school garden or not. Why do they now eat more kinds of vegetables than they did before? We asked some students for their opinions of the project.

Feedback from participants

AG: I never wanted to eat peas when I was little. Then my class grew them. After I tried eating some at school, I realized how good they taste.

FP: I had so much fun planting and picking vegetables that now I have a small garden at home. My family saves money by eating my vegetables.

DC: Many vegetables grow over the summer. Students took turns watering them. I didn't want to go to school during the summer vacation.

— 117 —

LE: Even before I joined this project, I ate a lot of vegetables, but I still had no idea that corn and carrots were so easy to grow.

MT: My class grew broccoli. There were so many insects! The plants did not grow very well.

問 1　The aim of planting a school garden was to help students to ⬚ 11 ⬚.

① decrease the amount of food they waste

② learn a better way of growing vegetables

③ make new recipes for lunches

④ spend less on buying school lunches

問 2　One **fact** about the school garden is that ⬚ 12 ⬚.

① all of the students liked raising vegetables

② over a dozen types of vegetables were grown

③ the majority of students grew peas

④ the students could take vegetables home

問 3　From the feedback, ⬚13⬚ were activities done by participants at school.

    A：cooking meals

    B：picking vegetables

    C：recycling food

    D：watering plants

  ① **A** and **B**

  ② **A** and **C**

  ③ **A** and **D**

  ④ **B** and **C**

  ⑤ **B** and **D**

  ⑥ **C** and **D**

問 4　One of the participants' opinions about the school garden is that ⬚14⬚.

  ① it should have included more vegetables

  ② peas were grown in the school garden

  ③ some vegetables were not hard to grow

  ④ the broccoli did not taste very good

問 5　The author's question is answered by ⬚15⬚.

  ① AG

  ② DC

  ③ FP

  ④ LE

  ⑤ MT

— 119 —

第3問 (配点 15)

A You are thinking about volunteering at a city festival during your homestay in the US. You are reading a young blogger's post.

Jeremy Stern

Wednesday, August 6, 5:19 p.m.

I went to the Festival Africa last weekend and really recommend it! It is only held once a year, but there are so many things to see and do that you could stay for a week. I only saw half of the modern art, and I didn't have any time to visit the traditional crafts tent. However, I got a great seat for the fashion show, and spent over an hour watching all the great designs. There were awesome dresses and casual clothes. I liked a bright blue suit best.

The music played at the festival gave it an African feel. I had fun learning to play some African instruments. The picture on the left is of me being taught by a teacher. In fact, I picked up some information about an African music club because learning to play was so interesting. The dance teachers were really funny and got the whole audience to participate in their class. The last of the performances was surprising, though. I watched a Masai ceremony for when boys become adults. I had no idea they could jump so high!

After that, I was hungry and went to the food booths. I was worried because I didn't recognize any of the foods. There were many stews and grilled meats. I had a delicious lamb stew. My dessert was good, too. I ate a milk tart called melkkos. I definitely want to try other foods when I go back next year!

問 1   In Jeremy's blog, you learn that he   16 .

① jumped highest in a ceremony
② tried many different desserts
③ tried playing an African drum
④ wore a blue suit in a fashion show

問 2   Jeremy was most likely   17   when he ate African food.

① concerned
② disappointed
③ pleased
④ tired

B You enjoy learning about history and have found an interesting story in a travel magazine.

A Journey into the Past

Over the summer, I visited the Colosseum in Rome, Italy. I've always loved studying ancient history, so this was a chance to see one of the world's most famous structures up close. On arriving in Rome, I dropped my luggage off at the hotel and then got into a taxi to meet a local tour guide in front of the Colosseum.

Getting out of the taxi, I found my guide, Vittorio, waiting for me. I looked up at the wide, circular structure and was very surprised. In all the pictures I'd seen online and in books, the exterior of the Colosseum looked dirty, old, and crumbling. But, in person, this stone looked bright and new. Vittorio must have noticed my confusion. He explained that the government had spent millions of dollars restoring the building a few years ago.

Vittorio showed me around, offering interesting facts and details about the Colosseum's history. He gave me even better news: the *hypogea* had been updated as well, and they had opened to the public just a month before! "You are very lucky," he said.

The *hypogea* were the series of passages and rooms underneath the Colosseum. The Romans used them to hold men and animals before they fought in the arena. Walking through those hallways, I felt sorry for all the fighters, called gladiators, who had been forced to fight and die for the entertainment of a crowd. While it was sad, I still could not help being fascinated by all the hidden doors and clever tricks the Romans had used to create special effects in the arena shows.

I said goodbye to Vittorio outside the gift shop, where I then bought a book filled with beautiful photographs of the Colosseum. Like other historic structures in the world, there are many parts of the Colosseum's story that are tragic, but we must always make an effort to learn from the past.

問 1 Put the following events (①〜④) into the order in which they happened.

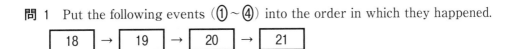

- ① The Italian government started restoring the Colosseum.
- ② The writer bought a book full of pictures at the gift shop.
- ③ The writer met a local guide in front of the Colosseum.
- ④ The writer took his bags to the hotel in Rome.

問 2 Vittorio said the writer was lucky because 22 .

- ① he had a good command of English
- ② he was one of the gladiators alive today
- ③ the writer came to Italy in winter
- ④ the writer was able to see the newly opened area

問 3 From this story, you learned that the writer 23 .

- ① felt a mixture of sympathy and interest
- ② has visited historical sites all over the world
- ③ regretted visiting the scene of so much violence
- ④ was excited but nervous on the trip

第4問 (配点 16)

You are a high school student. Your school is conducting mock interviews to help students prepare to enter the workforce. To get ready for your interview, you read the following articles.

Job Interview Coming Up?
Here's How to Make a Great First Impression!

Timothy Green

Recruitment Agent

Imagine that you've submitted your résumé for your dream job. After a tense three-week wait, the company sent you a positive response — they want to invite you for an interview! But how can you ensure that you will get that job of your dreams? Here is my advice to help you make a great impression.

Studies have shown that we form our first impression of another person in only seven seconds. In other words, the way you present yourself at an interview is the key to your success. This is why when anyone who is nervous about a job interview asks me for advice, I always tell them that the first thing they should do is to buy a properly tailored suit. You should spend some time before your interview making sure that your interview look is appropriate. For the greatest impact, be sure to get your hair cut just a few days before.

According to employers, 39% of the people they interview make a bad impression because of their overall confidence level, tone of voice, and bored facial expressions. This is why it is important to smile and greet the interviewer with a firm handshake. People often tell me that they feel more confident when they dress well for an interview, and the interviewer certainly notices.

Finally, be sure to clearly state your achievements to show the interviewer that you are confident that you can do the job. If your experience doesn't exactly match the requirements, there is no problem with lying slightly, as you will get the experience you need through the job.

Why Some People Always Seem to Get the Job: Making an Impression During Interviews

Martin Cooper

Chairman, American Business Council

We all have at least one friend who seems to get every job that they interview for. But why is it that some people are more successful in interviews than others? Although some may argue that those who are well dressed and seem very confident always get the job, I think that the truth is more complicated.

While it is certainly true that wearing a smart suit will make a positive first impression on your interviewer, they are looking at your whole application, including your previous experience and knowledge. Thus, it is important to prepare for the interview by researching the company and memorizing a few key facts. In a recent survey of 100 interviewers, 55 people answered that the thing which they most dislike is when the person they are interviewing does not know basic information about their company. This is followed by lateness at 25, and having poor posture at 15.

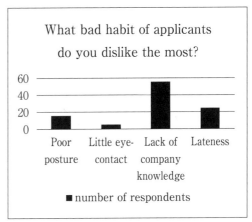

Being confident in an interview will show the interviewer that you can do the job. Making sure that you are dressed professionally may boost your confidence in the interview slightly, but true confidence can only come from having real knowledge and related experience. Although you may feel like making up some things about yourself to appear more suitable for the job during your interview, it is always better to tell the truth because this will lead the interviewer to trust you. There is nothing wrong with showing off your achievements, but you should also be qualified for the area of work you want to do. Remember that those who are really qualified will show true confidence that will stand out to employers.

問 1 Green says that when [24], you may do poorly in a job interview.

① you do not seem to have confidence
② you do not sit up straight
③ you try too hard to impress the interviewer
④ your résumé includes many lies

問 2 In the survey mentioned by Cooper, [25] of the interviewers stated that they don't like it when job applicants aren't on time for interviews.

① one-quarter
② one-tenth
③ over half
④ three-quarters

問 3 Although Green believes that telling the truth at an interview isn't always [26], Cooper makes the point that if you are honest, you will seem more [27] to the interviewer. (Choose the best one for each box from options ①～⑥.)

① difficult
② necessary
③ obvious
④ reliable
⑤ skillful
⑥ unique

問 4 Both writers agree that [28] will make a good impression on an interviewer.

① making eye-contact
② raising your voice
③ shaking hands
④ wearing suitable clothes

問 5 Which additional information would be the best to further support Cooper's opinion? [29]

① Examples of knowledge required to work in certain fields
② Reasons why interviewers like some applicants
③ The amount of money applicants generally spend on their suit
④ The importance of arriving at the interview site a few minutes early

第5問 (配点 15)

Your English teacher has told everyone in your class to find an inspirational story and present it to a discussion group, using notes. You have found a story written by a high school student in America.

What We Learned Together

Pedro Goldschmidt

I was smiling when I handed in my United States History test. We were only two weeks into the class, and I had gotten an A on every assignment. This test had nothing surprising on it at all, so I was confident my good marks would continue. As I walked back to my seat, however, I noticed my friends staring at their tests with frowns on their faces.

While we ate lunch together that day, I asked everyone what they had thought of the test. Jason, who normally does well in history class, said, "I have no idea what the teacher wanted us to study. I knew all the names and dates, but that didn't help at all." Natasha was even more upset. "I think I failed the test," she said, "And I stayed up all night studying!" I hated seeing my friends discouraged, so I decided to do something about it. "All right," I said. "Let's meet in the library after school tomorrow. We can discuss the material, and I'll try to explain how I prepared for that test."

Truthfully, I was not expecting many people to come to the library the next day. To my surprise, all five friends who had heard my suggestion at lunch the day before arrived right after school ended. It was a lot of pressure, especially for someone like me who was not used to instructing others. But since I had promised to help them, I felt I had to keep my promise. I explained how our teacher, Mrs. Welin, wanted us to understand history. Instead of focusing on small details, she wanted us to look at historical events and find out what they

— 128 —

have in common.

At first, it was difficult for everyone to understand what they needed to do. We had been taught for years to learn history by memorizing, and now Mrs. Welin was asking us to think more creatively. To help them practice, I prepared quizzes and essay questions for them and had them analyze major historical events that occurred in different time periods. Soon my friends started to become more confident.

I was thrilled to see their progress. The next time we had a quiz in class, my friends did much better, and everyone thanked me for the study sessions. Unfortunately, leading the study group was occupying more and more of my time. I was basically preparing full lessons for my friends, which could take hours. Not only did I barely have any free time at home after school, but I found that I didn't have the time I needed to prepare for classes I was having trouble in.

More importantly, over time I started to notice a change in my friends' behavior. They spent the first meetings asking thoughtful questions and discussing ideas with each other, but as time went on, they expected me to tell them everything. I started to worry that they were relying on me to think for them rather than thinking for themselves. I decided to have an open, honest conversation with my friends about the situation.

At the next meeting, I arrived without having prepared any material. I told my friends, "Sorry everyone, but I don't have time to lead the whole group every week. You all know what to do now, and if you have questions, I'll answer them. Otherwise, you should be ready to lead the discussions yourselves."

Natasha got angry, saying, "I cannot believe you would abandon us!" Jason shook his head as she left. "I understand, Pedro. I'm sorry I let you do all the work. You just seemed so confident about it." Everyone else said it was fine and promised to take equal responsibility for our group discussions.

The study group, which still includes Natasha, is meeting every week, and I love listening to my friends debate history with each other. I am happy to join in, but it is everyone's group now, not just mine.

Your notes:

What We Learned Together

About the author (Pedro Goldschmidt)
- Cared about his friends
- Understood that his teacher taught history by asking about [30]

Characters in the story
- Jason: a member of the study group who [31].
- Natasha: a member of the study group who had a strong emotional reaction.
- Mrs. Welin: the United States History teacher.

Influential events in Pedro's growth as a confident friend and leader
Invited his friends to the study group → [32] → [33] → [34] → [35]

What Pedro realized as leader of the study group
An instructor must be careful to [36].

What we can learn from this story
- [37]
- [38]

問 1　Choose the best option for ☐ 30 ☐.

① names and dates of important historical events

② reasons why historical figures were important

③ what different time periods had in common

④ why it was necessary to learn the history of America

問 2　Choose the best option for ☐ 31 ☐.

① had a unique method for learning history

② left when Pedro announced he wouldn't lead the group

③ made lesson plans that Pedro used with the group

④ supported Pedro's decision to change the way the group studied

問 3　Choose **four** out of the five options (① ~ ⑤) and rearrange them in the order they happened.　☐ 32 ☐ → ☐ 33 ☐ → ☐ 34 ☐ → ☐ 35 ☐

① Became concerned about the study group and his own studies

② Described their teacher's approach to history

③ Explained that he was leaving the study group

④ Gave friends sample writing tasks to perform

⑤ Saw friends get better grades in history class

問 4　Choose the best option for ☐ 36 ☐.

① balance their students' personal needs with those of their parents

② create lessons that prepare students for unexpected changes

③ guide the learning of others without taking away their independence

④ teach in a way that appeals to individual learning styles

— 131 —

問 5　Choose the best two options for ⬚37⬚ and ⬚38⬚. (The order does not matter.)

① Clear communication is necessary for a healthy social interaction.

② People in a study group are always understanding.

③ While studying in a group, you should cooperate with other members.

④ You cannot help people no matter what you do.

⑤ You must remember a lot of details for a test.

第6問 (配点 24)

A In your class discussion, you have been asked to summarize the following article. You will present the summary to the class, using only notes.

Pets and Human Society

For many of us, our pets are important members of our families. We feed them, talk to them, wash them, take them for walks, or maybe even dress them up in cute outfits. Close relationships between humans and animals are not unique to the modern age. In fact, pets have been a part of human society since the earliest part of our history.

Archeological and genetic evidence suggests that humans already started living alongside dogs more than 30,000 years ago. All breeds of dogs that we have today — small dogs, huge dogs, fluffy dogs, long-legged dogs — are originally descended from the wolf, a wild animal. Why did humans and wolves begin living together? We can only guess, but it is likely that both sides found the relationship to be beneficial. For humans, wolves were useful: they helped us to hunt, protected us from attacks from wild creatures, and gave us companionship. For wolves, humans provided food and shelter. Perhaps it was easier to live with humans than to try to survive in the wild. Regardless, we know that a bond developed between the two species. Ancient graves where humans and dogs were buried together have been discovered, with some sites more than 12,000 years old.

Our relationship with cats, too, can be traced back to the beginning of civilization. It is thought that cats were first domesticated in the Middle East more than 10,000 years ago. As with wolves, wild cats probably found there were benefits to living with humans, who gave them food and a warm place to sleep. Humans, on the other hand, most likely started keeping cats around to

— 133 —

control pests such as mice and rats that ate stored grain. Cats caught the pests for us, and in return, we provided them with a home. One society that is strongly associated with cats is that of Ancient Egypt, around four thousand years ago. The Ancient Egyptians respected cats greatly and often used them to represent gods in art. Many statues and wall paintings of cats, as well as those of human figures with the heads of cats, have been discovered in Egypt. Cats seem to have been given burials similar to those of humans, and were even turned into mummies. However, cats were not respected by all societies. In Europe in the Middle Ages, cats came to be associated with the devil and dark magic. People who kept cats were suspected of being witches. Such beliefs remain part of our fairy stories even today, where witches are often with a black cat.

Other animals kept as pets throughout history have included rabbits, birds, monkeys, snakes, and even bears. While the type of animal and the manner of keeping them may be wildly different, the presence of domesticated animals seems to have been common to almost every culture, society, and tribal community.

It is thought that in today's world, there are more than one billion pets, including over 200 million cats and more than 400 million dogs. For most people, pets no longer serve a functional role, as they did for our ancestors. We do not need our dogs to help us hunt in the forest, or require our cats to catch the mice that steal our precious grain. Rather, modern pet-keeping could be said to be a luxury. Pets cost us money and time, and generally do not give us practical or economic benefits in return. So why do we still keep them?

The answer seems to be a simple one: love. People love their pets. The human capability for affection toward animals appears to be universal across cultures and history. We can consider pet-keeping to be a fundamentally normal behavior within human society.

Your notes:

Pets and Human Society

Introduction

◆ Humans have lived alongside pets since the earliest times.

◆ ☐ 39 ☐

Facts

◆ The fact that ☐ 40 ☐ is evidence of a relationship between humans and dogs.

◆ Cats were greatly respected by Egyptians in ancient times.

◆ Number of pets in the world today: 1 billion
  ◇ Over 200 million domestic cats
  ◇ Over 400 million domestic dogs

Why Humans Started Keeping Pets

◆ Most likely because both sides received benefits from the relationship: humans provided food and shelter, while pets helped us by ☐ 41 ☐ and ☐ 42 ☐.

Why We Keep Pets Now

◆ ☐ 43 ☐

問 1　Choose the best option for 39.

   ① Cats are worshipped as gods in many societies today.

   ② Humans and dogs lived together over 30,000 years ago.

   ③ Keeping pets is unique to certain cultures.

   ④ People in the Middle Ages usually kept dogs.

問 2　Choose the best option for 40.

   ① ancient people painted pictures of dogs

   ② DNA tests show dogs are descended from wolves

   ③ dogs and people were buried in the same graves

   ④ dogs featured in ancient legends and stories

問 3　Choose the best options for 41 and 42. (The order does not matter.)

   ① assisting with hunting wild animals

   ② catching creatures that ate grain

   ③ giving birth to a lot of babies

   ④ improving the political situation

   ⑤ playing a role in medicine

   ⑥ searching for hidden treasures

問 4　Choose the best option for ☐43☐ .

① Because they are a luxury and bring us good luck.

② Because they perform various useful tasks.

③ Because we feel great affection for them.

④ Because we respect them and treat them like gods.

B You are in a student group preparing for an international science presentation contest. You are using the following passage to create your part of the presentation on outer space.

Pollution has been a well-known problem on Earth for decades, whether it is simple littering or the increase in greenhouse gases causing climate change. However, there are some problems that very few people know or think about, like the trash that is building up in space around our planet. It might not seem like a big deal, but the buildup of debris in space, also known as "space junk," might pose a major problem in the near future.

You might be wondering where all of this space junk comes from. Since 1957, rocket launches have put over 10,000 satellites into orbit around the Earth. Some get pulled back toward the Earth by gravity, and they are destroyed in the atmosphere. For satellites at an altitude of 250 to 550 kilometers, they will crash back down to earth in several weeks or years if they are not actively kept in orbit. But once a satellite is more than 800 kilometers up, it takes decades or even centuries for gravity to bring it back down. And some satellites used for scientific research that are over 1,000 kilometers up are in stable orbits, and these satellites can last for thousands of years.

"Dead" satellites floating around are not even the most significant problem. If a piece of space junk is large enough, it is easy to track using ground and space-based technologies, and other controlled objects in space can avoid it. Sometimes, though, two satellites collide, which causes both to break into hundreds or thousands of smaller pieces. Moreover, countries like the United States, China, and India have recently begun testing military systems on satellites. When a satellite is destroyed by an explosive missile, it breaks into even smaller pieces than in an accidental impact. Tiny pieces of space junk may not seem too dangerous, but even a small piece of debris is capable of breaking through the light skin of a space station if it is going fast enough. And since these small pieces of debris are much harder to track and avoid, they do present a danger to satellites and human-operated space ships and space stations.

For now, our rocket launches do not appear to be in much danger of being damaged by space junk, but the satellites currently in orbit are. Of the 10,000 satellites mentioned earlier, more than 7,000 are still active and most of the rest are dead. It is estimated that there are 34,000 pieces of space junk bigger than 10 centimeters across, and over 128 million pieces of space junk bigger than 1 millimeter! For functional satellites, those pieces represent the potential for damaging accidents. And as we mentioned, such accidents only create more debris. The military satellites that are between 800 and 1,000 kilometers up are generally safe, but some of the weather satellites that orbit slightly lower have suffered impacts. And the photography satellites below them are in danger as well. The ISS, or International Space Station, in the lowest orbit of all, has had to change its course to avoid impacts with debris 25 times since 2005. For the men and women on board, space debris is a real, everyday threat.

Although there have been proposals to do something about space junk, most of the ideas have been declared either too expensive or too risky. Plans that involve powerful magnets, lasers, and even nets would only work on the largest and most easily avoidable pieces of debris. For now, at least, letting space junk fall back to Earth naturally appears to be the preferred approach.

That may change soon, though, because various companies have announced plans to greatly increase the number of satellites currently in orbit. Even now, about half the active satellites in orbit are parts of huge "constellations," or large groups of small satellites. These constellations are typically used to provide internet access all over the world, and their numbers are expected to grow immensely over the next decade. According to some estimates, the number of satellites in orbit will have increased to 50,000 by the year 2030. At that point, crashes between satellites could create enough debris to start a chain reaction where more debris leads to more crashes. In other words, space junk might soon go from being a minor inconvenience to a major obstacle in the way of progress.

Your presentation slides:

The Growing Problem of Space Debris	**1. Key Facts** · Recent massive increase in satellites · · ☐44☐ · ·

2. Causes of Small Debris

· ☐45☐
· ☐46☐

3. About Solutions
· Some satellites will burn up in the atmosphere naturally.
· ☐47☐

4. What Orbits Where? ☐48☐

5. Final Statement

☐49☐

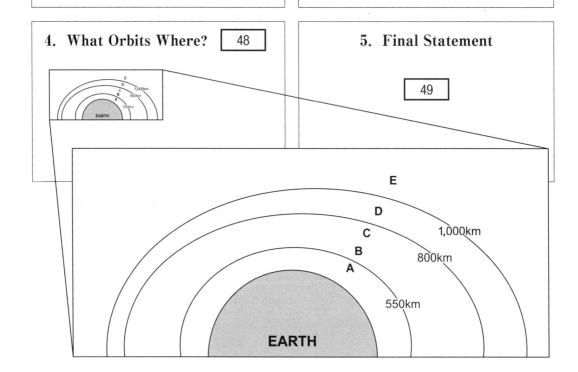

問 1 Which of the following should you **not** include for ⬚44 ?

① About 3,000 dead satellites in orbit

② Debris less than 1 centimeter causing no problems

③ More than 10,000 satellites launched since 1957

④ Over 30,000 pieces of debris larger than 10 centimeters

⑤ Satellites above 1,000 kilometers likely to stay in orbit for longer

問 2 For the **Causes of Small Debris** slide, select two reasons for the growing amount of particularly dangerous space junk. (The order does not matter.) ⬚45 · ⬚46

① Attempts to retrieve dead satellites in the past created more debris.

② Bags of trash are thrown out from the International Space Station.

③ Countries have started testing weapons that are capable of blowing up satellites.

④ Crashes between two satellites can cause both to break into smaller pieces.

⑤ Dead satellites are sometimes struck by rockets launched into orbit.

問 3 For the **About Solutions** slide, select the best option. ⬚47

① Methods proposed so far are largely impractical.

② Powerful magnets can be used to attract space debris regardless of size.

③ Special satellites are being designed to collect space junk.

④ The total number of satellites must be limited.

問 4 Complete the missing labels on the diagram of Earth orbits for the **What Orbits Where?** slide. 48

① (A) ISS   (B) Military satellites   (C) Science satellites

    (D) Weather satellites   (E) Photography satellites

② (A) ISS   (B) Photography satellites (C) Weather satellites

    (D) Military satellites   (E) Science satellites

③ (A) Photography satellites (B) ISS   (C) Military satellites

    (D) Science satellites   (E) Weather satellites

④ (A) Science satellites   (B) Military satellites   (C) Weather satellites

    (D) Photography satellites (E) ISS

⑤ (A) Weather satellites   (B) ISS   (C) Science satellites

    (D) Military satellites   (E) Photography satellites

問 5 Which is the best statement for the final slide? 49

① Although it does not represent an immediate concern, the increase in space debris over the next decade could have severe consequences for science and the economy.

② Space debris is gradually becoming less of a problem as it burns up in the Earth's atmosphere and is removed by a variety of newly developed scientific methods.

③ Space debris will decrease because engineers will develop new techniques for the launch and operation of small satellites in the future.

④ While space debris used to be only a problem for astronauts, people living on Earth's surface are now physically threatened by it.

— 142 —

MEMO

河合出版ホームページ
https://www.kawai-publishing.jp
E-mail
kp@kawaijuku.jp

表紙イラスト　阿部伸二（カレラ）
表紙デザイン　岡本 健＋

2025共通テスト総合問題集
英　語[リーディング]

発　行　2024年 6 月10日

編　者　河合塾英語科

発行者　宮本正生

発行所　株式会社　河合出版
　　　　[東　京] 〒160-0023
　　　　　　　　 東京都新宿区西新宿 7－15－2
　　　　[名古屋] 〒461-0004
　　　　　　　　 名古屋市東区葵 3－24－2

印刷所　名鉄局印刷株式会社

製本所　望月製本所

・乱丁本，落丁本はお取り替えいたします。
・編集上のご質問，お問い合わせは，編集部
　までお願いいたします。
　（禁無断転載）
ISBN978-4-7772-2807-2

第　回　外国語解答用紙

解答科目　英語（リーディング）

注意事項

1 解答科目が無くマークまたは複数マークの場合は、0点となります。
2 訂正は、消しゴムできれいに消し、消しくずを残してはいけません。
3 所定欄以外にはマークしたり、記入したりしてはいけません。

	良い例	悪い例
マーク例	●	◑ ◕ ✖ ☀ ◖

氏名（フリガナ）、クラス、出席番号を記入しなさい。

フリガナ
氏名
クラス　　出席番号　　番

解答番号	解　　答　　欄 1 2 3 4 5 6 7 8 9
1	① ② ③ ④ ⑤ ⑥ ⑦ ⑧ ⑨
2	① ② ③ ④ ⑤ ⑥ ⑦ ⑧ ⑨
3	① ② ③ ④ ⑤ ⑥ ⑦ ⑧ ⑨
4	① ② ③ ④ ⑤ ⑥ ⑦ ⑧ ⑨
5	① ② ③ ④ ⑤ ⑥ ⑦ ⑧ ⑨
6	① ② ③ ④ ⑤ ⑥ ⑦ ⑧ ⑨
7	① ② ③ ④ ⑤ ⑥ ⑦ ⑧ ⑨
8	① ② ③ ④ ⑤ ⑥ ⑦ ⑧ ⑨
9	① ② ③ ④ ⑤ ⑥ ⑦ ⑧ ⑨
10	① ② ③ ④ ⑤ ⑥ ⑦ ⑧ ⑨
11	① ② ③ ④ ⑤ ⑥ ⑦ ⑧ ⑨
12	① ② ③ ④ ⑤ ⑥ ⑦ ⑧ ⑨
13	① ② ③ ④ ⑤ ⑥ ⑦ ⑧ ⑨
14	① ② ③ ④ ⑤ ⑥ ⑦ ⑧ ⑨
15	① ② ③ ④ ⑤ ⑥ ⑦ ⑧ ⑨
16	① ② ③ ④ ⑤ ⑥ ⑦ ⑧ ⑨
17	① ② ③ ④ ⑤ ⑥ ⑦ ⑧ ⑨
18	① ② ③ ④ ⑤ ⑥ ⑦ ⑧ ⑨
19	① ② ③ ④ ⑤ ⑥ ⑦ ⑧ ⑨
20	① ② ③ ④ ⑤ ⑥ ⑦ ⑧ ⑨
21	① ② ③ ④ ⑤ ⑥ ⑦ ⑧ ⑨
22	① ② ③ ④ ⑤ ⑥ ⑦ ⑧ ⑨
23	① ② ③ ④ ⑤ ⑥ ⑦ ⑧ ⑨
24	① ② ③ ④ ⑤ ⑥ ⑦ ⑧ ⑨
25	① ② ③ ④ ⑤ ⑥ ⑦ ⑧ ⑨

解答番号	解　　答　　欄 1 2 3 4 5 6 7 8 9
26	① ② ③ ④ ⑤ ⑥ ⑦ ⑧ ⑨
27	① ② ③ ④ ⑤ ⑥ ⑦ ⑧ ⑨
28	① ② ③ ④ ⑤ ⑥ ⑦ ⑧ ⑨
29	① ② ③ ④ ⑤ ⑥ ⑦ ⑧ ⑨
30	① ② ③ ④ ⑤ ⑥ ⑦ ⑧ ⑨
31	① ② ③ ④ ⑤ ⑥ ⑦ ⑧ ⑨
32	① ② ③ ④ ⑤ ⑥ ⑦ ⑧ ⑨
33	① ② ③ ④ ⑤ ⑥ ⑦ ⑧ ⑨
34	① ② ③ ④ ⑤ ⑥ ⑦ ⑧ ⑨
35	① ② ③ ④ ⑤ ⑥ ⑦ ⑧ ⑨
36	① ② ③ ④ ⑤ ⑥ ⑦ ⑧ ⑨
37	① ② ③ ④ ⑤ ⑥ ⑦ ⑧ ⑨
38	① ② ③ ④ ⑤ ⑥ ⑦ ⑧ ⑨
39	① ② ③ ④ ⑤ ⑥ ⑦ ⑧ ⑨
40	① ② ③ ④ ⑤ ⑥ ⑦ ⑧ ⑨
41	① ② ③ ④ ⑤ ⑥ ⑦ ⑧ ⑨
42	① ② ③ ④ ⑤ ⑥ ⑦ ⑧ ⑨
43	① ② ③ ④ ⑤ ⑥ ⑦ ⑧ ⑨
44	① ② ③ ④ ⑤ ⑥ ⑦ ⑧ ⑨
45	① ② ③ ④ ⑤ ⑥ ⑦ ⑧ ⑨
46	① ② ③ ④ ⑤ ⑥ ⑦ ⑧ ⑨
47	① ② ③ ④ ⑤ ⑥ ⑦ ⑧ ⑨
48	① ② ③ ④ ⑤ ⑥ ⑦ ⑧ ⑨
49	① ② ③ ④ ⑤ ⑥ ⑦ ⑧ ⑨
50	① ② ③ ④ ⑤ ⑥ ⑦ ⑧ ⑨

解答番号	解　　答　　欄 1 2 3 4 5 6 7 8 9
51	① ② ③ ④ ⑤ ⑥ ⑦ ⑧ ⑨
52	① ② ③ ④ ⑤ ⑥ ⑦ ⑧ ⑨
53	① ② ③ ④ ⑤ ⑥ ⑦ ⑧ ⑨
54	① ② ③ ④ ⑤ ⑥ ⑦ ⑧ ⑨
55	① ② ③ ④ ⑤ ⑥ ⑦ ⑧ ⑨
56	① ② ③ ④ ⑤ ⑥ ⑦ ⑧ ⑨
57	① ② ③ ④ ⑤ ⑥ ⑦ ⑧ ⑨
58	① ② ③ ④ ⑤ ⑥ ⑦ ⑧ ⑨
59	① ② ③ ④ ⑤ ⑥ ⑦ ⑧ ⑨
60	① ② ③ ④ ⑤ ⑥ ⑦ ⑧ ⑨
61	① ② ③ ④ ⑤ ⑥ ⑦ ⑧ ⑨
62	① ② ③ ④ ⑤ ⑥ ⑦ ⑧ ⑨
63	① ② ③ ④ ⑤ ⑥ ⑦ ⑧ ⑨
64	① ② ③ ④ ⑤ ⑥ ⑦ ⑧ ⑨
65	① ② ③ ④ ⑤ ⑥ ⑦ ⑧ ⑨
66	① ② ③ ④ ⑤ ⑥ ⑦ ⑧ ⑨
67	① ② ③ ④ ⑤ ⑥ ⑦ ⑧ ⑨
68	① ② ③ ④ ⑤ ⑥ ⑦ ⑧ ⑨
69	① ② ③ ④ ⑤ ⑥ ⑦ ⑧ ⑨
70	① ② ③ ④ ⑤ ⑥ ⑦ ⑧ ⑨
71	① ② ③ ④ ⑤ ⑥ ⑦ ⑧ ⑨
72	① ② ③ ④ ⑤ ⑥ ⑦ ⑧ ⑨
73	① ② ③ ④ ⑤ ⑥ ⑦ ⑧ ⑨
74	① ② ③ ④ ⑤ ⑥ ⑦ ⑧ ⑨
75	① ② ③ ④ ⑤ ⑥ ⑦ ⑧ ⑨

第　回　外国語解答用紙

解答科目	英語（リーディング）

注意事項

1　解答科目が無マークまたは複数マークの場合は、0点となります。
2　訂正は、消しゴムできれいに消し、消しくずを残してはいけません。
3　所定欄以外にはマークしたり、記入したりしてはいけません。

良い例	悪　い　例
●	◐　◉　🌑　⊗

氏名（フリガナ）、クラス、出席番号を記入しなさい。　➡

フリガナ	
氏名	

クラス	出席番号
	番

解答番号 1〜25

解答番号	1	2	3	4	5	6	7	8	9
1	①	②	③	④	⑤	⑥	⑦	⑧	⑨
2	①	②	③	④	⑤	⑥	⑦	⑧	⑨
3	①	②	③	④	⑤	⑥	⑦	⑧	⑨
4	①	②	③	④	⑤	⑥	⑦	⑧	⑨
5	①	②	③	④	⑤	⑥	⑦	⑧	⑨
6	①	②	③	④	⑤	⑥	⑦	⑧	⑨
7	①	②	③	④	⑤	⑥	⑦	⑧	⑨
8	①	②	③	④	⑤	⑥	⑦	⑧	⑨
9	①	②	③	④	⑤	⑥	⑦	⑧	⑨
10	①	②	③	④	⑤	⑥	⑦	⑧	⑨
11	①	②	③	④	⑤	⑥	⑦	⑧	⑨
12	①	②	③	④	⑤	⑥	⑦	⑧	⑨
13	①	②	③	④	⑤	⑥	⑦	⑧	⑨
14	①	②	③	④	⑤	⑥	⑦	⑧	⑨
15	①	②	③	④	⑤	⑥	⑦	⑧	⑨
16	①	②	③	④	⑤	⑥	⑦	⑧	⑨
17	①	②	③	④	⑤	⑥	⑦	⑧	⑨
18	①	②	③	④	⑤	⑥	⑦	⑧	⑨
19	①	②	③	④	⑤	⑥	⑦	⑧	⑨
20	①	②	③	④	⑤	⑥	⑦	⑧	⑨
21	①	②	③	④	⑤	⑥	⑦	⑧	⑨
22	①	②	③	④	⑤	⑥	⑦	⑧	⑨
23	①	②	③	④	⑤	⑥	⑦	⑧	⑨
24	①	②	③	④	⑤	⑥	⑦	⑧	⑨
25	①	②	③	④	⑤	⑥	⑦	⑧	⑨

解答番号 26〜50

解答番号	1	2	3	4	5	6	7	8	9
26	①	②	③	④	⑤	⑥	⑦	⑧	⑨
27	①	②	③	④	⑤	⑥	⑦	⑧	⑨
28	①	②	③	④	⑤	⑥	⑦	⑧	⑨
29	①	②	③	④	⑤	⑥	⑦	⑧	⑨
30	①	②	③	④	⑤	⑥	⑦	⑧	⑨
31	①	②	③	④	⑤	⑥	⑦	⑧	⑨
32	①	②	③	④	⑤	⑥	⑦	⑧	⑨
33	①	②	③	④	⑤	⑥	⑦	⑧	⑨
34	①	②	③	④	⑤	⑥	⑦	⑧	⑨
35	①	②	③	④	⑤	⑥	⑦	⑧	⑨
36	①	②	③	④	⑤	⑥	⑦	⑧	⑨
37	①	②	③	④	⑤	⑥	⑦	⑧	⑨
38	①	②	③	④	⑤	⑥	⑦	⑧	⑨
39	①	②	③	④	⑤	⑥	⑦	⑧	⑨
40	①	②	③	④	⑤	⑥	⑦	⑧	⑨
41	①	②	③	④	⑤	⑥	⑦	⑧	⑨
42	①	②	③	④	⑤	⑥	⑦	⑧	⑨
43	①	②	③	④	⑤	⑥	⑦	⑧	⑨
44	①	②	③	④	⑤	⑥	⑦	⑧	⑨
45	①	②	③	④	⑤	⑥	⑦	⑧	⑨
46	①	②	③	④	⑤	⑥	⑦	⑧	⑨
47	①	②	③	④	⑤	⑥	⑦	⑧	⑨
48	①	②	③	④	⑤	⑥	⑦	⑧	⑨
49	①	②	③	④	⑤	⑥	⑦	⑧	⑨
50	①	②	③	④	⑤	⑥	⑦	⑧	⑨

解答番号 51〜75

解答番号	1	2	3	4	5	6	7	8	9
51	①	②	③	④	⑤	⑥	⑦	⑧	⑨
52	①	②	③	④	⑤	⑥	⑦	⑧	⑨
53	①	②	③	④	⑤	⑥	⑦	⑧	⑨
54	①	②	③	④	⑤	⑥	⑦	⑧	⑨
55	①	②	③	④	⑤	⑥	⑦	⑧	⑨
56	①	②	③	④	⑤	⑥	⑦	⑧	⑨
57	①	②	③	④	⑤	⑥	⑦	⑧	⑨
58	①	②	③	④	⑤	⑥	⑦	⑧	⑨
59	①	②	③	④	⑤	⑥	⑦	⑧	⑨
60	①	②	③	④	⑤	⑥	⑦	⑧	⑨
61	①	②	③	④	⑤	⑥	⑦	⑧	⑨
62	①	②	③	④	⑤	⑥	⑦	⑧	⑨
63	①	②	③	④	⑤	⑥	⑦	⑧	⑨
64	①	②	③	④	⑤	⑥	⑦	⑧	⑨
65	①	②	③	④	⑤	⑥	⑦	⑧	⑨
66	①	②	③	④	⑤	⑥	⑦	⑧	⑨
67	①	②	③	④	⑤	⑥	⑦	⑧	⑨
68	①	②	③	④	⑤	⑥	⑦	⑧	⑨
69	①	②	③	④	⑤	⑥	⑦	⑧	⑨
70	①	②	③	④	⑤	⑥	⑦	⑧	⑨
71	①	②	③	④	⑤	⑥	⑦	⑧	⑨
72	①	②	③	④	⑤	⑥	⑦	⑧	⑨
73	①	②	③	④	⑤	⑥	⑦	⑧	⑨
74	①	②	③	④	⑤	⑥	⑦	⑧	⑨
75	①	②	③	④	⑤	⑥	⑦	⑧	⑨

第　回　外国語解答用紙

注意事項

1. 解答科目が無マークまたは複数マークの場合は、0点となります。
2. 訂正は、消しゴムできれいに消し、消しくずを残してはいけません。
3. 所定欄以外にはマークしたり、記入したりしてはいけません。

解答科目
（リ 英
ス 語
ニ（
ン ）
グ

良い例 ● **悪い例** ◐ ◉ ✖ ✿ ◖

氏名（フリガナ）、クラス、出席番号を記入しなさい。

フリガナ	
氏名	

クラス	出席番号 番

解答欄 1〜25

解答番号	1	2	3	4	5	6	7	8	9
1	①	②	③	④	⑤	⑥	⑦	⑧	⑨
2	①	②	③	④	⑤	⑥	⑦	⑧	⑨
3	①	②	③	④	⑤	⑥	⑦	⑧	⑨
4	①	②	③	④	⑤	⑥	⑦	⑧	⑨
5	①	②	③	④	⑤	⑥	⑦	⑧	⑨
6	①	②	③	④	⑤	⑥	⑦	⑧	⑨
7	①	②	③	④	⑤	⑥	⑦	⑧	⑨
8	①	②	③	④	⑤	⑥	⑦	⑧	⑨
9	①	②	③	④	⑤	⑥	⑦	⑧	⑨
10	①	②	③	④	⑤	⑥	⑦	⑧	⑨
11	①	②	③	④	⑤	⑥	⑦	⑧	⑨
12	①	②	③	④	⑤	⑥	⑦	⑧	⑨
13	①	②	③	④	⑤	⑥	⑦	⑧	⑨
14	①	②	③	④	⑤	⑥	⑦	⑧	⑨
15	①	②	③	④	⑤	⑥	⑦	⑧	⑨
16	①	②	③	④	⑤	⑥	⑦	⑧	⑨
17	①	②	③	④	⑤	⑥	⑦	⑧	⑨
18	①	②	③	④	⑤	⑥	⑦	⑧	⑨
19	①	②	③	④	⑤	⑥	⑦	⑧	⑨
20	①	②	③	④	⑤	⑥	⑦	⑧	⑨
21	①	②	③	④	⑤	⑥	⑦	⑧	⑨
22	①	②	③	④	⑤	⑥	⑦	⑧	⑨
23	①	②	③	④	⑤	⑥	⑦	⑧	⑨
24	①	②	③	④	⑤	⑥	⑦	⑧	⑨
25	①	②	③	④	⑤	⑥	⑦	⑧	⑨

解答欄 26〜50

解答番号	1	2	3	4	5	6	7	8	9
26	①	②	③	④	⑤	⑥	⑦	⑧	⑨
27	①	②	③	④	⑤	⑥	⑦	⑧	⑨
28	①	②	③	④	⑤	⑥	⑦	⑧	⑨
29	①	②	③	④	⑤	⑥	⑦	⑧	⑨
30	①	②	③	④	⑤	⑥	⑦	⑧	⑨
31	①	②	③	④	⑤	⑥	⑦	⑧	⑨
32	①	②	③	④	⑤	⑥	⑦	⑧	⑨
33	①	②	③	④	⑤	⑥	⑦	⑧	⑨
34	①	②	③	④	⑤	⑥	⑦	⑧	⑨
35	①	②	③	④	⑤	⑥	⑦	⑧	⑨
36	①	②	③	④	⑤	⑥	⑦	⑧	⑨
37	①	②	③	④	⑤	⑥	⑦	⑧	⑨
38	①	②	③	④	⑤	⑥	⑦	⑧	⑨
39	①	②	③	④	⑤	⑥	⑦	⑧	⑨
40	①	②	③	④	⑤	⑥	⑦	⑧	⑨
41	①	②	③	④	⑤	⑥	⑦	⑧	⑨
42	①	②	③	④	⑤	⑥	⑦	⑧	⑨
43	①	②	③	④	⑤	⑥	⑦	⑧	⑨
44	①	②	③	④	⑤	⑥	⑦	⑧	⑨
45	①	②	③	④	⑤	⑥	⑦	⑧	⑨
46	①	②	③	④	⑤	⑥	⑦	⑧	⑨
47	①	②	③	④	⑤	⑥	⑦	⑧	⑨
48	①	②	③	④	⑤	⑥	⑦	⑧	⑨
49	①	②	③	④	⑤	⑥	⑦	⑧	⑨
50	①	②	③	④	⑤	⑥	⑦	⑧	⑨

解答欄 51〜75

解答番号	1	2	3	4	5	6	7	8	9
51	①	②	③	④	⑤	⑥	⑦	⑧	⑨
52	①	②	③	④	⑤	⑥	⑦	⑧	⑨
53	①	②	③	④	⑤	⑥	⑦	⑧	⑨
54	①	②	③	④	⑤	⑥	⑦	⑧	⑨
55	①	②	③	④	⑤	⑥	⑦	⑧	⑨
56	①	②	③	④	⑤	⑥	⑦	⑧	⑨
57	①	②	③	④	⑤	⑥	⑦	⑧	⑨
58	①	②	③	④	⑤	⑥	⑦	⑧	⑨
59	①	②	③	④	⑤	⑥	⑦	⑧	⑨
60	①	②	③	④	⑤	⑥	⑦	⑧	⑨
61	①	②	③	④	⑤	⑥	⑦	⑧	⑨
62	①	②	③	④	⑤	⑥	⑦	⑧	⑨
63	①	②	③	④	⑤	⑥	⑦	⑧	⑨
64	①	②	③	④	⑤	⑥	⑦	⑧	⑨
65	①	②	③	④	⑤	⑥	⑦	⑧	⑨
66	①	②	③	④	⑤	⑥	⑦	⑧	⑨
67	①	②	③	④	⑤	⑥	⑦	⑧	⑨
68	①	②	③	④	⑤	⑥	⑦	⑧	⑨
69	①	②	③	④	⑤	⑥	⑦	⑧	⑨
70	①	②	③	④	⑤	⑥	⑦	⑧	⑨
71	①	②	③	④	⑤	⑥	⑦	⑧	⑨
72	①	②	③	④	⑤	⑥	⑦	⑧	⑨
73	①	②	③	④	⑤	⑥	⑦	⑧	⑨
74	①	②	③	④	⑤	⑥	⑦	⑧	⑨
75	①	②	③	④	⑤	⑥	⑦	⑧	⑨

河合塾
SERIES

2025共通テスト総合問題集

英語［リーディング］

河合塾 編

解答・解説編

河合出版

第1回

第1回 解答・解説

(100点満点)

問題番号	設問	解答番号	正解	配点	自己採点
第1問	問1	1	③	2	
	問2	2	③	2	
	問3	3	④	2	
	問4	4	①	2	
第1問　自己採点小計				(8)	4
第2問	問1	5	③	2	
	問2	6	②	2	
	問3	7	④	2	
	問4	8	③	2	
	問5	9	②	2	
第2問　自己採点小計				(10)	8
第3問	問1	10	②		
		11	①	3※	
		12	③		
		13	④		
	問2	14	①	3	
	問3	15	①	3	
第3問　自己採点小計				(9)	6
第4問	問1	16	①	3	
	問2	17	④	3	
	問3	18	②	3	
	問4	19	④	3	
第4問　自己採点小計				(12)	6
第5問	問1	20	④	3	
	問2	21	③	3	
	問3	22	①	2	
		23	③	2	
	問4	24	④	3	
	問5	25	②	3	
第5問　自己採点小計				(16)	10

問題番号	設問	解答番号	正解	配点	自己採点
第6問	問1	26	④	3	
	問2	27	④	3	
	問3	28 - 29	①-④	3※	
		30	②	3	
	問4	31	②	3	
	問5	32	③	3	
第6問　自己採点小計				(18)	
第7問	問1	33	④	3	
	問2	34	④	3	
	問3	35	⑤		
		36	③	3※	
		37	①		
		38	②		
	問4	39	①	3	
	問5	40 - 41	①-③	3※	
第7問　自己採点小計				(15)	
第8問	問1	42	③	2	
	問2	43 - 44	②-④	3※	
	問3	45	①	2	
	問4	46	①	2	
	問5	47	④	3	
第8問　自己採点小計				(12)	2
自己採点合計				(100)	42

(注)　※は，全部正解の場合のみ点を与える。

　　　-(ハイフン)でつながれた正解は，順序を問わない。

— 2 —

第1問
【全訳】
あなたは鉄道とカメラに興味がある高校生です。自分が住んでいる市の交通局が開催するコンテストのためのウェブサイトを見つけます。コンテストに参加しようか思案中です。

 列車好き，バス好きのみなさん，注目！

今夏7月1日に列車の路線であるグリーンラインが，カワイ市の東部で営業運転を開始します。記念行事の1つとして，交通局では列車好き，バス好きのみなさんのためのアートコンテストを開催しています。コンテストは写真部門，1分動画部門，絵画部門の3つの部門で構成されています。カワイ市民であればどなたでもこのコンテストに参加できます。

◆写真部門
写真にはカワイ市の列車かバスの少なくとも一部がはっきりと写っているものとします。過去12カ月以内に撮られた写真のみが対象です。

◆1分動画部門
動画にはカワイ市の列車かバスの少なくとも一部が含まれているものとします。過去12カ月以内に撮られた動画のみが対象です。

◆絵画部門
作品は列車かバスに関するものとしますが，抽象的なものであれ具象的なものであれ，どのようなものでもかまいません。絵画の作成時期に関する規定はありません。

◆コンテストのスケジュール
➢ コンテストは5月31日の午後5時まで参加を受け付けています。参加するためには，<u>こちら</u>をクリックし，各々の部門の指示に従ってください。
➢ 6月7日に，各部門のファイナリスト5名ずつが応募者の中から選ばれ，その作品は同日正午に，中央駅待合室に展示されます。6月21日の午後11時59分まで，そこを訪れた方がお気に入りの写真，動画，絵画に投票することができます。その後，得票数に基づいて3名の最優秀賞受賞者(各部門1名)が決定されます。
➢ 6月30日，最優秀賞受賞者の栄誉を称え，中央駅にできる新しいグリーンラインのプラットフォームで式典が執り行われます。

◆賞
➢ すべてのファイナリストに1日乗車券を7枚差し上げます。1日乗車券はすべてのバスや列車に1日有効です。
➢ 各部門の最優秀賞受賞者にはさらに，6カ月間有効の乗車パスと新しいグリーンラインのロゴの入った記念のジャケットが授与されます。

【語句・構文解説】
・a contest hosted by the transit department of the city「市の交通局が開催するコンテスト」 hosted 以下は contest を修飾する過去分詞句。
　host O「O を開催する」
　transit「交通機関」
　department「（自治体などの）局／課」
・think about *doing*「～することを考える／～してみようかと思う」
・enter O「O に参加する」
〈告知文〉
・A and/or B「A と B の両方もしくは片方」
・～ lover「～好きの人／～を愛する人」
・serve O「O に奉仕する／サービスする」
・celebration「祝賀」
・consist of A「A で成り立っている」
〈絵画部門〉
・concern O「O に関連している」
・abstract or concrete「抽象的なものであれ具象的なものであれ」 A or B「A であろうと B であろうと」という副詞句を用いた表現。
　［例］ Awake **or** asleep, he couldn't forget her.
　　　　寝ても覚めても，彼は彼女のことが忘れられなかった。
　abstract「抽象的な」
　concrete「具象的な／具体的な」
・regulation on A「A に関する規則」
・complete O「O を完成させる」
〈コンテストのスケジュール〉
・direction「指示」
・entry「出品物／参加者」
・put O on display「O を展示する」
・vote for A「A に投票する」
・based on A「A に基づいて」
・the number of votes received「得票数／獲得した票の数」 received は votes を修飾する過去分詞。
・honor O「O に栄誉を授ける／敬意を表す」
〈賞〉
・one-day pass「1 日乗車券」
・valid「有効な／効力がある」
・transit pass「乗車パス」
・souvenir「記念品」
【設問解説】
問1 　1 　③
　　あなたの作品が参加資格を満たすためには，あなたは　1 　必要がある。
　① 列車かバスのはっきりとわかる画像を含める

② 昨年の 5 月以降に制作されたものであることを確実にする
③ **コンテストが行われている市に住んでいる**
④ 提出作品を自分で中央駅まで持って行く
　　告知の最初の段落の最終文「カワイ市民であればどなたでもこのコンテストに参加できます」より，③が正解。①は，**写真部門**の第 1 文「写真にはカワイ市の列車かバスの少なくとも一部がはっきりと写っているものとします」には当てはまるが，**絵画部門**の第 1 文「作品は列車かバスに関するものとしますが，抽象的なものであれ具象的なものであれ，どのようなものでもかまいません」に当てはまらないので，不可。②は，**写真部門**と **1 分動画部門**の最終文「過去 12 カ月以内に撮られた写真［動画］のみが対象です」には当てはまるが，**絵画部門**の最終文「絵画の作成時期に関する規定はありません」には当てはまらないので，不可。④については述べられていないので，不可。
問2 　2 　③
　　あなたは　2 　の間にお気に入りの作品に投票することができる。
　① 5 月 31 日と 6 月 7 日
　② 5 月 31 日と 6 月 21 日
　③ **6 月 7 日と 6 月 21 日**
　④ 6 月 7 日と 6 月 30 日
　　告知の**コンテストのスケジュール**の 2 つめの項目の第 1・2 文「6 月 7 日に，各部門のファイナリスト 5 名ずつが応募者の中から選ばれ，その作品は同日正午に，中央駅待合室に展示されます。6 月 21 日の午後 11 時 59 分まで，そこを訪れた方がお気に入りの写真，動画，絵画に投票することができます」より，③が正解。
問3 　3 　④
　　あなたの提出した作品が 15 名のファイナリストの作品に含まれている場合，あなたは　3 　ことになる。
　① 6 カ月間有効のバスと列車の乗車券が贈られる
　② 中央駅で行われる式典に招待される
　③ 列車の路線のロゴが入った服を受け取る
　④ **バスや列車に 7 日間無料で乗ることができる**
　　告知の**賞**の 1 つめの項目「すべてのファイナリストに 1 日乗車券を 7 枚差し上げます。1 日乗車券はすべてのバスや列車に 1 日有効です」より，④が正解。①と③は，**賞**の 2 つめの項目「各部門の最優秀賞受賞者にはさらに，6 カ月間有効の乗車パスと新しいグリーンラインのロゴの入った記念のジャケットが授与されます」に関連するが，これは各部門の

— 4 —

最優秀賞受賞者に関することなので，不可。②は，
コンテストのスケジュールの３つめの項目「６月30
日，最優秀賞受賞者の栄誉を称え，中央駅にできる
新しいグリーンラインのプラットフォームで式典が
執り行われます」より，これも最優秀賞受賞者に関
することなので，不可。

問４ 　**4** 　①

　　コンテストは **4** ために開催される。

① **新しい列車の路線の開通を祝う**
② プラットフォームで式典を行う
③ あなたがお気に入りの作品に投票できるように
　 する
④ 若くて有望なアーティストを支援する

　　告知の第１文「今夏７月１日に**列車の路線である
グリーンライン**が，カワイ市の東部で**営業運転を開
始**します」と，第２文「**記念行事の１つとして**，交
通局では列車好き，バス好きのみなさんのための
アートコンテストを開催します」より，①が正解。
②，③，④については，コンテストを開催する目的
とは無関係なので，不可。

— 5 —

第 2 問
【全訳】
　あなたは学校の英語クラブの一員です。クラブでは，英語学習をもっと楽しめるものにする目的の生徒企画に取り組んでいます。アイデアを得るため，あなたはある学校のチャレンジについてのレポートを読んでいます。そのレポートは，日本の別の学校で学ぶイギリスの生徒によって書かれたものです。

多読チャレンジ

　日本の 10 代の人たちの中には，日本語で書かれた本なら楽しく読む人が多くいます。でも，英語での読書となると，授業や宿題でだけすることであって，読み物も面白味のないものであることが多いのです。自分が読む英語の本を生徒自身が選べるとしたらどうでしょう。私たちは，生徒が英語でもっとたくさん読むのを促すためのプログラムを始めました。年度が始まる前，図書館に英語の本を 400 冊以上追加してもらいました。年度の終了時点で生徒が借りた記録を分析したところ，全校生徒 300 名のうち 112 名が参加したことがわかりました。3 分の 2 近くは不参加でした。なぜその人たちは参加しなかったのでしょうか。フィードバックの一部を見てみましょう（下記のとおりです）：

生徒からのフィードバック

YO：私は，有名な人気のある物語を翻訳で読むのではなく原語の英語で楽しく読みました。シャーロック・ホームズの物語を，一番易しいものから始めて，苦労しながら最も難しいものまですべて読みました。

AN：英語の授業で，読んだ本についてのテストがあると思ったので，最初は興味があったんだ。テストがないとわかって，参加しないことにしたよ。

NH：このチャレンジのことは知っていたけれど，宿題や部活でとても忙しくてそれに時間を割く余裕はなかった。

MB：嬉しいことに，私が自分に合う難しさの本を選ぶのを学校図書館の司書の方が手伝ってくれました。その助けがなかったら，難しすぎて読めない本に多くの時間を使っていたかもしれません。

EW：選ばれた本の中にフィクションが多すぎて，ノンフィクションが十分にはないように感じました。科学をテーマにした本がほとんどなかったので，がっかりでした。

— 6 —

【語句・構文解説】

- work on A「A に取り組む」
- aim to *do*「～することを目的とする」
- make O C「O を C にする」
- extensive reading「多読」
- when it comes to *doing*「～するということになると」
- something they do only in class or for homework「授業や宿題でだけすること」they 以下は something を修飾する節。
- material「読み物／教材」
- What if SV ...?「もし…ならどうなるだろうか」
  〔例〕 **What if** we run into a bear in the mountains?
       山中で熊に出会ったらどうなるだろう。
- the English books they read「自分が読む英語の本」they read は the English books を修飾する節。
- programme「プログラム」programme は program のイギリス綴り。
- encourage O to *do*「O に～するよう促す」
- add A to B「B に A を加える」
- analyse O「O を分析する」 analyse は analyze のイギリス綴り。
- borrowing record「借り出し記録／貸し出し記録」
- participate「参加する」（＝take part）

〈生徒からのフィードバック〉

- Sherlock Holmes「シャーロック・ホームズ」イギリスの作家コナン・ドイル(1859-1930)の推理小説の主人公である名探偵。
- start with A「A から始める」
- work *one's* way up to A「苦労しながら A まで進む」
- at first「最初のうちは」
- realise (that) SV ...「…ということがわかる」realise は realize のイギリス綴り。
- decide not to *do*「～しないことに決める」
- help O *do*「O が～するのを助ける」
- appropriate for A「A に適した」
- spend A on B「B に A(時間・お金)を使う」
- hardly any A「A がほとんどない」

【設問解説】

問1 5 ③

多読チャレンジの狙いは，生徒が 5 のを助けることだった。

① 日本語での読書を楽しむ
② 本を正確に読む
③ 外国語でより多く読書する
④ 図書館をもっと頻繁に利用する

説明の第4文「私たちは，生徒が英語でもっとたくさん読むのを促すためのプログラムを始めました」より，③が正解。①，②，④は，この目的としては述べられていないので，いずれも不可。

問2 6 ②

多読チャレンジについての1つの**事実**は 6 ということである。

① 英語で読める本が 1,000 冊あった
② **生徒の約 60％が参加しなかった**
③ 生徒は何を読むべきかを選べなかった
④ 学校の図書館が古くて狭い

説明の第6・7文「年度の終了時点で生徒が借りた記録を分析したところ，全校生徒 300 名のうち 112 名が参加したことがわかりました。3分の2近くは不参加でした」より，②が正解。①は，第5文に「年度が始まる前，図書館に英語の本を 400 冊以上追加してもらいました」とあるが，合計が 1,000 冊になったかどうかの記述はないので，不可。③は，第3・4文「自分が読む英語の本を生徒自身が選べるとしたらどうでしょう。私たちは，生徒が英語でもっとたくさん読むのを促すためのプログラムを始めました」より，不可。④については述べられていないので，不可。

問3 7 ④

フィードバックから，多読チャレンジ中に参加者が 7 のは明らかである。

A：フィクションよりもノンフィクションの方を楽しんでいた
B：適切な本を選ぶのを助けてもらっていた
C：有名な物語を読んでいた
D：英語のテストのために勉強していた

① **A** と **B**
② **A** と **C**
③ **A** と **D**
④ **B** と **C**
⑤ **B** と **D**
⑥ **C** と **D**

MB のフィードバック「嬉しいことに，私が自分に合う難しさの本を選ぶのを学校図書館の司書の方が手伝ってくれました」より，**B** が当てはまる。YO のフィードバック「私は，有名な人気のある物語を翻訳で読むのではなく原語の英語で楽しく読みました。シャーロック・ホームズの物語を，一番易しいものから始めて，苦労しながら最も難しいものまですべて読みました」より，**C** も当てはまる。し

— 7 —

たがって，④が正解。**A** は，EW のフィードバック「選ばれた本の中にフィクションが多すぎて，ノンフィクションが十分にはないように感じました。科学をテーマにした本がほとんどなかったので，がっかりでした」より，不可。**D** は，AN のフィードバック「英語の授業で，読んだ本についてのテストがあると思ったので，最初は興味があったんだ。テストがないとわかって，参加しないことにしたよ」より，AN は多読チャレンジに参加していないことがわかるので，不可。

問4 | 8 | ③

多読チャレンジについての参加者の意見の1つは，| 8 | ということである。

① 宿題と部活は読書と同じくらい重要だ
② それぞれの本についてテストがあり，とても難しかった
③ **実在の人々や出来事に関する本があまりにも少なすぎた**
④ 難しすぎて読めない本に時間を無駄に費やした

EW のフィードバック「選ばれた本の中にフィクションが多すぎて，ノンフィクションが十分にはないように感じました」より，実在の人物や出来事を描いたノンフィクションが少なかったという意見だとわかるので，③が正解。①は，NH のフィードバック「このチャレンジのことは知っていたけれど，宿題や部活でとても忙しくてそれに時間を割く余裕はなかった」に関連するが，NH は多読チャレンジに参加していないことがわかるので，不可。②は，AN のフィードバック「英語の授業で，読んだ本についてのテストがあると思ったので，最初は興味があったんだ。テストがないとわかって，参加しないことにしたよ」に関連するが，AN は参加者に含まれないので，不可。④は，MB のフィードバック「嬉しいことに，私が自分に合う難しさの本を選ぶのを学校図書館の司書の方が手伝ってくれました。その助けがなかったら，難しすぎて読めない本に多くの時間を使っていたかもしれません」に関連するが，難しすぎる本を読んだとは述べていないので，不可。

問5 | 9 | ②

明らかに，| 9 | は多読チャレンジに参加しなかった。

① AN と EW
② **AN と NH**
③ EW と MB
④ MB と YO
⑤ NH と YO

AN のフィードバック「テストがないとわかって，参加しないことにしたよ」と，NH のフィードバック「チャレンジのことは知っていたけれど，宿題や部活でとても忙しくてそれに時間を割く余裕はなかった」より，AN と NH が参加しなかったことがわかる。したがって，②が正解。

第1回

第3問
【全訳】
　あなたは慈善活動をするのを楽しんでいて、旅行雑誌でハイチの状況に関する興味深い話を見つけました。

ハイチを救うために深く掘る

　私は春休みの間に学校の友人とハイチまで旅行しました。しかし、それは遊びに出かけたのではなく、私たちはそこに滞在して、山あいで暮らす人々のために井戸を掘る手助けをしたのです。元々、私は休みの間は自宅にいてテレビを見ることしかしないつもりでいましたが、インターネットで、いかに多くのハイチの人々がきれいな水を手に入れられないのかということに関する記事を読んだ後に、何か役に立つことをしなければならないと考えるようになりました。学校の地域奉仕クラブの部長と話をした後に、その島までの7時間のフライトの航空チケットを私と他の10人の部員に提供してくれる組織を見つけました。

　私たちがそこに着くと、私は景色の美しさと街の色の豊かさに驚きました。しかし、小さなバスに乗って山へ入っていくと、道路はどんどんでこぼこになり、私は人々が肩に水の入ったかめを担いで運んでいるのを目にしました。運転手は、多くの井戸が最近の地震で被害を受け、そのために住民がきれいな水を手に入れることがほとんどできなくなったと私たちに教えてくれました。

　私たちはそれから2週間にわたり3つの異なる村に滞在し、新しい井戸を掘り古い井戸を修理する手助けをするために、地元の建設業者の人々と一緒に働きました。誰もが私たちに実に親切で、寝るためのベッドを提供してくれただけでなく、手作りの食事も朝昼晩と提供してくれて、私たちのことをその地域の仲間として扱ってくれました。旅行に出て1週間経ったときに私が高熱を出したので、チームリーダーは私をすぐにでも母国に送り返そうとしましたが、地元の医師が数人、近くの大きな村からやって来て私に薬を出してくれました。すぐに私は再び井戸を掘り始めることができるぐらい元気になったので、ほっとしました。なぜなら作業が終わる前に立ち去ることになるとしたらいやな気分になっていただろうからです。

　最終的に私たちのチームは10あまりの井戸の建造と修理の手助けをすることができました。私は滞在した村の1つに住むハイチ人の女の子たちと友だちになり、お互い手紙を書くと約束しました。休みの後学校で、クラスメートにこの旅行についての発表をしたので、できれば来年は、次の旅行にボランティアをあと20人増やしたいと思っています。

ボランティア活動の過程
フライト　壊れた井戸　修理　機能する井戸

— 9 —

【語句・構文解説】
・charity work「慈善活動」
・dig「掘る」
◆第1段落◆
・break「休暇」
・…, though「だが…」
・help do「〜する手助けをする」
・well「井戸」
・people living in the mountains「山あいで暮らす人々」 living 以下は people を修飾する現在分詞句。
・originally「元々は」
・during one's time off「休みの間に」
・article「記事」
・how many people in Haiti didn't have access to clean water「いかに多くのハイチの人々がきれいな水を手に入れられないのかということ」 感嘆文の意味を持つ名詞節。
  have access to A「A を手に入れる」
・make a difference「重要である／差を生む」
  〔例〕 Walking **made a difference** to my health.
      ウォーキングは私の健康に役に立った。
・community service club「地域奉仕クラブ」
・organization「組織」
・provide A with B「A に B を提供する」
◆第2段落◆
・how beautiful the scenery was and how colorful the cities were「景色の美しさと街の色の豊かさ」 感嘆文の意味を持つ名詞節。
・bumpy「でこぼこの」
・see O doing「O が〜しているのを目にする」
・jug「かめ／水差し」
・inform O that SV …「O に…を告げる」
・that many wells had been damaged in a recent earthquake, which made it almost impossible for the residents to get clean water「多くの井戸が最近の地震で被害を受け、そのために住民がきれいな水を手に入れることがほとんどできなくなった」 which 以下は many wells had been damaged in a recent earthquake を補足説明する非制限用法の関係代名詞節。
  make it impossible for A to do「A が〜するのを不可能にする」 it が形式目的語で for A to do が真目的語。
  resident「住民」

◆第3段落◆
・fix O「O を修理する」
・extremely「実に」
・offer A B「A に B を提供する」
・feed A B「A に B(飲食物)を供給する」
・treat A as B「A を B として扱う」
・such A that SV …「あまりにも A なので…」
・fever「熱」
・be ready to do「〜する準備ができている」
・I was soon healthy enough to start digging again, which was a relief「すぐに私は再び井戸を掘り始めることができるぐらい元気になったので、ほっとしました」 which 以下は I was soon healthy enough to start digging again を補足説明する非制限用法の関係代名詞節。
  形容詞＋enough to do「…するほど〜」
  relief「安心／安堵」
・hate to do「〜することをいやだと思う」
◆第4段落◆
・assist with A「A を手伝う」
・construction「建造」
・dozen「10 あまりの／1 ダースの」
【設問解説】
問1 ⑩ ② ⑪ ① ⑫ ③ ⑬ ④
  次の出来事(①〜④)をそれらが起きた順に並べよ。⑩ → ⑪ → ⑫ → ⑬
  ① 医師が筆者の病気の治療をした。
  ② バスの運転手がハイチの問題を説明した。
  ③ チームが井戸掘りと井戸の修理をすべて終えた。
  ④ 筆者がクラスメートにハイチに関する発表をした。
  第2段落最終文「運転手は、多くの井戸が最近の地震で被害を受け、そのために住民がきれいな水を手に入れることがほとんどできなくなったと私たちに教えてくれました」より、⑩ には②が入る。第3段落第3文「旅行に出て1週間経ったときに私が高熱を出したので、チームリーダーは私をすぐにでも母国に送り返そうとしましたが、地元の医師が数人、近くの大きな村からやって来て私に薬を出してくれました」より、⑪ には①が入る。最終段落第1文「最終的に私たちのチームは10あまりの井戸の建造と修理の手助けをすることができました」より、⑫ には③が入る。同段落最終文「休みの後学校で、クラスメートにこの旅行についての発表をしたので、できれば来年は、次の旅行にボランティアをあと20人増やしたいと思っています」よ

— 10 —

り，$\boxed{13}$ には④が入る。

問2　$\boxed{14}$ ①

多くのハイチの村が新しい井戸を必要としていた主な理由は $\boxed{14}$ からだった。

① **自然災害が彼らの普段の水源に被害を与えていた**

② 病気が既存の水道設備を通して急速に広まっていた

③ 住民が水を求めて並んで待つのにあまりにも時間をかけすぎていた

④ より人口の多い地域から水を運んでくるのに，お金がかかりすぎていた

第2段落最終文「運転手は，多くの井戸が最近の地震で被害を受け，そのために住民がきれいな水を手に入れることがほとんどできなくなったと私たちに教えてくれました」より，①が正解。②，③，④については述べられていないので，不可。

問3　$\boxed{15}$ ①

この話から，筆者が $\boxed{15}$ とわかる。

① **村民を手助けすることに献身的に関わった**

② 自由時間に島を探検した

③ より多くのクラスメートにハイチで休暇を楽しむように説得した

④ 井戸に関するプロジェクトが終えられたらよかったのにと思った

第1段落最終文「学校の地域奉仕クラブの部長と話をした後に，その島までの7時間のフライトの航空チケットを私と他の10人の部員に提供してくれる組織を見つけました」，第3段落第1文「私たちはそれから2週間にわたり3つの異なる村に滞在し，新しい井戸を掘り古い井戸を修理する手助けをするために，地元の建設業者の人々と一緒に働きました」，同段落最終文「すぐに私は再び井戸を掘り始めることができるぐらい元気になったので，ほっとしました。なぜなら作業が終わる前に立ち去ることになるとしたらいやな気分になっていただろうからです」，最終段落第1文「最終的に私たちのチームは10あまりの井戸の建造と修理の手助けをすることができました」より，①が正解。②については述べられていないので，不可。③は，最終段落最終文に「休みの後学校で，クラスメートにこの旅行についての発表をしたので，できれば来年は，次の旅行にボランティアをあと20人増やしたいと思っています」とあるが，「より多くのクラスメートにハイチで休暇を楽しむように説得した」とは述べられていないので，不可。④は，上記最終段落第1文より，井戸に関するプロジェクトは完了したとわかるので，

不可。

— 11 —

第4問
【全訳】
英語の授業で，あなたは自分が関心のある社会問題についてレポートを書いています。これがあなたの一番最新の原稿です。あなたは今，先生からのコメントに基づいて，修正に取り組んでいます。

企業における食品廃棄の削減戦略	コメント
増え続ける食品廃棄の問題に取り組むため，企業は食品の無駄を避ける新しい方法を見つける必要がある。これは地球にとってよいことで，お金も節約できる。このエッセイでは，廃棄される食品の量を減らすための3つの方法を取り上げる。	
まず，企業は食品の販売量をより正確に予測する必要がある。データと市場動向を調べることで，顧客がどれくらいの量の食品を購入するかをより正確に見積もることができる。⁽¹⁾∧余分な食品を作りすぎて廃棄する可能性が低くなる。	(1)ここにつなぎの言葉を挿入しましょう。
次に，食品の賞味期限のルールを見直すことが重要である。多くの場合，パッケージに記載されている日付は実際よりも早くなる。⁽²⁾∧賞味期限に関する研究をさらに進め，より柔軟な賞味期限のガイドラインを確立することで，廃棄される食品の量を削減することが可能となるだろう。	(2)ここに何かが抜けています。2つの文の間に情報を加えて，つながるようにしましょう。
もう1つのよい方法は，⁽³⁾食品を割引価格で販売する広告を使用することである。フードシェアリングアプリを使用すると，企業は売れ残りを困っている人々や慈善団体に提供できる。これにより，人々は売れ残る可能性があるがまだ食べられる食品を購入したり受け取ったりすることができる。	(3)このトピックセンテンスはこの段落の内容にはあまり合っていません。書き換えましょう。
結論として，どのような食品が販売できるかを予測すること，⁽⁴⁾賞味期限を表示しないこと，そして余剰食品を分かち合うアプリを活用することで，企業は食品廃棄を避ける努力をすることができる。これは環境にとっても，ビジネスにとっても，そして誰にとっても良いことだ。新しいやり方を始めるには変化が必要なのだ。	(4)下線を引いた表現は，あなたのレポートの内容をうまく要約していません。変更しましょう。

【語句・構文解説】

・essay「レポート／小論文」

・social issue「社会問題」

・draft「原稿」

・work on A「A に取り組む」

・revision「修正」

・based on A「A に基づいて」

・strategy「戦略」

・reduce O「O を減らす」

・food waste「食品廃棄(物)／生ゴミ」

◆第 1 段落◆

・tackle O「O(難問など)に取り組む」

・waste O「O を無駄にする」

・the planet「地球」

・highlight O「O を目立たせる／強調する」

◆第 2 段落◆

・accurate「正確な」

・prediction「予測」

・market trends「市場動向」

・estimate O「O を見積もる」

・customer「顧客」

・be likely to *do*「～する可能性が高い」

・excess「余分な／過剰な」

・throw O away「O を廃棄する」

◆第 3 段落◆

・review O「O を再検討する／見直す」

・best-before date「賞味期限」

・packaging「包装／パッケージ」

・conduct research「調査を行う」

・establish O「O を確立する」

・flexible「柔軟な」

◆第 4 段落◆

・advertising「広告」

・at a discount「割り引きして」

・app「アプリ」

・allow O to *do*「O が～するのを許す／可能にする」

・leftover「売れ残り」

・in need「困窮している／困っている」

・charity「慈善団体」

・go unsold「売れ残る」

・edible「(安全で)食べられる」

◆第 5 段落◆

・anticipate O「O を予測する」

・utilize O「O を活用する」

・surplus「余分な／余剰の」

・make an effort to *do*「～する努力をする」

・require O「O を必要とする」

◆コメント◆

・insert O「O を挿入する」

・connect O「O をつなぐ／接続する」

・be missing O「O(あるべきもの)を欠いている」

【設問解説】

問 1 　16　 ①

コメント(1)に基づくと，付け加えるのに最もよい表現はどれか。　16

① 　その結果，

② 　たとえば，

③ 　対照的に，

④ 　その一方で，

第 2 段落の第 2 文と第 3 文は，第 2 文「データと市場動向を調べることで，顧客がどれくらいの量の食品を購入するかをより正確に見積もることができる」ようになれば，その結果として，第 3 文「余分な食品を作りすぎて廃棄する可能性が低くなる」という論理関係にある。よって，①が正解。

問 2 　17　 ④

コメント(2)に基づくと，付け加えるのに最もよい文はどれか？　17

① 　安全な食品と安全でない食品の区別が難しいからである。

② 　これが，危険な食品に関する警告が義務ではない理由である。

③ 　このため，安全に消費されるまで食品を保存することができない。

④ 　これでは，まだ食べても安全なのに食品が廃棄されることになる。

第 3 段落の第 2 文の「多くの場合，パッケージに記載されている日付は実際よりも早くなる」という内容を受けて，空所(2)に④の「これでは(＝賞味期限が早めだと)，まだ食べても安全なのに食品が廃棄されることになる」という内容を追加すると自然なつながりになる。よって，④が正解。

問 3 　18　 ②

コメント(3)に基づくと，トピックセンテンスを書き換えるのに最も適切な方法はどれか。　18

① 　不足している食品を購入または寄付するアプリ

② 　余った食品を販売または寄付するアプリ

③ 　どの食品が必要かをチェックする SNS

④ 　余った食品を処分する SNS

第 4 段落の第 1 文を「もう 1 つのよい方法は，②余った食品を販売または寄付するアプリを使用することである」という内容に書き換えると，第 2 文「フードシェアリングアプリを使用すると，企業は売れ残りを困っている人々や慈善団体に提供でき

― 13 ―

る」と自然につながるので，②が正解。他の選択肢
ではつながりが不自然になるので，不可。

問4 19 ④

コメント(4)に基づくと，代替案として最もよいの
はどれか。 19

① 顧客満足を獲得すること
② 食品廃棄物を法的に規制すること
③ 生産コストを削減すること
④ **より適切な賞味期限を設定すること**

In conclusion で始まる第5段落は，第2～4段落
の内容をまとめており，下線部(4)が第3段落の「食
品の賞味期限のルールを見直すこと」という内容の
要約にあたるので，④が正解。①，②，③は，第3
段落の内容を要約したものではないので，不可。

第1回

第5問
【全訳】
　あなたは先生から，成長についての2つの記事を読むよう求められています。学んだことを次の授業で論じる予定です。

成長型思考：プロセスを重視する
ヴィヴィアン・ベルウェザー
キャリアカウンセラー，マウンテンビュー・イーストハイスクール

　私の仕事の重要な部分は，学校で苦労している生徒と面談をすることだ。私が気づいた1つの共通点は，彼らのほとんどが，心理学者が呼ぶところの「固定型思考」を持っていることである。簡単に言えば，彼らは，変えることが難しい，あるいは不可能でさえあるアイデンティティーを自分自身に持っていると考えている。これにより，幼い頃に学校の成績がよくない生徒は，後の段階で自分の成績をよくすることができると信じることが難しくなることがある。だが，この問題は成績の低い生徒だけに当てはまるわけではない。幼い頃に授業で成績のよかった生徒が自分を生まれつき才能があると考え，よい成績をとるために必要となる努力をすることを後になってやめてしまうこともしばしばある。
　だから，「成長型思考」は非常に重要なのだ。基本的に，成長型思考は人に，結果についてよりも向上するその過程についてはるかによく考えるよう促す。例えば，数学のテストでよい成績をとる生徒は，頭がよいことに対してではなく，高得点をとるために行った努力に対してほめられるべきだ。
　成長型思考は最終的には多くの理由で影響を及ぼすことになる。1つには，結果は自分の思うようにするのが難しいが，学習の過程はそうではない。第2に，それは若い人に，よくない結果は，成功するには自分が力不足だという証拠なのではなく，克服することが可能で実際に克服されるであろう試練とみなすことを教える。最後に，成長型思考は，人々に正しいやり方で物事を行うことに誇りを持つよう教えることによって，彼らが後の人生で向上し成長し続ける助けとなるだろう。
　そして，これが成長型思考の最も重要な部分なのだが，それの応用は，学校をはるかに超えて，私たちの職業生活や個人生活にまで入ってくるのだ。だから覚えておいて欲しい，あなたにできないことなど何もない —— まだ，できるようになっていないことがあるだけだ，ということを。

2つの思考

固定型思考	成長型思考
知能は先天的なものである。	知能は向上させられる。
有益な否定的フィードバックが無視される。	フィードバックは学びの機会である。

成果に向かって突き進む価値
ファビアン・モラレス
教頭，マウンテンビュー・ウエストハイスクール

　成長型思考については，この10年にわたって盛んに議論されている。教育家から研究者に至るまで教育に携わる世界中の人々が，自分自身が向上できると考えるよう人に促すことは信じられないほど役に立つ，ということで意見が一致している。私たちはこの種の励ましによって，確実に，生徒を学校卒業後にも成功へと導くようにしなければいけない。というのも，若い人たちはいったん労働人口に組み込まれてしまうと，成果を出すように求められるからだ。

— 15 —

私の考えでは，成長型思考が最も効果を発揮するのは，それが明確に特定され表現された目標と組み合わされたときである。こうした目標がなければ，向上の過程はあいまいで無意味なものになり得る。どんなに小さな進歩でもやはり進歩ではあるが，生徒の学習速度があまりに遅いとしたらどうだろう。あるいは，彼らの示している進歩がF（落第点の成績）からD（最低合格ラインの成績）へのものだとしたらどうだろう。ある時点では，単に「私は昨日より成長した」と言うだけでは十分ではない。ときには誰もが後押しが必要であり，それは目標を設定すること，目標に到達すること，そしてその成功を祝福することという形態で現れる場合がある。

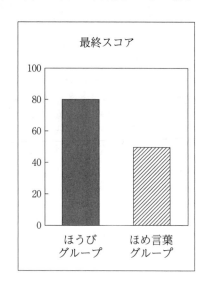

　人々は抽象的な過程よりも具体的な目標によりよい反応を示す，という考えを裏付ける研究がある。昨年行われたある大規模な研究では，ほうび（10ドル）によって動機づけされた生徒の行動と，努力に対するほめ言葉を受け取った生徒の行動とを比較した。生徒はパズルを解くことから体力を測る運動に至るまで，様々な課題をこなすよう求められた。最終スコアの合計が計算されると，ほうびグループのスコアの方が高く，この発見は無作為に抽出された何十もの研究に一貫して当てはまった。ここでの教訓は明らかである。動機づけとなるほうびがあると，ほとんどの人々がそれを獲得するために必死に頑張るということだ。

【語句・構文解説】
・growth mindset「成長型思考」　経験や努力によって人間は成長できる，という考え方。
〈ヴィヴィアン・ベルウェザー〉
◆第1段落◆
・meet with A「Aと面談をする／会談する」
・struggling「苦労している／奮闘している」
・what S call ~「Sが呼ぶところの~／いわゆる~」
・fixed mindset「固定型思考」　成長型思考と対を成すもので，生まれ持った能力によって人生が決まるという考え方。この考え方の人は失敗するとすぐにあきらめる傾向が強い。
・to put it simply「簡単に言えば」
・think of A as B「AをBだと考える／みなす」
　（= see A as B／view A as B）
・S is difficult [impossible] to do「Sは~するのが難しい[不可能だ]」
　[例]　The concept of infinite space **is difficult to grasp**.
　　　　無限の宇宙という概念は理解するのが難しい。
・cause O to do「Oが~する原因になる／Oに~させる」
・perform poorly in school「学校の成績がよくない」
・have trouble doing「~するのが難しい」

・apply to A「Aに当てはまる／適用される」
・naturally talented「生まれつき才能がある」
・put in the effort「努力をする」
・the effort required to get good grades「よい成績をとるために必要となる努力」　required 以下はthe effort を修飾する過去分詞句。
◆第2段落◆
・This is why SV ...「だから…／こういうわけで…」
・encourage O to do「Oに~するよう促す」
・outcome「結果」
・compliment A for B「BのことでAをほめる」
・smart「頭がよい／利口な」
・the hard work they put into achieving the high score「高得点をとるために行った努力」　they 以下はthe hard work を修飾する節。
　put hard work into doing「~するために努力する」
◆第3段落◆
・end up doing「最終的には~する／結局~する」
・a number of A「多くのA／いくつかのA」
・for one thing「1つには」
・the process of learning isn't「学習の過程はそうではない」　the process of learning isn't (hard to control)のように省略を補って考えることができる。

— 16 —

- challenge「試練／難題」
- overcome O「O を克服する／乗り越える」
- as opposed to A「A ではなく／A と対照的に」
  ［例］Jack made useful suggestions about the plan, **as opposed to** simply criticizing it.
    ジャックはその計画をただ批判するだけではなく，それについて有益な提案をした。
- take pride in A「A に誇りを持つ」

◆第4段落◆
- application「応用／利用」
- extend far beyond A「A をはるかに超えて伸びる」
- there's nothing you can't do「あなたにできないことなど何もない」 you 以下は nothing を修飾する節。
- there are just things you haven't learned to do yet「まだ，できるようになっていないことがあるだけだ」 you 以下は things を修飾する節。
  learn to *do*「～できるようになる／～することを学ぶ」

〈ファビアン・モラレス〉
- assistant principal「教頭」

◆第1段落◆
- academics「教育に携わる人／大学教員」
- agree that SV ...「…ということで意見が一致している」
- capable of A「A ができる」
- incredibly「信じられないほど／驚くほど」
- make sure that SV ...「確実に…にする」
- lead to A「A につながる／結びつく」
- after all「(主に文頭で)というのも～だから／だって～なのだから」
- once SV ...「いったん…したら」
- enter the workforce「労働人口に組み込まれる」

◆第2段落◆
- be paired with A「A と組み合わされる」
- identify O「O を特定する」
- vague「あいまいな」
- still「やはり／それでも」
- what if SV ...?「もし…ならどうなるだろうか」
- Or if the progress they are making is ...?「あるいは，彼らの示している進歩が…だとしたらどうだろう」 if の前に what が省略されている。
  the progress they are making「彼らの示している進歩」 they 以下は the progress を修飾する節。
- failing「(成績が)落第点の」
- passing「(成績が)合格点の」
- boost「後押し／励まし」

◆第3段落◆
- research supporting the idea that ...「…という考えを裏付ける研究」 supporting 以下は research を修飾する現在分詞句。
  support O「O(理論など)を裏付ける」
- respond to A「A に反応する」
- abstract「抽象的な」
- One major study, performed last year「昨年行われたある大規模な研究」 performed 以下は，直前の One major study に補足説明を加える過去分詞句。
- compare A with B「A と B とを比較する」
- be motivated by A「A に動機づけされる」
- praise「ほめ言葉／賞賛」
- a variety of A「様々な A」
- physical fitness exercise「体力を測る運動」
- add up O / add O up「O の合計を計算する」
- hold true「当てはまる／本当である」
- dozens of A「何十もの A／多くの A」
- randomized「無作為に抽出された」
- attain O「O を獲得する／達成する」

【設問解説】
問1　20　④
　　ベルウェザーによると，固定型思考は 20 にとって問題となる。
　　① 特に頭のよい生徒だけ
　　② あまり才能のない生徒だけ
　　③ 平均的な成績の生徒だけ
　　④ 様々な能力の生徒
　　ベルウェザーの記事の第1段落第1・2文「私の仕事の重要な部分は，学校で苦労している生徒と面談をすることだ。私が気づいた1つの共通点は，彼らのほとんどが，心理学者が呼ぶところの『固定型思考』を持っていることである」，および同段落最終文「だが，この問題(＝固定型思考を持ってしまうこと)は成績の低い生徒だけに当てはまるわけでない。幼い頃に授業で成績のよかった生徒が自分を生まれつき才能があると考え，よい成績をとるために必要となる努力をすることを後になってやめてしまうこともしばしばある」より，④が正解。①と②は，上記の3文よりいずれも不可。③については述べられていないので，不可。

問2　21　③
　　モラレスは 21 と信じている。
　　① 達成はほうびにつながる
　　② 苦労して獲得した勝利は無意味である
　　③ ささやかな向上はほとんど無益なことがある
　　④ 言葉によるサポートはより効果がある

モラレスの記事の第2段落第3～5文「どんなに小さな進歩でもやはり進歩ではあるが，生徒の学習速度があまりに遅いとしたらどうだろう。あるいは，彼らの示している進歩がF（落第点の成績）からD（最低合格ラインの成績）へのものだとしたらどうだろう。ある時点では，単に『私は昨日より成長した』と言うだけでは十分ではない」より，モラレスはささやかな向上はあまり有益ではないと信じているとわかるので，③が正解。①は，最終段落第4文「最終スコアの合計が計算されると，ほうびグループのスコアの方が高く，この発見は無作為に抽出された何十もの研究に一貫して当てはまった」に関連するが，モラレスが「達成がほうびにつながる」と信じているとは述べられていないので，不可。②については述べられていないので，不可。④は，上記最終段落第4文と棒グラフより，ほうびの方がほめ言葉よりも効果が高いとわかるので，不可。

問3　22　①　23　③

モラレスはベルウェザーによって支持されているアプローチを強化するためには　22　目標を設定することの重要性を強調しており，ベルウェザーは生徒に学習のための　23　アプローチを与えることを目指している。（①～⑥の選択肢のうちからそれぞれの空所に入れるのに最適なものを1つずつ選べ。）

① **明確な**
② 複雑な
③ **一貫した**
④ 突然の
⑤ 一時的な
⑥ 伝統的な

モラレスの第2段落第1文「私の考えでは，成長型思考が最も効果を発揮するのは，それが明確に特定され表現された目標と組み合わされたときである」より，　22　には①が入る。ベルウェザーの第2段落第2文「基本的に，成長型思考は人に，結果についてよりも向上するその過程についてはるかによく考えるよう促す」と，第3段落第2文「1つには，結果は自分の思うようにするのが難しいが，学習の過程はそうではない」より，成長型思考では結果よりも過程を重視しており，一貫した，継続的学習アプローチを生徒に与えることを目指すと考えられる。したがって，　23　には③が入る。

問4　24　④

どちらの筆者も，　24　が人々の成長の重要な部分であるということで意見が一致している。

① 組織化されたテスト
② 親のサポート
③ 個人的な満足
④ **学校にとどまらない成功**

ベルウェザーは最終段落第1・2文で「そして，これが成長型思考の最も重要な部分なのだが，それの応用は，学校をはるかに超えて，私たちの職業生活や個人生活にまで入ってくるのだ」と述べている。また，モラレスは第1段落第3・最終文で「私たちはこの種の励ましによって，確実に，生徒を学校卒業後にも成功へと導くようにしなければいけない。というのも，若い人たちはいったん労働人口に組み込まれてしまうと，成果を出すように求められるからだ」と述べている。よって，2人の筆者はどちらも，学校を超えた成功が人々の成長の重要な部分であると述べているとわかるので，④が正解。

問5　25　②

成果に焦点を当てることを重視するモラレスの議論をさらに裏付けるためには，どの追加情報が最適か。　25

① 教育の未来に関する彼の個人的な理論
② **異なるタイプのほうびが生徒の行動にどのように影響を及ぼすか**
③ 研究の中の生徒がどんな体力測定の課題を行ったか
④ 研究の中の生徒がどんなパズルを解くのを最も楽しんだか

モラレスは最終段落で，ほうびとほめ言葉による動機づけを与えた場合の，生徒の行動を比較した研究について述べているので，モラレスの議論をさらに裏付けるための追加情報としては，「異なるタイプのほうびが生徒の行動にどんな影響を及ぼすか」が最も適当である。したがって，②が正解。①は，モラレスは教育の未来については述べていないので，不可。③と④は，同段落第3文「生徒はパズルを解くことから体力を測る運動に至るまで，様々な課題をこなすよう求められた」に関連するが，モラレスの記事の中心的なテーマは学習の成果であって，「生徒がどんな体力測定の課題を行ったか」や「生徒がどんなパズルを解くのを最も楽しんだか」というプロセスではないので，不可。

— 18 —

第1回

第6問
【全訳】
　あなたは，対面授業とオンライン授業のどちらが望ましいかというテーマでレポートに取り組んでいます。以下のステップに従います。

　　ステップ1：対面授業とオンライン授業に関する様々な観点を読んで理解する。
　　ステップ2：対面授業とオンライン授業のどちらが望ましいかを決定する。
　　ステップ3：追加の情報源を使ってレポートのアウトラインを作る。

［ステップ1］様々な資料を読む

筆者A（高校生）

生徒が同じ場所にいるため，教師や友だちとコミュニケーションが取りやすく，それが対面授業の有利な点の一つです。生徒は理解できないことについて直接教師に質問することができ，また一緒にグループプロジェクトに取り組むことでお互いの絆を強めます。対面授業では，生徒がクラスメートと交流し協力する機会が増えるだけでなく，グループディスカッションに参加する機会も増えます。これにより，生徒の社交性と協調性のスキルが向上します。

筆者B（弁護士）

教育の形態を選択することは，基本的な人権です。個々の生徒には，その状況や好みに最も適した教育環境を選択する権利があります。どちらの教育環境がより適切かは，生徒の学習スタイル，家庭環境，健康状態によって異なります。学習方法は人それぞれであり，異なる環境で教育を受けることもあります。一部の生徒は，対面授業で交流し協力することを好み，教室の雰囲気が彼らの学習に好影響を与えることができます。一方，オンライン授業には融通性があり，時間や場所の制約を受けずに学習できるという有利な点があります。

筆者C（実業家）

対面授業では，すべての生徒が同じトピックに同じ時間を費やすため，一部の生徒がより難しい内容を理解できない場合に遅れてしまう可能性があります。しかし，オンライン授業では，これらの難しいトピックに追いつくために余分な時間をかける柔軟性が生徒に与えられます。自分のペースと理解度に合わせて，各トピックをより深く学ぶことができます。難しい概念に遭遇した場合，授業の録画が利用可能であれば，録画された授業のその部分を何度も繰り返して復習することができます。これにより，生徒はあるトピックを完全に理解し，自信を持って次に進むことができるまでそのトピックに取り組むことができます。

筆者D（教師）

対面授業では，生徒は物理的に教師や友だちと会うことができ，孤独感を感じることが少なくなります。周りの友だちが勉強に真剣に取り組んでいるのを見ると，生徒の学習意欲も高まります。クラスメートが積極的に授業に参加し，質問し，ディスカッションに参加しているのを

— 19 —

見ると，自分も同じようにしようという気になります。学習への情熱が共有され，クラス全体に協力と成長の雰囲気が育まれます。これにより，学習の質と成果が向上することが期待されます。

筆者E（社会学者）
オンライン授業にはいくつか有利な点があります。第一に，生徒は自宅や他の場所からオンライン授業にアクセスでき，通学に関わる時間や交通費を節約できます。通学時間がなくなることで，生徒は趣味やその他の活動を楽しむ自由時間が増えます。これにより生徒のストレスが軽減され，よりバランスの取れたライフスタイルが促進されます。さらに，生徒が何らかの理由で通学できない状況に対しても，オンライン授業は非常に柔軟に対応できます。病気，悪天候，交通問題の場合でも，生徒はどこにいてもオンライン授業を受けることができます。この柔軟性は生徒が自分のペースで学習するのに役立ち，学習の継続性を提供します。

[ステップ2] 立場を決める
あなたの立場：対面授業の方が望ましい。
・筆者 28 と 29 はあなたの立場を支持している。
・二人の筆者の主な論点： 30 。

[ステップ3] 資料AとBを使ってアウトラインを作る

あなたのレポートのアウトライン：

対面授業の方が望ましい。

導入
　対面授業とオンライン授業の両方に利点がある。しかし，オンライン授業の欠点に焦点を当てることが重要だ。

本文
　理由1：[ステップ2より]
　理由2：[資料Aに基づいて] …… 31
　理由3：[資料Bに基づいて] …… 32

結論
　オンライン授業のこれらの欠点を踏まえると，対面授業の利点の方がより重要である。

資料A

オンライン授業を受けるには，適切な機器と高速インターネット接続が必要だ。しかし，これらの条件を満たすにはある一定の費用がかかる。一部の家庭では，コンピューターやブロードバンド・インターネット接続に使える十分な資金を用意できず，その結果，子どもたちの教育へのアクセスが制限される場合がある。オンライン授業へのアクセスは，地理的な位置にも大きく影響されかねない。都市部に比べ田舎では，高速インターネットへのアクセスが限られている場合がある。さらに，家庭環境によっては，静かな専用の勉強スペースがないことがある。子どもの多い世帯では，勉強スペースを共有しなければならなかったり，騒音やその他の家庭の事情で集中するのが難しい環境で生徒が勉強しなければならなかったりする。このような理由から，オンライン授業が普及するにつれ，不利な学習状況にいる生徒は学業で遅れをとる可能性がより高くなる。これは，教育格差を助長し，社会的不平等を拡大する可能性がある。

資料B

フランスで行われた調査によると，多くの10代の若者がオンライン学習から悪影響を受けていることがわかった。この調査は，13歳から18歳の約1,000人の生徒を対象に行われた。下のグラフは，オンライン授業による悪影響の具体例と，それを経験した生徒の割合を示している。

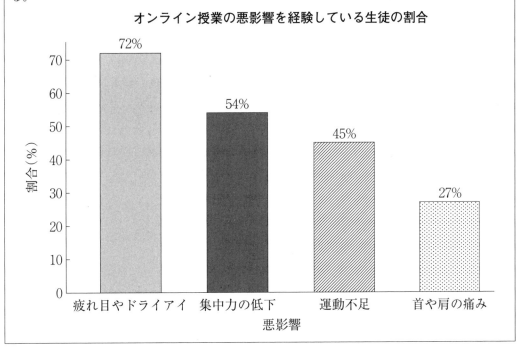

【語句・構文解説】
・work on A「Aに取り組む」
・essay「レポート／小論文」
・face-to-face class「対面授業」
・online class「オンライン授業」
・desirable「望ましい」

- additional「追加の」
- source「資料／情報源」

[ステップ1]

◆筆者A◆

- communicate with A「A とコミュニケーションを図る」
- strengthen O「O を強化する」
- bond「絆」
- interact with A「A と交流する」
- collaborate with A「A と共同で行う／協力する」
- participate in A「A に参加する」
- help (O) do「(O が)～するのに役立つ」
- improve O「O を改善する／向上させる」
- social skill「社会的技能／社交性のスキル」
- cooperative skill「協力的技能／協調性のスキル」

◆筆者B◆

- choice「選択」
- fundamental「基本的な」
- human right「人権」
- individual「個々の／それぞれの」
- right to do「～する権利」
- suit O「O に適している」
- preference「好み」
- appropriate「適切な」
- depend on A「A 次第である／A による」
- atmosphere「雰囲気」
- positive impact「好影響」
- flexibility「柔軟性／融通性」
- limitation「制限／制約」

◆筆者C◆

- fall behind「後れを取る」
- content「内容」
- catch up on A「A に追いつく／A について遅れを取り戻す」
- challenging「困難な／困難だがやりがいのある」
- encounter O「O に遭遇する」
- concept「概念／考え方」
- review O「O を復習する」
- recorded「録画された」
- over and over again「何度も繰り返して」
- recording of A「A を録画したもの」
- available「利用可能な」
- allow O to do「O が～するのを許す／可能にする」
- confident「自信を持っている」
- move on「先へ進む」

◆筆者D◆

- physically「物理的に」

- feel alone「孤独を感じる」
- motivate O to do「O に～する動機[意欲]を与える」
- take O seriously「O を真剣に受け止める／真面目に考える」
- engage in A「A(行為など)を行う」
- encourage O to do「O に～するよう奨励する／仕向ける」
- passion for A「A に対する情熱」
- collaboration「共同製作／共同研究／協力」
- foster O「O を育む／促進する」
- be expected to do「～することが期待される」
- outcome「結果」

◆筆者E◆

- access O「O(ネットワークなど)にアクセスする／接続する」
- transportation cost「交通費」
- time and transportation costs associated with commuting to school「通学に関わる時間や交通費」associated with commuting to school は，time and transportation costs を修飾する過去分詞句。
- commute to A「A に通う」
- eliminate O「O を削除する」
- commuting time「通学時間」
- reduce O「O を減らす」
- promote O「O を促進する」
- balanced「バランスの取れた」
- flexible「柔軟な／融通の利く」
- in the event of A「A の場合には」
- continuity「連続性／継続性」

[ステップ3]

- focus on A「A に焦点を絞る／集中する」
- disadvantage「欠点／デメリット」
- significant「重要である」

◆資料A◆

- equipment「装備／機器」
- meet a requirement「条件を満たす」
- certain「ある一定の」
- sufficient funds available for computers or broadband internet access「コンピューターやブロードバンド・インターネット接続に使える十分な資金」available for computers or broadband internet access は，sufficient funds を修飾する形容詞句。
- limit O「O を制限する」
- affect O「O に影響を与える」
- geographic location「地理的な位置」
- compared to A「A と比べて」

・urban area「都市部／市街地」
・rural area「農村地域／田舎」
・lack of A「Aの欠如／Aがないこと」
・dedicated space「専用スペース」
・household「世帯」
・be required to *do*「～することが要求される／～し
　なければならない」
・concentrate「集中する」
・widespread「普及している」
・unfavorable「不利な」
・be likely to *do*「～する可能性が高い」
・academically「学業に関して」
・contribute to A「Aの一因となる」
・educational disparity「教育格差」
・social inequality「社会的不平等」
◆資料B◆
・negative effect「悪影響」
・conduct a survey「調査を行う」
・approximately「(数量などが)おおよそ／約」
【設問解説】
問1　26　④
　　筆者CとEはどちらも　26　に言及している。
①　通学時間を節約することができるという有利な
　点
②　価格とアクセスのしやすさという点におけるオ
　ンライン授業の有利な点
③　教師に質問できるという利点
④　**自分のペースで進められる学習という点におけ**
　るオンライン授業の利点
　　筆者Cの第3文「自分のペースと理解度に合わせ
　て，各トピックをより深く学ぶことができます」と，
　筆者Eの第7文「この柔軟性は生徒が自分のペース
　で学習するのに役立ち」より，④が正解。①は，筆
　者Eの第3文に「通学時間がなくなることで，生徒
　は趣味やその他の活動を楽しむ自由時間が増えま
　す」とあるが，筆者Cは言及していないので，不可。
　②の「価格」についてはどちらも言及していないの
　で，不可。③についてもどちらも言及していないの
　で，不可。
問2　27　④
　　筆者Bは，　27　と示唆している。
①　対面授業とオンライン授業の選択肢があること
　は，生徒の学習スタイルに大きな影響を与える
②　人々には多様な学習スタイルがあるが，最も効
　果的な教育に個人差はない
③　生徒は，最低限の義務教育を受ける教育環境を
　自由に選択できる

④　**生徒は対面であれオンラインであれ，自分に最**
　も適した教育環境を選択できるべきである
　　筆者Bの第2文に「個々の生徒には，その状況や
　好みに最も適した教育環境を選択する権利がありま
　す」とあるので，④が正解。①，③については述べ
　られていないので，不可。②は，第4文に「学習方
　法は人それぞれ」とあるが，「最も効果的な教育に個
　人差はない」とは述べられていないので，不可。
問3　28・29　①・④(順不同)　30　②
　　あなたは様々な視点を理解したので，対面授業と
　オンライン授業のどちらが望ましいかを決め，以下
　のように書いた。　28　，　29　，　30　を埋める
　のに最も適切な選択肢を選べ。
　あなたの立場：対面授業の方が望ましい。
・筆者　28　と　29　はあなたの立場を支持してい
　る。
・二人の筆者の主な論点：　30　。
　　28　と　29　の選択肢(順不同。)
①　A
②　B
③　C
④　D
⑤　E
　「対面授業の方が望ましい」というあなたの立場
　を支持する内容として，対面授業の利点を述べてい
　るのは筆者Aと筆者Dである。したがって，①と
　④が正解。
　　30　の選択肢。
①　対面授業には，生徒の議論を学問的な客観性を
　持って観察できるという有利な点がある
②　**対面授業には，直接的な交流を通したより良い**
　コミュニケーション，より強固な関係性，モチ
　ベーションの向上という有利な点がある
③　対面授業の有利な点には，テストの成績がより
　高いこと，自己学習がよりしやすいこと，親と教
　師とのより緊密な協力が含まれる
④　対面授業の有利な点には，教室から物理的に離
　れることによって高まる社交性のスキルが含まれ
　る
　　筆者Aの第1文「教師や友だちとのコミュニ
　ケーションが取りやすい」と第3文「生徒がクラス
　メートと交流し協力する機会が増える」，筆者Dの
　第2文「周りの友だちが勉強に真剣に取り組んでい
　るのを見ると，生徒の学習意欲も高まります」とい
　う内容より，②が正解。①と③は，筆者Aと筆者D
　のどちらも述べていないので，不可。④は，筆者A
　の第4文に「生徒の社交性と協調性のスキルが向上

― 23 ―

します」とあるが,「教室から物理的に離れることによって高まる社交性のスキル」とは述べられていないので,不可。

問4 31 ②

　資料Aに基づくと,理由2に最も適切なものは次のうちどれか。 31

① 都市部では,田舎に比べて高速インターネットへのアクセスが限られている。

② 経済的な理由でオンライン授業の恩恵を十分に受けられない生徒もいる。

③ オンライン授業に必要な機器や環境を準備するための知識が不足している生徒もいる。

④ 生徒に兄弟姉妹が多いほど,公的な経済的支援を受けにくい。

　資料Aの第3文「一部の家庭では,コンピューターやブロードバンド・インターネット接続に使える十分な資金を用意できず,その結果,子どもたちの教育へのアクセスが制限される場合がある」より,②が正解。①は,第5文「都市部に比べ田舎では,高速インターネットへのアクセスが限られている場合がある」の内容と逆なので,不可。③,④については述べていないので,不可。

問5 32 ③

　理由3について,あなたは「オンライン授業は生徒に肉体的負担を強いる」と書くことにした。資料Bに基づくと,この言葉を最もよく支持する選択肢はどれか。 32

① 調査対象の10代の半数を少し上回る人が運動不足を訴えている。十分に運動していないことは,彼らの日常生活に悪影響を及ぼしかねない。

② 回答者の4分の1未満がオンライン授業を受けた後の首や肩の痛みについて訴えている。これは,授業中の姿勢の悪さが原因かもしれない。

③ オンライン授業の経験について尋ねられたとき,50%を超える回答者が集中力の低下を訴えている。自宅の自分の部屋では緊張感が少なくなるのも無理はない。

④ 調査対象の10代の4分の3を超える人が,目の疲れやドライアイを訴えている。コンピューターの画面をあまりに長時間見続けることが原因だろう。

　グラフで「集中力の低下」を訴えているのは54%で,これは「50%を超える」ので,③が正解。「運動不足」を訴えているのは45%で,これは「半数(＝50%)を下回る」ので,①「半数を少し上回る」は不可。「首や肩の痛み」を訴えているのは27%で,これは「4分の1(＝25%)を超える」ので,②「4

分の1未満」は不可。「目の疲れやドライアイ」を訴えているのは72%で,これは「全体の4分の3(＝75%)未満」なので,④「4分の3を超える人」は不可。

第1回

第7問
【全訳】
あなたの英語の先生がクラスの生徒全員に，興味深い記事を見つけ，メモを使ってディスカッショングループに発表するように言いました。あなたはアーティストによって書かれた記事を見つけました。

アートスタジオで学んだ教訓

ティモシー（ティム）・ミルトン

　絵を描き出したのがいつだったかは思い出せませんが，とても幼い頃だったことは間違いありません。私は，才能こそが唯一大切なものだと，つまり生まれながらにして才能に恵まれているかいないかのどちらかだと思っていました。高校生のときにアートスタジオに通うようになって初めて，アートは単に才能だけではなく，それ以上のことがいかに多くあるのかに気づきました。私がそのアートスタジオで学んだことは，ただ絵を描いたりデッサンしたりすることにとどまりませんでした。多くの貴重なライフスキルを学んだのです。

　私は，アーティストが自分の作品を通じて自己を表現する様々な方法，いかにして感情や物語を捉え，いかにして自分の個性を表現するのかということに，いつも魅せられていました。彼らとまったく同じように，アートを通して自己を表現するやり方と絵画やデッサンを美しく描くやり方を学ぼうと決意していました。当時は，自分のことと自分が創り出したいと思っていた美がすべてでした。

　最初のうちは，終わりのない苦闘でした。私は，単純な花瓶を少しも本物のように描くことはできませんでしたし，美しく描くことなど言うまでもなくできませんでした。私の師であるジェンキンス先生は，私が苦闘しているのがわかると，あらん限りの方法で私を励ましてくれました。彼女は常に，アートはプロセスが重要なのであって，単に最終的な結果が重要なわけではないと強調していました。最初は，彼女が何を言おうとしているのかわかりませんでした。

　彼女の指導の下，私は徐々に「アートを創り出すプロセス」とは実際にどのようなことかを学び始めました。ジェンキンス先生は，対象を非常に注意深く観察して細かなところまですべてを捉えようとする必要がある，ということを教えてくれました。花瓶を美しく描いてみてはいけなかったのです。重要なことは，花瓶がもともと持つ美しさを見て取り，カンバス上に正確に伝えることでした。

　ジェンキンス先生のおかげで，私は自信を深め，技術も身につき，国立アートアカデミーに出願することを決めました。驚いたことに，私は合格したのです。まさにこのアートアカデミーで，私はジェンキンス先生が多くの貴重な教訓を教えてくれていたことを実感したのです。

　アカデミーでの２年目に，彫刻科の教授であるハモンド先生が私の作品に大いに満足して，それを国際コンペティションに推薦してくれました。私はどうして先生が私の作品を推薦してくれたのかに興味を持ち，彼に尋ねてみました。彼は，「アーティストが重要なのではなくて，焦点は創造物に置かれるべきだということを理解しているのはクラスで君だけな

— 25 —

んだ」と説明してくれました。彼の賞賛はすぐにジェンキンス先生についての思い出を呼び起こしました。

　ジェンキンス先生から学んだ別の教訓は，コミュニティと協力の重要性でした。当時，彼女はアーティストが成長して向上したいなら，他のアーティストと協力する機会を積極的に求めるべきだと言って，スタジオの子どもたち全員に共同でプロジェクトをさせていました。その教訓がどれほど大切だったかは，私がアカデミーを卒業した直後に気づきました。私がアカデミーの 3 年生と 4 年生のときにいくつものプロジェクトで協力した友人のジャック・ティルトンが，大手広告代理店に就職しました。彼は仕事に関係するいくつかのプロジェクトに参加するように私を誘ってくれました。彼に言わせると，私を知っていて信頼しているからということでした。私たちが以前一緒に行った共同制作こそが，このような友情と信頼を創り出したのです。

　私は 20 代と 30 代の頃，独立したアーティストとして働いていました。私は革新的なアートを創り出すことを伴う多くのプロジェクトに参加することになりました。フリーランスのアーティストとしての私の最大の業績は，30 代前半に国際音楽祭のロゴを創り出したことです。それらの年月の間，ジェンキンス先生についての思い出は決して薄れることはありませんでした。アートと人生について彼女が私に与えてくれた教訓は，私のアーティストとしての旅路の大きな部分を占めてきました。そんな訳で，41 歳になった今，私はアートの教師になって，次世代のアーティストにそれらの教訓をいくらかでも伝えていこうと決めたのです。

メモ：

アートスタジオで学んだ教訓

筆者（ティモシー・ミルトン）に関して
・子どものときに絵を描き始めた。
・アートスタジオで学んだ教訓は，　33　　④　**アートと人生全般の両面で役に立った**。

他の重要な人々
・ジェンキンス先生：多くの貴重な教訓を与えてくれたティムのアートの先生。
・ハモンド先生：ティムが　34　　④　**国際コンペティションに参加する**　のを手助けした彫刻科の教授。
・ジャック・ティルトン：ティムの国立アートアカデミーでのクラスメート。

ティムがよりよいアーティストになる旅路において影響のあった出来事
絵を描き始めた→
　35　　⑤　**アートを創り出すプロセスの重要性を最初に教えられた**　→
　36　　③　**国立アートアカデミーに入学を許された**　→

— 26 —

| 37 | ① | 広告のプロジェクトで友人と協力した → |
| 38 | ② | 大きな音楽イベントのロゴをデザインした |

なぜティムはアートの教師になることに決めたのか？

彼は 39 ① ジェンキンス先生から学んだことを生徒に伝える ことを望んでいる。

この話から学べること

・ 40 ① 他の人と積極的に協力することは，成長し向上するのに役立つことがある。

・ 41 ③ アートを通してありのままの美を伝えられることは，ただ才能があるだけよりも重要である。

【語句・構文解説】

・present O「Oを発表する」

・a story written by an artist「アーティストによって書かれた記事」 written by an artist は a story を修飾する過去分詞句。

・lesson「教訓」

・art studio「アートスタジオ／絵画教室」

◆第1段落◆

・must have been ～「～だったにちがいない」

・it isn't until ... that ～「…して初めて～する」

　［例］ **It wasn't until** he spoke **that** I realized he wasn't Japanese.

　　　　彼が話をして初めて彼が日本人ではないことに気づいた。

・how much more there was to art than just talent「アートは単に才能だけではなく，それ以上のことがいかに多くあるのか」 there is more to A than B「AにはB以上のことがある／AはBだけではない」の more が how much more となり節の先頭に移動している。

・far more「はるかに多くのこと」 far は比較級を強調する副詞。

・paint「（絵の具で）描く」

・draw「デッサンする／（線で）描く」

・life skill「ライフスキル／生活技能」 日常生活に生じる様々な問題や要求に対して，より建設的かつ効果的に対処するために必要な心理社会的能力。

◆第2段落◆

・be fascinated by A「Aに魅せられている」

・capture O「Oを捉える」

・emotion「感情」

・individuality「個性」

・be determined to do「～しようと決意している」

・the beauty I wanted to create「自分が創り出したいと思っていた美」 I wanted 以下は the beauty を修飾する節。

◆第3段落◆

・in the beginning「最初のうちは」

・never-ending「終わりのない」

・struggle「苦闘（する）」

・vase「花瓶」

・a bit「少し」

・let alone ～「ましてや～ない／～は言うまでもなく」

　［例］ The dog was unable to walk, **let alone** run.

　　　　その犬は歩くことができなかったし，ましてや走ることなどできなかった。

・encourage O「Oを励ます」

・every possible A「できる限りのA」

・emphasize that SV ...「…であると強調する」

・end result「最終結果」

・at first「最初のうちは」

◆第4段落◆

・gradually「徐々に」

・object「対象／オブジェ」

・closely「注意深く」

・try to do「～しようとする」

・detail「細部」

・be not supposed to do「～してはいけない／～しないことになっている」

　［例］ You **are not supposed to park** in this space.

　　　　このスペースには駐車してはいけません。

・try doing「試しに～してみる」

・convey O「Oを伝える」

・accurately「正確に」

◆第5段落◆
・thanks to A「Aのおかげで」
・grow C「Cになる」
・confident「自信がある」
・skilled「熟達した」
・apply to A「Aに出願する／応募する」
・It was at the Art Academy that ...「まさにこのアートアカデミーで…したのです」強調構文。at the Art Academy が強調されている。

◆第6段落◆
・sculpture「彫刻」
・work「作品」
・recommend O「Oを推薦する」
・competition「コンペティション／競技会」
・be curious about A「Aに興味がある」
・focus「焦点」
・creation「創造(物)」
・praise「ほめ言葉／賞賛」
・immediately「ただちに」
・bring back O / bring O back「Oを思い出させる」

◆第7段落◆
・Another lesson I learned from Mrs. Jenkins「ジェンキンス先生から学んだ別の教訓」I 以下はAnother lesson を修飾する節。
・collaboration「協力／協同」
・opportunity to do「～する機会」
・collaborate with A「Aと協力する」
・right after SV ...「…する直後」
・graduate from A「Aを卒業する」
・a number of A「いくつかのA／数多くのA」
・advertising agency「広告代理店」
・invite O to do「Oに～するように誘う」
・participate in A「Aに参加する」
・several projects related to his work「彼の仕事に関係するいくつかのプロジェクト」related 以下はseveral projects を修飾する過去分詞句。
　related to A「Aに関係する」
・in A's words「Aの言葉では」
・It was the collaborative work we'd done together that created this friendship and trust.「私たちが以前一緒に行った共同制作こそが，このような友情と信頼を創り出したのです」It is ～ that ...「～こそが…／…は～である」の強調構文。we'd done together は the collaborative work を修飾する節。
　collaborative work「共同制作」

◆第8段落◆
・independent「独立した」
・end up doing「～することになる」
・involve O「Oを伴う」
・innovative「革新的な」
・achievement「業績」
・fade away「薄れる／弱まる」
・the lessons she taught me about art and life「アートと人生について彼女が私に与えてくれた教訓」she 以下は the lessons を修飾する節。
・That is why SV ...「そんな訳で…」
・now that SV ...「今や…なので」

◆メ モ◆
・influential「影響のある」

【設問解説】
問1　33 ④
　　33 に入れるのに最も適切な選択肢を選べ。
　①　彼が独自の様式を創り出すことを可能にした
　②　マーケティングで彼に役立ち，彼は裕福になった
　③　アートの歴史に関する知識を含んでいた
　④　**アートと人生全般の両面で役に立った**
　　第1段落最終文「私がそのアートスタジオで学んだことは，ただ絵を描いたりデッサンしたりすることにとどまりませんでした。多くの貴重なライフスキルを学んだのです」より，④が正解。①，②，③については述べられていないので，不可。

問2　34 ④
　　34 に入れるのに最も適切な選択肢を選べ。
　①　海外のアートスクールに行くための奨学金を取得する
　②　協力する相手を見つける
　③　彫刻の技術を大いに向上させる
　④　**国際コンペティションに参加する**
　　第6段落第1文「アカデミーでの2年目に，彫刻科の教授であるハモンド先生が私の作品に大いに満足して，それを国際コンペティションに推薦してくれました」より，④が正解。①と③については，述べられていないので不可。②は，第7段落第4文の「私がアカデミーの3年生と4年生のときにいくつものプロジェクトで協力した友人のジャック・ティルトン」に関連するが，ハモンド先生が「協力する相手を見つけるのを手助けした」とは述べられていないので，不可。

問3　35 ⑤　36 ③　37 ①　38 ②
　　5つの選択肢(①～⑤)から4つを選び，起きた順に並べ換えよ。35 → 36 → 37 → 38

— 28 —

① 広告のプロジェクトで友人と協力した
② 大きな音楽イベントのロゴをデザインした
③ 国立アートアカデミーに入学を許された
④ 広告代理店に雇われた
⑤ アートを創り出すプロセスの重要性を最初に教えられた

第4段落第2・最終文「ジェンキンス先生は，対象を非常に注意深く観察して細かなところまですべてを捉えようとする必要がある，ということを教えてくれました。花瓶を美しく描いてみてはいけなかったのです。重要なことは，花瓶がもともと持つ美しさを見て取り，カンバス上に正確に伝えることでした」より，35 には⑤が入る。第5段落第1・2文「ジェンキンス先生のおかげで，私は自信を深め，技術も身につき，国立アートアカデミーに出願することを決めました。驚いたことに，私は合格したのです」より，36 には③が入る。第7段落第4・5文「私がアカデミーの3年生と4年生のときにいくつものプロジェクトで協力した友人のジャック・ティルトンが，大手広告代理店に就職しました。彼は仕事に関係するいくつかのプロジェクトに参加するように私を誘ってくれました」より，37 には①が入る。最終段落第3文「フリーランスのアーティストとしての私の最大の業績は，30代前半に国際音楽祭のロゴを創り出したことです」より，38 には②が入る。なお，④は，上記第7段落第4文より，友人のジャック・ティルトンに関することなので，どの空所にも入らない。

問4 39 ①

39 に入れるのに最も適切な選択肢を選べ。

① ジェンキンス先生から学んだことを生徒に伝える
② アートに関連した金銭面で安定した仕事を得る
③ アートを学んでいる生徒が彼の彫刻の技術を身につけるのを手助けする
④ 子どもと協力して新しい様式のアートを創り出す

最終段落第4文後半・最終文「アートと人生について彼女が私に与えてくれた教訓は，私のアーティストとしての旅路の大きな部分を占めてきました。そんな訳で，41歳になった今，私はアートの教師になって，次世代のアーティストにそれらの教訓をいくらかでも伝えていこうと決めたのです」より，①が正解。②，③，④については述べられていないので，不可。

問5 40 41 ①・③

40 と 41 に入れるのに最も適切な選択肢を

2つ選べ。（順不同。）

① 他の人と積極的に協力することは，成長し向上するのに役立つことがある。
② アートの教師になるのは，アートを創り出すよりも困難である。
③ アートを通してありのままの美を伝えられることは，ただ才能があるだけよりも重要である。
④ 技術を向上させアートを創り出し始めるのに遅すぎるということはない。
⑤ 大学の教授はあまり多くのことを教えてくれない。

第7段落第1・2文に「ジェンキンス先生から学んだ別の教訓は，コミュニティと協力の重要性でした。当時，彼女はアーティストが成長して向上したいなら，他のアーティストと協力する機会を積極的に求めるべきだと言って，スタジオの子どもたち全員に共同でプロジェクトをさせていました」とあり，続いてこの教訓が後の人生で役立ったことが述べられているので，①は正解。第1段落第2・3文に「私は，才能こそが唯一大切なものだと，つまり生まれながらにして才能に恵まれているかいないかのどちらかだと思っていました。高校生のときにアートスタジオに通うようになって初めて，アートは単に才能だけではなく，それ以上のことがいかに多くあるのかに気づきました」とあり，アートスタジオで実感した才能以上のことについては第4段落第2・最終文「ジェンキンス先生は，対象を非常に注意深く観察して細かなところまですべてを捉えようとする必要がある，ということを教えてくれました。花瓶を美しく描いてみてはいけなかったのです。重要なことは，花瓶がもともと持つ美しさを見て取り，カンバス上に正確に伝えることでした」に述べられているので，③も正解。②，④，⑤については述べられていないので，不可。

第8問
【全訳】

　あなたは科学の授業で行うプレゼンテーションを準備している学生グループに属しています。動物の多様性に関するプレゼンテーションの自分の担当パートを作成しようと，次の文章を用いています。

　コイとは，淡水に生息する銀灰色の魚である。コイはアジアが原産で，そこでは食用にされることが多い。およそ 2,000 年前の中国で，明るい赤色をした何匹かのコイが生まれた。いわゆる突然変異が起きたので，それらのコイは他のコイとは見た目が異なっていた。突然変異とは，動物の正常な DNA が変化することである。人々は赤いコイが気に入り，鑑賞するのにとても美しかったので，池で育てた。突然変異により，さらにいくつかの新しい色が現れた。人々は気に入った突然変異種の魚を飼い，それらをコイではなく，キンギョと呼び始めた。実際，中国の皇后がキンギョをとても気に入ったので，1162 年には，黄色いキンギョを飼育できるのは皇族だけに限られると宣言した。今では，色だけでなく，形や大きさも様々なキンギョがいる。

　今日のキンギョは，はるか昔に中国で飼育されていたものが原種である。それらはコイによく似た形をしている。体型は細長く，とても丈夫である。泳ぎが上手で，あまりきれいでない水の中でも生きていける。キンギョには黒，茶，赤，黄，オレンジ，白など，たくさんの美しい色がある。この丈夫な魚は 15 年以上生き，全長は 30 センチくらいまで大きくなることがあるので，池で飼われることが多い。人気のある種類のキンギョの 1 つがコメットである。コメットは合衆国で初めて飼育された。活発で遊び好きなこの魚は，やや小さめだが，非常に長い尾びれを持っている。

　やがて，人々は家の中でキンギョを飼うようになった。悪天候や他の動物から守られるので，新種のキンギョは生き残ることができた。こういった新種は，タブルテールと呼ばれる 2 枚の尾びれを持つことから，「ファンシー」なキンギョと呼ばれている。日本原産のワキンは最初のファンシーなキンギョだった。ワキンは大型で，後ろから見ると X のように見える短い尾びれを除けば，コメットのような形をしている。リュウキンはワキンの突然変異種で，ワキンと比べるとかなり小型である。リュウキンは卵型の体型で，水中でひらひらと流れるように動く長いひれを持つ。中には，泳ぎが非常に遅くなるほど極端に長い尾びれを持つものもいる。そういった尾びれは流れが速すぎる水の中では傷ついてしまうことがあるので，そのようなリュウキンは室内で飼育する必要がある。

　また別のファンシーなキンギョであるオランダシシガシラは，突然変異によって帽子をかぶっているように見える。ふくれた頭は赤いことが多いが，体は白かオレンジ色である。オランダシシガシラは，屋外で生育していると，頭部のふくれた部分に病気を持つことが多い。ハナフサは，オランダシシガシラよりずっと珍しいが，よく似たふくれた部分を持つ突然変異種である。しかし，そのふくれた部分は頭頂部ではなく，鼻が肥大化したものである。この魚は，顔の両側にポンポンがあるように見える。残念ながら，このポンポンは病気に冒されやすいので，室内で飼う必要がある。ハナフサはとても小さく，せいぜい 15 センチくらいしかない。

　デメキンは 1700 年代に中国で初めて飼育された。目が頭から突き出ているので，とても珍しい。デメキンの稚魚が普通の目をしていることに注目すると興味深い。目が成長して顔の側面から出てくるまでには，およそ 6 か月かかる。この目の形が原因でよく見えず，餌を探すのに苦労することさえある。また，とがった石や植物の葉などで誤って目を傷つけてしまうこともあるので，置物をまったく入れない水槽で飼育する必要がある。デメキンの体型は丸く，尾びれが長いが，これも泳ぎが遅くなる原因である。

　現在，キンギョには 200 を超える種類がある。これほど見た目の異なる魚がすべて同類であるとわかると驚きである。細長いコメットは，丸い体型にエイリアンのような眼をしたデメキンとは似ても似つかない。実は，皆キンギョなのだが，小さな突然変異が重なって，それぞれ見た目は大きく異なるのである。

— 30 —

プレゼンテーション用スライド

| キンギョ：
色とりどりの美しい魚 | **1．基本情報**
・同じ種の魚から突然変異した
・中国が原産である
・中国の皇后に好まれた
・ 42 ③ 色や体型が異なる |

2．　　(A) コメット　　　　　　　　　ワキン

・アメリカが原産である　　　　　・日本が原産である
・やや小さめである　　　　　　　・ 43 ② 尾びれが短くダブルテールで
・活発で遊び好きである　　　　　　　　ある
・尾びれが長い　　　　　　　　　・ 44 ④ 尾びれ以外はコメットに似て
　　　　　　　　　　　　　　　　　　　いる

3．　　(B) リュウキン　　　　　　　　デメキン

・ワキンの突然変異種である　　　・目が飛び出している
・体は卵型である　　　　　　　　・ 46 ② 餌を見つけるのに苦労する
・ひれと尾びれが長い　　　　　　　　　③ 尾びれが長い
・屋内で飼育される必要がある　　　　　④ 視力が弱い
　　　　　　　　　　　　　　　　　　　⑤ 丸い体型である

4．　(C) オランダシシガシラ　　　　(D) ハナフサ

・帽子をかぶっているように見える　・鼻にふくらんだ部分がある
・病気にかかりやすい　　　　　　　・病気にかかりやすい
・屋内で飼育される必要がある　　　・室内で飼育される必要がある
　　　　　　　　　　　　　　　　　・とても小さい

5．最後に

 47 ④ 現在キンギョには200を超える
　　　種類がある。しかし，すべて元は
　　　コイから進化したものである。

【語句・構文解説】
・prepare for A「Aのために準備する」
・the following A「次のA」
・passage「文章」
・diversity「多様性」
◆第1段落◆
・carp「コイ」
・fresh water「淡水」
・come from A「Aが原産である／A出身である」
・what is called ～「いわゆる～」
・mutation「突然変異」
・raise O「Oを育てる」
・pond「池」
・the fish with mutations they liked「(彼らが)気に入った突然変異種の魚」 they liked は the fish with mutations を修飾する節。
・goldfish「キンギョ」
・A rather than B「BでなくA／BよりむしろA」
　〔例〕 She likes to watch TV all day at home **rather than** go out.
　　　　彼女は外出するよりも1日中家でテレビを見るのが好きだ。
・Empress「皇后」
・so ～ that SV ...「とても～なので…」
・declare that SV ...「…だと宣言する」
・royal family「皇族」
・not just A but also B「AだけでなくBも」
◆第2段落◆
・be similar to A「Aに似ている」
・thin「細い」
・including A「Aを含めた」
・athletic「丈夫な」
・comet「コメット／彗星」
・playful「遊び好きな」
・tail「尾びれ／尾」
◆第3段落◆
・over time「やがて／時が経って」
・protect A from B「AをBから守る」
・fancy「珍種の／変わり種の」
・A called B「Bと呼ばれるA」
・fin「ひれ」
・wakin goldfish「ワキン(和金)」
・except for A「Aを除いて」
・from behind「背後から」
・fantail goldfish「リュウキン(琉金)」
・much＋比較級「はるかに～／ずっと～」 比較級の強調。

・egg-shaped「卵型の」
・flow「流れるように動く」
・extremely「極端に」
・make O do「Oに～させる」
・damage O「Oを傷つける」
◆第4段落◆
・oranda goldfish「オランダシシガシラ」
・look like SV ...「まるで…のように見える」
・puffy「ふくらんだ」
・pompom goldfish「ハナフサ」
　pompom「ポンポン／玉房」
・affect O「Oに影響する」
・at the most「せいぜい／大きくても」
◆第5段落◆
・telescope goldfish「デメキン(出目金)」
・unusual「珍しい／変わっている」
・stick out of A「Aから飛び出す」
・note that SV ...「…ということに注目する／気づく」
・it takes O for A to do「Aが～するのにO(期間など)かかる」
　〔例〕 It **took** two years **for** him **to write** the novel.
　　　　彼がその小説を書くのに2年かかった。
・due to A「Aが原因で」
・have a hard time doing「～するのに苦労する」
・accidentally「誤って」
・injure O「Oを傷つける」
・fish tank「水槽」
◆第6段落◆
・amazing「びっくりさせるような／驚嘆すべき」
・visually「見た目には」
・related「同類の／血がつながっている」
・in reality「実は／現実には」
【設問解説】
問1 ┃42┃ ③
　┃42┃ に入れるのに最もよい言葉を選べ。
　① 飼育が簡単である
　② 世界中で食べられている
　③ **色や体型が異なる**
　④ 皇族にのみ飼育される
　第1段落最終文「今では、色だけでなく、形や大きさも様々なキンギョがいる」より、③が正解。①は、第2段落第3文に「体型は細長く、とても丈夫である」とあるが、第4段落第3文「オランダシシガシラは、屋外で生育していると、頭部のふくれた部分に病気を持つことが多い」や同段落第7文「残

— 32 —

念ながら，この（＝ハナフサの）ポンポンは病気に冒されやすいので，室内で飼う必要がある」などより，すべてのキンギョが育てやすいとは言えないので，不可。②は，第1段落第2文に「コイはアジアが原産で，そこでは食用にされることが多い」とあるが，これはキンギョに関することではないので，不可。④は，第1段落第9文「実際，中国の皇后がキンギョをとても気に入ったので，1162年には，黄色いキンギョを飼育できるのは皇族だけに限られると宣言した」に関連するが，すべてのキンギョが皇族のみに飼育されたかどうかは述べられていないので，不可。

問2　43　44　②・④

　2のスライドに入る，本文で述べられているワキンの特徴を2つ選べ。（順不同。）

43 ・ 44

① リュウキンの突然変異種である
② 尾びれが短くダブルテールである
③ 30年以上生きる
④ 尾びれ以外はコメットに似ている

　第3段落第3文「こういった新種は，ダブルテールと呼ばれる2枚の尾びれを持つことから，『ファンシー』なキンギョと呼ばれている」，および同段落第5文「ワキンは大型で，後ろから見るとXのように見える短い尾びれを除けば，コメットのような形をしている」より，②と④が正解。①は，同段落第6文「リュウキンはワキンの突然変異種で，ワキンと比べるとかなり小型である」より，不可。③は，第2段落第6文「この丈夫な魚（＝キンギョ）は15年以上生き，全長は30センチくらいまで大きくなることがあるので，池で飼われることが多い」より，不可。

問3　45　①

　2と3と4のスライドのキンギョのイラストの欠落した名称を埋めよ。45

① (A) コメット　　　　　　(B) リュウキン
　 (C) オランダシシガシラ (D) ハナフサ
② (A) コメット　　　　　　(B) リュウキン
　 (C) ハナフサ　　　　　　(D) オランダシシガシラ
③ (A) リュウキン　　　　　(B) コメット
　 (C) オランダシシガシラ　(D) ハナフサ
④ (A) ハナフサ　　　　　　(B) オランダシシガシラ
　 (C) コメット　　　　　　(D) リュウキン
⑤ (A) ハナフサ　　　　　　(B) オランダシシガシラ
　 (C) リュウキン　　　　　(D) コメット

　第2段落第8・9文「コメットは合衆国で初めて飼育された。活発で遊び好きなこの魚は，やや小さ

めだが，非常に長い尾びれを持っている」より，(A)にはコメット，第3段落第6・7文「リュウキンはワキンの突然変異種で，ワキンと比べるとかなり小型である。リュウキンは卵型の体型で，水中でひらひらと流れるように動く長いひれを持つ」より，(B)にはリュウキンが入る。第4段落第1文「また別のファンシーなキンギョであるオランダシシガシラは，突然変異によって帽子をかぶっているように見える」より，(C)にはオランダシシガシラ，同段落第4〜6文「ハナフサはオランダシシガシラよりずっと珍しいが，よく似たふくれた部分を持つ突然変異種である。しかし，そのふくれた部分は頭頂部ではなく，鼻が肥大化したものである。この魚は，顔の両側にポンポンがあるように見える」より，(D)にはハナフサが入る。したがって，①が正解。

問4　46　①

　46 に含めるべき**でない**ものは次のうちどれか。

① 生まれつきエイリアンのような目をしている
② 餌を見つけるのに苦労する
③ 尾びれが長い
④ 視力が弱い
⑤ 丸い体型である

　①は，第5段落第3・4文「デメキンの稚魚が普通の目をしていることに注目すると興味深い。目が成長して顔の側面から出てくるまでには，およそ6か月かかる」より，スライドに含めるべきではない。したがって，①が正解。

　同段落第5文「この目の形が原因でよく見えず，餌を探すのに苦労することさえある」より，②・④は含めるべきである。さらに，この段落の最終文「デメキンの体型は丸く，尾びれが長いが，これも泳ぎが遅くなる原因である」より，③・⑤も含めるべきである。

問5　47　④

　最後のスライドに入れるのに最もよい言葉はどれか。47

① すべてのキンギョは見た目が大きく異なる。しかし，すべて泳ぐのはとても速い。
② すべてのキンギョは見た目が大きく異なる。しかし，すべて同じ国で生まれ育てられた。
③ 現在キンギョには200を超える種類がある。しかし，すべて寿命は同じである。
④ 現在キンギョには200を超える種類がある。しかし，すべて元はコイから進化したものである。

　キンギョがいずれもコイの突然変異種であることは第1段落で述べられている。そして，最終段落第1・2文「現在，キンギョには200を超える種類が

ある。これほど見た目の異なる魚がすべて同類であ
るとわかると驚きである」より，④が正解。①は，
第3段落第8文「(リュウキンの)中には，泳ぎが非
常に遅くなるほど極端に長い尾びれを持つものもい
る」や第5段落最終文「デメキンの体型は丸く，尾
びれが長いが，これも泳ぎが遅くなる原因である」
より，泳ぐのが遅いキンギョもいるとわかるので，
不可。②は，第2段落第8文「コメットは合衆国で
初めて飼育された」や第3段落第4文「日本原産の
ワキンは最初のファンシーなキンギョだった」よ
り，キンギョの産地が異なることがわかるので，不
可。③については，それぞれのキンギョの寿命につ
いては述べられていないので，不可。

第2回

第2回 解答・解説

(100点満点)

問題番号	設問	解答番号	正解	配点	自己採点
第1問	問1	1	②	2	
	問2	2	③	2	
	問3	3	①	2	
	問4	4	③	2	
第1問 自己採点小計				(8)	
第2問	問1	5	①	2	
	問2	6	②	2	
	問3	7	②	2	
	問4	8	②	2	
	問5	9	⑤	2	
第2問 自己採点小計				(10)	
第3問	問1	10	④	3※	
		11	①		
		12	③		
		13	②		
	問2	14	④	3	
	問3	15	②	3	
第3問 自己採点小計				(9)	
第4問	問1	16	①	3	
	問2	17	①	3	
	問3	18	③	3	
	問4	19	②	3	
第4問 自己採点小計				(12)	
第5問	問1	20	④	3	
	問2	21	①	3	
	問3	22	①	2	
		23	⑤	2	
	問4	24	①	3	
	問5	25	①	3	
第5問 自己採点小計				(16)	

問題番号	設問	解答番号	正解	配点	自己採点
第6問	問1	26	④	3	
	問2	27	②	3	
	問3	28 - 29	①-③	3※	
		30	③	3	
	問4	31	④	3	
	問5	32	③	3	
第6問 自己採点小計				(18)	
第7問	問1	33	④	3	
	問2	34	①	3	
	問3	35	④	3※	
		36	②		
		37	③		
		38	⑤		
	問4	39	①	3	
	問5	40 - 41	③-⑤	3※	
第7問 自己採点小計				(15)	
第8問	問1	42	③	2	
	問2	43	②	2	
	問3	44 - 45	④-⑤	3※	
	問4	46	③	2	
	問5	47	③	3	
第8問 自己採点小計				(12)	
自己採点合計				(100)	

(注) ※は，全部正解の場合のみ点を与える。

－(ハイフン)でつながれた正解は，順序を問わない。

第1問
【全訳】
あなたは高校生で，冬休みに音楽の技能を向上させたいと考えています。あなたは冬季短期集中音楽キャンプのウェブサイトを見つけます。

楽団史上初めて，**フーバー交響楽団**(HSO)は日本の高校生を対象にした冬季短期集中音楽キャンプを主催いたします。この10日間のキャンプでプロと一緒にあなたの技能に磨きをかけましょう！

開催日程：2024年1月4日〜13日
開催場所：カワイリバー市民センター
費用：10万円で，食費，宿泊費を含みます。（スノーシューイングやクロスカントリースキーなどのオプショナルアクティビティは別途料金が必要です）

提供されるコース

◆**弦楽器**：5日につき1回個人レッスンを受け，テクニックや演奏に関するクラスレッスンは毎日受けます。講師は，長年のツアー経験を持つプロの演奏家です。弦楽合奏団と毎日練習を行い，最終日にはオーケストラ演奏を行います。

◆**管楽器**：大人数での練習と各楽器のクラスレッスンを行います。また，一人ひとりに必要なだけ目が届くように，特別なテーマについて毎日コーチングと指導を受けられる室内楽クラスに参加してもらいます。最終日には，室内楽グループとモーツァルトの作品を演奏します。

◆**打楽器**：オーケストラ，現代音楽，ワールドミュージックのスタイルについて直接指導を受けます。熟練した打楽器奏者による上級者用クラスが毎日行われ，また特定のテーマに焦点を当てた厳選されたミニコースも行われます。1月13日には，HSOのパーカッション・セクションと共演します。

▶**応募方法**
ステップ1：2023年10月14日までに，コースを選び，あなた自身が選んだ楽器を自分で演奏する1分間の動画を提出してください。
ステップ2：11月上旬に合否をメールでお知らせいたします。
ステップ3：合格された方には，食事のご要望についてお伺いします。

【語句・構文解説】
・a high school student interested in improving your music skills during the winter vacation「冬休みに音楽の技能を向上させたいと考えている高校生」interested 以下は a high school student を修飾する形容詞句。
・intensive「集中的な／強化する」
〈ウェブサイト上段〉
・for the first time ever「史上初めて」ever は first を強調する副詞。

- host O「Oを主催する」
- sharpen O「Oに磨きをかける」
- accommodation「宿泊設備」
- fee「料金」
- snowshoeing「スノーシューイング」

〈提供されるコース〉

- string「弦楽器」
- per A「Aにつき」
- orchestral「オーケストラの」
- wind「管楽器」
- ensure (that) SV ...「…を確実にする」
- the individual attention you need「一人ひとりに必要なだけの対応」 you need は the individual attention を修飾する節。
- chamber music「室内楽」
- tuition「指導」
- percussion「打楽器」
- contemporary「現代音楽の」
- daily masterclasses given by skilled percussionists 「毎日行われる熟練した打楽器奏者による上級者用クラス」 given 以下は daily masterclasses を修飾する過去分詞句。
  masterclass「上級者用クラス」
- A as well as B「AもBも／BだけでなくAも」
- a selection of A「厳選されたA／えりすぐりのA」
- focus on A「Aに焦点を当てる」
- specific「特定の」

〈応募方法〉

- submit O「Oを提出する」
- dietary requirements「食事の要望／食事制限」 アレルギー，宗教，主義などの理由で特定の食品が食べられないことを伝えたり尋ねたりするときに用いられる表現。

【設問解説】

問1 1 ②

すべてのコースに 1 が含まれている。

① マンツーマンレッスン
② **毎日クラスレッスンを受ける機会**
③ スノーシューイングとクロスカントリースキー
④ 有名な俳優に会うチャンス

弦楽器の第1文「5日につき1回個人レッスンを受け，テクニックや演奏に関するクラスレッスンは毎日受けます」と，**管楽器**の第2文「また，一人ひとりに必要なだけ目が届くように，特別なテーマについて毎日コーチングと指導を受けられる室内楽クラスに参加してもらいます」と，**打楽器**の第2文「熟練した打楽器奏者による上級者用クラスが毎日

行われ，また特定のテーマに焦点を当てた厳選されたミニコースも行われます」より，②が正解。①は，弦楽器については上記**弦楽器**の第1文より個人レッスンを受けられることがわかるが，管楽器と打楽器については個人レッスンに関する記述はないので，不可。③は，ウェブサイト上段の費用の説明に「（スノーシューイングやクロスカントリースキーなどのオプショナルアクティビティは別途料金が必要です）」とあるので，不可。④については述べられていないので，不可。

問2 2 ③

キャンプの最終日に，キャンプ参加者は 2 予定だ。

① 自分の技能をプロの技能と比較する
② 自分の楽器のために新しい作品を作曲する
③ **音楽グループの一員として演奏する**
④ 有名な作曲家による作品を研究する

弦楽器の最終文「弦楽合奏団と毎日練習を行い，最終日にはオーケストラ演奏を行います」と，**管楽器**の最終文「最終日には，室内楽グループとモーツァルトの作品を演奏します」と，**打楽器**の最終文「1月13日には，HSOのパーカッション・セクションと共演します」より，③が正解。①，②については述べられていないので，不可。④については上記の**管楽器**の最終文に関連するが，「有名な作曲家による作品を研究する」とは述べられていないので，不可。

問3 3 ①

2023年10月14日の後に行われることは何か。

3

① **応募者は，自分が選ばれたかどうかを知らされる。**
② 応募者が交響楽団のオフィスを訪れる。
③ 参加許可を得た応募者がコースを選ぶよう求められる。
④ 演奏の動画が録画される。

応募方法のステップ2「11月上旬に合否をメールでお知らせいたします」より，①が正解。②については述べられていないので，不可。③，④は，ステップ1「2023年10月14日までに，コースを選び，あなた自身が選んだ楽器を自分で演奏する1分間の動画を提出してください」より，10月14日より前に行われることだとわかるので，不可。

問4 4 ③

ミュージックキャンプは 4 日本で開催される。

① 1月13日から10日間

— 38 —

② 1月13日から5日間
③ **1月4日から10日間**
④ 1月4日から5日間

　HSOの紹介の第2文に「この**10日間**のキャンプ」とあり，開催日程に「2024年**1月4日**〜13日」とあるので，**③**が正解。

第2問
【全訳】

　あなたは生徒会のメンバーです。生徒会では，朝の始業時間を遅くすることの利点に関する新しい研究について議論しています。もっと詳しく知るために，あなたはある実験についての報告書を読んでいます。それはアメリカの大学の研究者によって書かれたものです。

ティーンエイジャーと目覚め

　ほとんどのティーンエイジャーは，学校に行くために早起きするのがどれほど大変か知っている。それが彼らにとって大変である理由は存在する。体内で起きている様々な変化が睡眠サイクルに影響し，毎晩眠りにつくのが遅くなっていき，毎朝起きるのが遅くなっていく。学校の始業時間が早いことが，生徒が学校で眠くなる原因の1つなのかもしれない。この説を検証するため，私たちは高校1年生の2つのグループを調査した。1つのグループは午前8時30分に授業が始まり，もう1つのグループは午前9時30分に授業が始まった。その結果，午前9時30分に始業した生徒の方が，早く授業が始まった生徒よりも40分長く眠り，テストの点数も高かった。なぜテストの点数がよくなったのだろうか？（下に挙げた）フィードバックから，この疑問に対する答えが見つかりそうだ：

参加者からのフィードバック

JF：私は午前8時30分スタートのグループだった。別のグループにいられればよかったのに！　寝るのが大好きだから。

HB：手首につけなければならないモニターは，最初は煩わしかったけど，しばらくするとつけているのを忘れてしまった。実際，実験の終わりに手放すのが寂しかった。

PH：私は以前，学校の朝の授業ではいつも居眠りをしていました。でも，授業の始まりが遅いグループに入ってからは，そういうことがはるかに少なくなったのです。試験の成績もぐんと上がりましたよ。

CP：睡眠時間が増えたのはありがたかったけど，友人たちは午前8時30分のグループだったから，あまり会えなかった。みんなと一緒にいられる方がよかったな。

KE：私は授業の始まりが早いグループでしたが，この研究に参加できてわくわくしました。自分が科学に貢献しているという実感がありました。

【語句・構文解説】

・student council「生徒会」
・experiment「実験」

〈上段〉

・how hard it is to get up early for school「学校に行くために早起きするのがどれほど大変か」 感嘆文をもとにした名詞節。
・the changes happening in their bodies「体内で起きている様々な変化」 happening 以下は changes を修飾する現在分詞句。
・affect O「O に影響する」
・cause O to do「O が〜する原因となる／O に〜させる」
・How come SV ...?「なぜ…なのか？」

〈参加者からのフィードバック〉

・wish S had done「S が〜したらよかったのに」
・The wrist monitor we had to wear「手首につけなければならないモニター」 we 以下は The wrist monitor を修飾する節。
  wrist「手首」
・annoying「煩わしい」
・at first「最初は」
・after a while「しばらくすると」
・part with A「A を手放す」
・be grateful for A「A のことで感謝している」
・don't see much of A「A とあまり会わない」
・prefer to do「〜する方を好む」
・contribute to A「A に貢献する」

【設問解説】

問1　5　①

学校の始業時間に関する調査の目的は，5 かどうかを調べることだ。

① 始業時間が生徒の眠気に影響する
② 学校の始業時間を定期的に変更すべき
③ ティーンエイジャーが早い時間に就寝することができる
④ ティーンエイジャーが時間通りに起きられる

報告書の第3・4文「学校の始業時間が早いことが，生徒が学校で眠くなる原因の1つなのかもしれない。この説を検証するため，私たちは高校1年生の2つのグループを調査した」より，調査の目的は，生徒が学校で眠くなる原因は学校の始業時間であるという説を確かめるためだとわかるので，①が正解。③は，第6文「その結果，午前9時30分に始業した生徒の方が，早く授業が始まった生徒よりも40分長く眠り，テストの点数も高かった」に関連するが，生徒が早く就寝できるかどうかを調べている調

査ではないので，不可。②，④については述べられていないので，不可。

問2　6　②

学校の始業時間に関する調査についての1つの**事実**は，もう一方のグループよりも 6 ということだ。

① 片方のグループは90分遅く授業が始まった
② **始業時間が早かったグループの方が，家での睡眠時間が短かった**
③ 始業時間が早かったグループの方が健康だった
④ 始業時間が遅かったグループの方が，テストの点数が低かった

報告書の第5・6文「1つのグループは午前8時30分に授業が始まり，もう1つのグループは午前9時30分に授業が始まった。その結果，午前9時30分に始業した生徒の方が，早く授業が始まった生徒よりも40分長く眠り，テストの点数も高かった」より，授業が早く始まったグループの参加者は遅く始まったグループの参加者よりも睡眠時間が40分短かったことがわかるので，②が正解。①は，上記第5文から，始業時間の差は1時間（＝60分）であったとわかるので，不可。③については述べられていないので，不可。④は，上記第6文から，授業が遅く始まったグループの方がテストの点数が高かったとわかるので，不可。

問3　7　②

フィードバックから，7 が参加者によって報告された経験であることは明らかである。

A：実験に参加したことについてのわくわくする気持ち
B：授業中に以前よりもより眠くなること
C：デバイスを装着することに関する複雑な気持ち
D：友だちともっとたくさん会うこと

① A と B
② A と C
③ A と D
④ B と C
⑤ B と D
⑥ C と D

KE のフィードバックの第1文「私は授業の始まりが早いグループでしたが，この研究に参加できてわくわくしました」より，A が当てはまる。HB のフィードバック「手首につけなければならないモニターは，最初は煩わしかったけど，しばらくするとつけているのを忘れてしまった。実際，実験の終わりに手放すのが寂しかった」より，C も当てはまる。したがって，②が正解。B は，PH のフィードバッ

ク「私は以前，学校の朝の授業ではいつも居眠りを
していました。でも，授業の始まりが遅いグループ
に入ってからは，そういうことがはるかに少なく
なったのです」に関連するが，授業中により眠く
なったのではなく，授業中の居眠りが少なくなった
ので，不可。**D**は，CP のフィードバック「睡眠時間
が増えたのはありがたかったけど，友人たちは午前
8時30分のグループだったから，あまり会えな
かった。みんなと一緒にいられる方がよかったな」
より，不可。

問4 **8** ②

　学校の始業時間に関する調査についての参加者の
意見の1つは，**8** ということである。

① 高校1年生を実験対象としていた
② **好きな人たちと離れ離れになるのは残念だった**
③ 若者の眠気には科学的な根拠がある
④ なかなか眠れない人にとってよい研究ではない

　CP のフィードバック「友人たちは午前8時30分
のグループだったから，あまり会えなかった。みん
なと一緒にいられる方がよかったな」より，②が正
解。①は，報告書の第4文「この説を検証するため，
私たちは高校1年生の2つのグループを調査した」
に一致するが，参加者の意見ではなく事実なので，
不可。③は，報告書の第1・2文「ほとんどの
ティーンエイジャーは，学校に行くために早起きす
るのがどれほど大変か知っている。それが彼らに
とって大変である理由は存在する。体内で起きてい
る様々な変化が睡眠サイクルに影響し，毎晩眠りに
つくのが遅くなっていき，毎朝起きるのが遅くなっ
ていく」に一致するが，参加者の意見ではなく事実
なので，不可。④については述べられていないの
で，不可。

問5 **9** ⑤

　筆者の疑問に答えているのは **9** である。

① CP
② HB
③ JF
④ KE
⑤ **PH**

　筆者の疑問とは報告文の第6・7文「その結果，
午前9時30分に始業した生徒の方が，早く授業が
始まった生徒よりも40分長く眠り，テストの点数
も高かった。なぜテストの点数がよくなったのだろ
うか？」のことである。PH のフィードバック「私
は以前，学校の朝の授業ではいつも居眠りをしてい
ました。でも，授業の始まりが遅いグループに入っ
てからは，そういうことがはるかに少なくなったの

です。試験の成績もぐんと上がりましたよ」は，授
業の始まりが遅くなることで睡眠時間が長めにと
れ，そのおかげで授業中の居眠りが減り，成績の上
昇につながったと書かれていると考えられるので，
⑤が正解。①，②，③，④は，いずれも成績の上昇
やその理由について述べていないので，不可。

— 42 —

第3問
【全訳】
　あなたはアウトドアスポーツを楽しんでいて，登山雑誌で興味深い記事を見つけました。

初めての地下探検

　大学の2人の友だちが僕を洞窟探検に誘ってくれました。ヘルメットとひざ当てを装着して，林の中を歩いて進んで行きました。厚手の衣類を着ていて暑かったし，安物の懐中電灯がなぜ3つも必要なのかと思いました。レジーが地面に開いた小さな暗い穴を指さしたとき，実際，彼はからかっているのだと思いました。幅がおよそ60センチしかなかったのです！　しかし彼は口に懐中電灯をくわえて，四つんばいになって中に入りました。

　次に僕が入りました。中は暗くてひんやりしており，土のにおいがしました。目の前の岩の他には何も見えませんでした。そでが岩に引っかかったときは，どきっとしました。それをはずしてやっと前に進むことができました。突然，冷たい風が顔に当たりました。それは巨大な洞窟だったのです。レジーが手を伸ばして，僕が立ち上がるのを助けてくれました。その空間の端は見えませんでした。どこかで水のしずくの音が聞こえました。それ以外は，まったく何の音もしませんでした。ダンが僕のあとから洞窟に入ってきて腰を下ろしました。僕はあまりにワクワクしていて座ることもせず，壁の方に向かって歩きました。

　しかし，僕は岩の上で足をすべらせて，懐中電灯を落としてしまいました。真っ暗になりました。一瞬あわてましたが，他にも懐中電灯を持っていることを思い出しました。新しいのを取り出して，なくした懐中電灯を探しました。レジーとダンが助けに来てくれましたが，落とした懐中電灯は岩の間に消えてしまいました。

　僕たちがたくさんの狭いトンネルを通って進んでいくと，小さな湖に行き当たり，その水はまるで氷のように透き通っていて冷たかったです。僕たちは引き返さなければなりませんでした。さっきの広い空間にたどり着くと，そこの壁はどれも同じに見えました。出口はどこでしょうか。ダンが僕に微笑み，地面に沿って懐中電灯を照らすと，小さな穴の横に1本の明るい黄色のテープが見えました。これで，なぜダンが腰を下ろしていたのかがわかりました。出口に目印を付けておいたのです。

　僕たちは一人ずつ洞窟から這って出ました。太陽の光はあまりにまぶしくて，目を開けているのは大変でした。森は豊かな緑で，空は真っ青でした。あんな美しい色彩はこれまで一度も見たことがありません。まるで，新しい世界に入ったかのようでした。

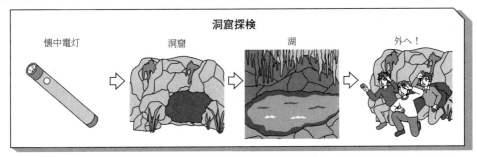

【語句・構文解説】
◆第1段落◆
・cave「洞窟」
・knee「ひざ」
・crawl「這って進む」
・on *one's* hands and knees「四つんばいになって」
◆第2段落◆
・dirt「土／どろ」
・scared「おびえた／びっくりした」
・catch A on B「A を B に引っかける」
・cannot ～ until …「…してやっと～できる」
・pull loose O／pull O loose「O（引っかかったもの）をはずす」
・hold out O／hold O out「O（手など）を伸ばす」
・drip「（液体が）したたり落ちる」
◆第3段落◆
・for a moment「一瞬の間」
・feel panic「あわてる／パニックになる」
・the flashlight I had dropped「僕が落とした懐中電灯」I 以下は the flashlight を修飾する節。
◆第4段落◆
・turn around「引き返す／回れ右をする」
◆第5段落◆
・one by one「一人ずつ／一つずつ」
・keep O open「O を開けておく」
【設問解説】
問1　10 ④　11 ①　12 ③　13 ②
　次の出来事（①～④）を起こった順番に並べよ。
　10 → 11 → 12 → 13
① ダンがテープで穴に目印を付けた。
② 筆者と友人たちが湖を見た。
③ 筆者が懐中電灯を落とした。
④ 筆者のシャツが岩に引っかかった。
　第2段落第4文「そでが岩に引っかかったときは，どきっとしました」より，10 には④が入る。同段落第12文「ダンが僕のあとから洞窟に入ってきて腰を下ろしました」と，第4段落第5～最終文「ダンが僕に微笑み，地面に沿って懐中電灯を照らすと，小さな穴の横に1本の明るい黄色のテープが見えました。これで，なぜダンが腰を下ろしていたのかがわかりました。出口に目印を付けておいたのです」より，11 には①が入る。第3段落第1文「しかし，僕は岩の上で足をすべらせて，懐中電灯を落としてしまいました」より，12 には③が入る。第4段落第1文前半「僕たちがたくさんの狭いトンネルを通って進んでいくと，小さな湖に行き当たり…」より，13 には②が入る。

問2　14 ④
　レジーがからかっていると筆者が思った理由は何だったか。14
① レジーが懐中電灯を口にくわえた。
② レジーが洞窟の中で筆者から隠れた。
③ 洞窟が筆者が予想していたよりも暗かった。
④ 入り口が筆者が予想していたよりも小さかった。
　第1段落第4・5文「レジーが地面に開いた小さな暗い穴を指さしたとき，実際，彼はからかっているのだと思いました。幅がおよそ60センチしかなかったのです！」より，④が正解。①は，同段落最終文「しかし彼は口に懐中電灯をくわえて，四つんばいになって中に入りました」に関連するが，これはレジーがからかっていると筆者が思った理由ではないので，不可。②，③については述べられていないので，不可。

問3　15 ②
　この話からあなたは，筆者が 15 ということがわかる。
① 地下の湖で泳ぎを楽しんだ
② 洞窟の中でときどき不安を感じた
③ 洞窟の中のあらゆる色に驚いた
④ よい懐中電灯をなくしたことで腹を立てていた
　第2段落第4文「そでが岩に引っかかったときは，どきっとしました」，第3段落第3文「（懐中電灯を落として辺りが真っ暗になって）一瞬あわてましたが，他にも懐中電灯を持っていることを思い出しました」などより，筆者は何回か不安を感じたことがわかるので，②が正解。①は，第4段落第1・2文「僕たちがたくさんの狭いトンネルを通って進んでいくと，小さな湖に行き当たり，その水はまるで氷のように透き通っていて冷たかったです。僕たちは引き返さなければなりませんでした」に関連するが，「泳ぎを楽しんだ」とは述べられていないので，不可。③は，最終段落第3・4文に「森は豊かな緑で，空は真っ青でした。あんな美しい色彩はこれまで一度も見たことがありません」とあるが，これは洞窟の外へ出たときのことなので，不可。④は，第3段落第1～3文「しかし，僕は岩の上で足をすべらせて，懐中電灯を落としてしまいました。真っ暗になりました。一瞬あわてましたが，他にも懐中電灯を持っていることを思い出しました」に関連するが，「腹を立てていた」とは述べられていないので，不可。

第2回

第4問
【全訳】
　英語の授業で，あなたは自分が関心のある社会問題についてレポートを書いています。これがあなたの一番最新の原稿です。あなたは今，先生からのコメントに基づいて，修正に取り組んでいます。

日本の空き家解決策	コメント
日本の空き家問題は将来的に悪化することが予想される。この問題を解決するための３つの方法を見ていこう。 　まず，いわゆる「空き家バンク」を利用することができる。これは，地方自治体が空き家のリストを管理し，一般の人々と共有するシステムである。⁽¹⁾∧住む場所を探している人も，自分のニーズに合った家を見つけやすくなる。 　第2に，⁽²⁾<u>私たちは空き家やその他の建物と共存すべきである</u>。これらの住宅は，単なる住居以上のものとして利用することが可能だ。ワークスペース，ゲストハウス，会議室，倉庫，アートスタジオなど，人々が共有する場所として活用することができる。空き家を様々なことに利用することで，地域をより活気ある興味深い場所にすることもできる。 　第3に，ルールや税法を変える必要がある。空き家問題を解決するためには，住宅所有者が状態の悪い家を取り壊すのを支援し，住宅所有者に税制上の優遇措置を与える必要がある。⁽³⁾∧所有者が空き家を維持したり処分したりしやすくなる。 　まとめると，日本の空き家問題に対処するためには，空き家バンクを利用して⁽⁴⁾<u>銀行から多額の融資を受ける</u>，これらの家を活用する様々な方法を見つける，所有者を支援するためにルールや税金を変えることができる。これらの手段のすべてが，空き家の数を減らし，地域社会を良くすることに貢献することになる。	(1)ここに何かが抜けています。２つの文の間に情報を加えて，つながるようにしましょう。 (2)このトピックセンテンスはこの段落の内容にはあまり合っていません。書き換えましょう。 (3)ここにつなぎの言葉を挿入しましょう。 (4)下線を引いた表現は，あなたのレポートの内容をうまく要約していません。変更しましょう。

【語句・構文解説】
・essay「レポート／小論文」
・social issue「社会問題」
・draft「原稿」
・work on A「Aに取り組む」
・revision「修正」
・based on A「Aに基づいて」
・solution「解決策」
◆第1段落◆
・be expected to do「～することが予想される」
◆第2段落◆
・what is called ...「いわゆる…」

— 45 —

- local government「地方自治体」
- suit O「O（要求など）に合う」

◆第3段落◆
- coexist with A「Aと共存する」
- more than just ...「単なる…ではなくそれ以上」
- warehouse「倉庫」
- a variety of A「様々なA」
- lively「活気のある／賑やかな」

◆第4段落◆
- pull O down / pull down O「O（建物など）を取り壊す」
- tax break「税制上の優遇措置」
- maintain O「Oを維持する」
- get rid of A「A（不要な物など）を処分する」

◆第5段落◆
- deal with A「A（問題など）に対処する」
- take out a loan from the bank「銀行から融資を受ける」
- utilize O「Oを活用する」
- contribute to A「Aに貢献する」
- reduce O「Oを減らす」
- improve O「Oを改善する／良くする」

◆コメント◆
- be missing O「O（あるべきもの）を欠いている」
- connect O「Oをつなぐ／接続する」
- insert O「Oを挿入する」

【設問解説】
問1　16　①
　　コメント(1)に基づくと，付け加えるのに最もよい文はどれか？　16
　①　それは，これらの住宅の所有者が，その物件を借りたい人，または購入したい人を見つけるのに役立つ。
　②　ほとんどの地方自治体は，これらの住宅の所有者や借り手を見つけるのに依然として多くの困難を抱えている。
　③　このような住宅の所有者は，より高い価格で住宅を売りたい人を見つけることができる。
　④　これにより，地方自治体がそのような制度を効率的に運用することがさらに困難になる。
　　第2段落の第1～2文の「空き家バンクの利用」という内容を受けて，空所(1)に①の「それ（＝空き家バンクというシステム）は，これらの住宅の所有者が，その物件を借りたい人，または購入したい人を見つけるのに役立つ」という内容を追加すると，第3文の「住む場所を探している人も，自分のニーズに合った家を見つけやすくなる」という内容と自然

なつながりになる。したがって，①が正解。

問2　17　①
　　コメント(2)に基づくと，トピックセンテンスを書き換えるのに最も適切な方法はどれか。　17
　①　空き家には様々な用途を見出すことができる
　②　空き家を若い夫婦に販売することができる
　③　社会施設と調和して生活すべきだ
　④　様々な人が空き家を購入するよう動機づけるべきだ
　　第3段落の第1文を「空き家には様々な用途を見出すことができる」という内容に書き換えると，第2文の「単なる住居以上のものとして利用する」，さらに第3文の「空き家を様々なことに利用する」という内容と自然につながるので，①が正解。

問3　18　③
　　コメント(3)に基づくと，付け加えるのに最もよい表現はどれか。　18
　①　人々が家賃を払う限り，
　②　人々が社会を支えているから，
　③　もし法律や税金を変えれば，
　④　住宅所有者を助けない限り，
　　第4段落の第1文の「ルールや税法を変える必要がある」という内容を受けて，第3文が「もし法律や税金を変えれば，所有者が空き家を維持したり処分したりしやすくなる」という内容なら自然につながる。よって，③が正解。

問4　19　②
　　コメント(4)に基づくと，代替案として最もよいのはどれか。　19
　①　住宅と所有者をマッチングする
　②　住宅と利用者をマッチングする
　③　所有者に家賃支援を提供する
　④　利用者に家賃支援を提供する
　　In summary で始まる第5段落は，第2～4段落の内容をまとめており，下線部(4)が第2段落の「空き家バンクの利用」という内容の要約にあたるので，②が正解。①，③，④は，第2段落の内容を要約したものではないので，不可。

— 46 —

第5問
【全訳】
　あなたは先生から，気分障害の問題への対処についての2つの記事を読むよう求められています。学んだことを次の授業で論じる予定です。

都市の住民のためのグリーンセラピー
アミール・モナシュ
モナシュ・マインド・クリニック　精神分析医

　都市部で開業している精神分析医として，私は不安や抑うつといった気分障害の患者を多く診ています。私は患者に薬を処方することが多く，いつもこんな質問をします。「一番近い公園は家からどのくらい近くにありますか？」もし5分以内という答えだったら，毎週公園を散歩するように言います。なぜ私はそうするのでしょうか？　説明しましょう。
　調査によると，都市で暮らす人は田舎で暮らす人に比べて気分障害を経験する可能性が56％高いということです。これには扁桃体と呼ばれる脳の部位が関係しています。扁桃体は，目，耳，鼻で受け取った情報を検討し，危険かもしれないものを察知します。都市では，田舎にいるときよりも，脳が脅威と感じるようなもの（例えば，高速で走る車，緊急時のサイレン，悪臭など）を見たり，聞いたり，嗅いだりする可能性が高いのです。このような「人に脅威を与えるような」情報によって扁桃体が活性化すると，不安やストレスの感情が生まれます。実際，都市の住民と田舎の住民の脳を調べると，扁桃体は都市の住民の方がより活性化していることがわかります。

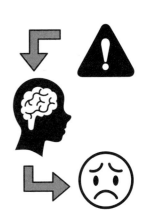

　田舎で暮らす人たちのように自然に囲まれているわけではないかもしれませんが，それでも都市の住民は，都市で見られるわずかな自然に定期的に触れれば，その恩恵を受けることができます。週に30分，緑地に身を置くことは有益であり，より長い時間，緑地に身を置くことがさらによいという証拠もあります。このように定期的に自然環境の中で過ごす都市の住民は，ストレスの多い状況でも扁桃体の活動がより少ないのです。もちろん，すべての都市の住民が公園の近くに住んでいるわけではありませんので，グリーンセラピーはすべての人にとって現実的な解決策というわけにはいきません。

運動：都市居住者のためのシンプルで強力なツール
ユジャ・ピン
市立大学病院　精神科医

　定期的に緑地を訪れることの精神衛生上の利点に関するモナシュ氏の考えに賛成ですし，これがすべての人にとって現実的な解決策というわけではないと述べられている点でも賛成です。残念なことに現実は，世界中のほとんどの都市の住民が公園から300メートル以内に住んでいないということです。実際，そのような場所に住んでいる人は3分の1に及びません。そこで，都市居住者の気分障害を治療し予防するための代わりとなるツールが必要になります。そのツールとは運動なのです。
　運動すると，脳内の「よい」化学物質が増加し，「悪い」化学物質が減少します。これによって，気分とエネルギーレベルが上がり，私たちは集中できるようになるのです。運動によってまた，心配事から気をそらすことができますし，不安などの気分障害を軽減することもできます。不安は恐怖に対する反応ですし，身体は発汗や心拍数の上昇によって恐怖に反応します。激しい運動

も発汗といつもより速い心臓の鼓動を引き起こしますが，不安を抱えた人が運動することで，これらの症状が危険ではないことを知ることができます。これは，精神分析医が強い恐怖を治療するために用いる原理と似ています。例えば，クモを怖がる人は，クモが脅威ではないことを，徐々に繰り返し接することで学ぶことができるのです。

　ありがたいことに，その恩恵を受けるためにたくさんの運動をする必要はありません。1日30分，週の大半の日に適度な運動をすれば十分です。適度な運動とは，早足で歩いたり，自転車で通勤したりするといった簡単なものです。また，天候や気候によって屋外での活動が難しい場合にジムが使えます。しかし，ジムが利用しにくかったり，手頃な値段で利用できなかったりする場合には，ほとんどどんな天候でも手頃な値段で簡単にできる他の手段があります。

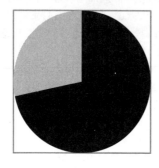

【語句・構文解説】
・article「記事」
・address O「O に対処する／取り組む」
・mood disorder「気分障害」
〈アミール・モナシュ〉
・dweller「住民」
・psychologist「精神分析医／心理学者」
◆第1段落◆
・practicing「開業している」
・treat O「O を治療する」
・patient「患者」
・anxiety「不安」
・depression「抑うつ／うつ病」
・prescribe medication「薬を処方する」
◆第2段落◆
・research「研究」
・countryside「田舎」
・region「部位／地域」
・A called B「B と呼ばれる A」
・amygdala「扁桃体」
・be responsible for A「A の原因である／A に対して責任がある」
　〔例〕Air pollution **is responsible for** a variety of health problems.
　　　　大気汚染は様々な健康問題の原因である。
・review O「O を検討する」
・information received by the eyes, ears and nose「目，耳，鼻で受け取った情報」 received 以下は information を修飾する過去分詞句。
・detect O「O を察知する／見抜く」
・perceive A as B「A が B であると感じとる／認識する」
・threatening「人に脅威を与えるような／脅迫的な」
・emergency siren「緊急時のサイレン」
・activate O「O を活性化する」
・create O「O を作り出す」
・indeed「実際」
・examine O「O を調べる」
・see that SV ...「...ということがわかる」
◆第3段落◆
・while SV ...「...だけれども」
・be surrounded by A「A に囲まれている」
・benefit from A「A から利益を得る」
・nature found in cities「都市で見られる自然」 found in cities は nature を修飾する過去分詞句。
・be exposed to A「A にさらされる」
・green space「緑地」
・beneficial「有益な」
・evidence that SV ...「...という証拠」
・not all A ...「すべての A が...というわけではない」部分否定。
・not ... for everyone「すべての人にとって...というわけではない」 部分否定。
・practical solution「現実的な解決策」

〈ユジャ・ピン〉

・resident「居住者」
・psychiatrist「精神科医」

◆第1段落◆

・agree with A「Aに賛成する／Aと意見が一致する」
・regarding A「Aに関する」
・mental health「精神衛生／精神的健康」
・benefit「利点／恩恵」
・unfortunate reality「残念な現実」
・within ～ meters of A「Aから～メートル以内に」
・fewer than one third do「そういう場所に住んでいる人は3分の1に及ばない」 do は live within 300 meters of a park の代用。
・alternative「代わりの（もの）」
・prevent O「Oを予防する」

◆第2段落◆

・chemicals「化学物質」
・boost O「Oを増加させる／押し上げる」
・lift O「Oを引き上げる」
・concentrate「集中する」
・take A's mind off B「BからAの気をそらす／AにBを忘れさせる」
・sweat「発汗する」
・heart rate「心拍数」
・vigorous「激しい」
・symptom「症状」
・principle「原理」
・the one used by psychologists to treat strong fears「精神分析医が強い恐怖を治療するために用いる原理」 used 以下は the one を修飾する過去分詞句。one は principle の代用。
・exposure「接すること／さらされること」

◆第3段落◆

・moderate「適度な」
・brisk walk「早歩き」
・discourage O「Oを妨げる／思いとどまらせる」
・available「手に入る／利用できる」
・affordable「手頃な値段である」

【設問解説】

問1 20 ④

　　モナシュは 20 と信じている。

① 都市の住民は田舎に引っ越すべきである
② 都市居住者はほとんどが気分障害を患っている
③ 扁桃体は脳の危険な部分である
④ **都市には脅威であると感じ取ることがあるものがより多い**

　　モナシュの記事の第2段落第4文「都市では，田舎にいるときよりも，脳が脅威と感じるようなもの（例えば，高速で走る車，緊急時のサイレン，悪臭など）を見たり，聞いたり，嗅いだりする可能性が高いのです」より，④が正解。①については述べられていないので，不可。②は，モナシュの記事の第2段落第1文「調査によると，都市で暮らす人は田舎で暮らす人に比べて気分障害を経験する可能性が56％高いということです」と関連するが，実際に「都市居住者はほとんどが気分障害を患っている」とは述べられていないので，不可。③は，モナシュの記事の第2段落第3文「扁桃体は，目，耳，鼻で受け取った情報を検討し，危険かもしれないものを察知します」に関連するが，「扁桃体は脳の危険な部分である」とは述べられていないので，不可。

問2 21 ①

　　ピンによると，公園から300メートル以内に 21 都市の住民が住んでいる。

① **33％未満の**
② 半数以上の
③ 5人に2人の
④ 最大で4分の1の

　　ピンの記事の第1段落第2・3文の「残念なことに現実は，世界中のほとんどの都市の住民が公園から300メートル以内に住んでいないということです。実際，そのような場所に住んでいる人は3分の1に及びません」より，①が正解。

問3 22 ① 23 ⑤

　　ピンは運動について語り，モナシュが取り上げた 23 治療法よりも，都市住民にとってはより 22 選択肢だと言っている。（①～⑥の選択肢のうちからそれぞれの空所に入れるのに最適なものを1つずつ選べ。）

① **利用しやすい**
② 手頃な値段の
③ 慣習的な
④ 適度な
⑤ **自然に親しむ**
⑥ 即効性がある

　　モナシュの記事の第3段落第1・2文「田舎で暮らす人たちのように自然に囲まれているわけではないかもしれませんが，それでも都市の住民は，都市で見られるわずかな自然に定期的に触れれば，その恩恵を受けることができます。週に30分，緑地に身を置くことは有益であり，より長い時間，緑地に身を置くことがさらによいという証拠もあります」より， 23 には⑤が入る。ピンの記事の第1段落

— 49 —

第2～最終文「残念なことに現実は，世界中のほとんどの都市の住民が公園から300メートル以内に住んでいないということです。実際，そのような場所に住んでいる人は3分の1に及びません。そこで，都市居住者の気分障害を治療し予防するための代わりとなるツールが必要になります。そのツールとは運動なのです」より，22には①が入る。

問4 24 ①

どちらの筆者も，24が精神的な健康によいということで意見が一致している。

① **定期的に自然環境を訪れること**
② 公園から30分以内の住宅
③ 薬物療法と運動
④ 激しい運動と治療

モナシュの記事の第3段落第2文「週に30分，緑地に身を置くことは有益であり，より長い時間，緑地に身を置くことがさらによいという証拠もあります」と，ピンの記事の第1段落第1文の前半「定期的に緑地を訪れることの精神衛生上の利点に関するモナシュ氏の考えに賛成です」より，①が正解。②についてはどちらも言及していないので，不可。③は，「薬物療法」についてはモナシュしか言及していないし，「運動」についてはピンしか言及していないので，不可。④の「激しい運動」についてはピンしか言及していないので，不可。

問5 25 ①

不安の治療法としての運動を支持するピンの主張をさらに裏付けるためには，どの追加情報が最適か。25

① **自宅でできる運動**
② 運動中の汗の量
③ 激しい運動の必要性
④ 都市の住民が公園の近くに住むべき理由

ピンは第1・2段落で，都市居住者の気分障害を治療し予防するためには運動が効果的であることを述べた上で，最終段落では，その恩恵を得るために簡単にできる運動を紹介している。最終文に「ジムが利用しにくかったり，手頃な値段で利用できなかったりする場合には，ほとんどどんな天候でも手頃な値段で簡単にできる他の手段があります」と述べられているので，「自宅でできる運動」がピンの議論をさらに裏付けるものであると判断できる。したがって，①が正解。

— 50 —

第2回

第6問
【全訳】
　あなたは，宇宙探査をもっと奨励すべきかどうかというテーマでレポートに取り組んでいます。以下のステップに従います。

　　ステップ1：宇宙探査に関する様々な観点を読んで理解する。
　　ステップ2：宇宙探査をもっと奨励すべきかどうかを決定する。
　　ステップ3：追加の情報源を使ってレポートのアウトラインを作る。

［ステップ1］　様々な資料を読む

筆者A（科学者）

我々は宇宙探査にもっと重点を置くべきです。月や小惑星には，地球上では見つけるのが困難なレアメタルやその他の重要な物質が豊富に存在する可能性があります。これらの物質は多くの産業において非常に役立つかもしれません。それらは，より優れた電子機器を製造したり，新しい再生可能エネルギー技術を開発したり，先進的な宇宙船を建造するのに必要な丈夫な素材を作ったりするのに役立つかもしれません。これら宇宙資源を上手に利用することで，テクノロジーの新たな進歩につながる可能性があります。

筆者B（政治家）

宇宙探査は，単なる科学技術の問題ではなく，しばしば国家の威信を高める手段として利用されます。その結果，国際競争が激化し，協力よりも競争する傾向が強まることが懸念されています。地球上の多くの問題が国境を越えて影響を及ぼす中，国際協力を推進し，共に課題に取り組むことが重要ですが，その一方で，宇宙探査がごく少数の国々によって支配される状況が生み出されかねないという懸念もあります。

筆者C（未来学者）

地球の環境問題は急速に悪化しています。この危機的状況に対処し，世界中で起こりうる大災害から人々を守るためには，宇宙探査が極めて重要な第一歩となるかもしれません。私たちが宇宙探査をする必要があるのは，人々が地球外で暮らせる新たな場所を見つけ，それによって将来的に人々が繁栄できる場所を増やすためです。宇宙探査には単に生き延びるため以上の意味があります。宇宙探査とは，私たちの文化や私たちが知っているものすべてを安全に保つためでもあるのです。

筆者D（高校教師）

子どもの頃，私の夢は宇宙飛行士になることでした。毎晩，星空を見上げるたびに，宇宙へ行くことを想像していました。宇宙船の中にいて，地球を見下ろし，無重力状態で宇宙を漂っている自分を夢見ていました。もし宇宙飛行士に会う機会があったら，宇宙に関してたくさんの質問をしていたでしょう。ずっとなりたかった宇宙飛行士にはなれませんでしたが，宇宙への

— 51 —

愛を失うことはありませんでした。

筆者E（経済学者）

今日，地球上の非常に多くの人々が飢餓，貧困，教育の不平等，病気といった切迫した問題に直面しています。したがって，これらの社会的および経済的問題への投資を，宇宙探査よりも優先することを強く提案します。宇宙探査に使われるお金が地球上のこれらの基本的な問題を解決するために使われれば，多くの人々の生活を直接的に改善することになるでしょう。

［ステップ2］立場を決める
あなたの立場：宇宙探査をもっと奨励すべきである。
・筆者 28 と 29 はあなたの立場を支持している。
・二人の筆者の主な論点： 30 。

［ステップ3］資料AとBを使ってアウトラインを作る

あなたのレポートのアウトライン：

宇宙探査をもっと奨励すべきである。

導入
　宇宙探査は，私たちの生活を改善する大きな進歩をもたらす可能性がある。

本文
　理由1：［ステップ2より］
　理由2：［資料Aに基づいて］……　31
　理由3：［資料Bに基づいて］……　32

結論
　宇宙探査を継続して追求することは不可欠である。

資料A

宇宙探査に必要な技術開発は，しばしば地球上の他の分野に応用され，科学技術全体の進歩に貢献している。例えば，衛星を利用した全地球測位システム（GPS）には宇宙技術が不可欠であり，GPSはカーナビゲーションシステムに利用されている。同様に，宇宙船の小型・軽量化のために開発された技術は，スマートフォンやコンピューター部品など，日常生活で使用される製品の開発にも寄与している。また，宇宙環境で使用されるロボットアームや自律走行ローバーの開発は，繊細な手術や災害救助用のロボットなど，地上のロボット工学の発展にも役

立っている。最後に，宇宙服や宇宙船のボディーに使われる耐熱性や耐久性に優れた新素材が，スポーツ用品や自動車，建築材料を含む地球上の幅広い製品の改良に使われていることも忘れてはいけません！

資料B

アメリカで実施された調査によると，多くの人が宇宙開発の推進に賛成していることがわかった。調査対象は13歳から85歳までの約1,000人。下のグラフは，様々な理由で宇宙開発を推進することに賛成する人の割合を示したものである。

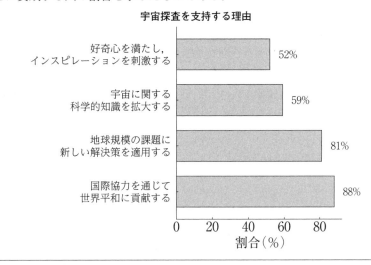

【語句・構文解説】
- work on A「Aに取り組む」
- essay「レポート／小論文」
- space exploration「宇宙探査」
- encourage O「Oを奨励する／促進する」
- additional「追加の」
- source「資料／情報源」

[ステップ1]
◆筆者A◆
- focus on A「Aに焦点を絞る／重点を置く」
- asteroid「小惑星」
- rare metal「レアメタル，希少金属」
- material「物質／素材／材料」
- help do「~するのに役立つ」
- electronics「電子機器」
- renewable energy「再生可能エネルギー」
- strong materials needed to build advanced spacecrafts「先進的な宇宙船を建造するのに必要な丈夫な素材」 needed to build advanced spacecraftsは，strong materialsを修飾する過去分詞句。
- advanced「先進的な」

- make good use of A「Aをうまく利用する」
- space resources「宇宙資源」
- lead to A「Aという結果になる」
- advancement in A「Aの進歩」

◆筆者B◆
- issue「(検討を要する重要な)問題」
- a means of A「Aの手段」
- enhance O「O(価値など)を高める」
- national prestige「国家の威信／国威」
- concern「懸念／心配(事)」
- international competition「国際競争」
- tendency to do「~する傾向」
- compete「競争する」
- cooperate「協力する」
- promote O「Oを促進する／推進する」
- international cooperation「国際協力」
- tackle O「O(難問など)に取り組む」
- challenge「課題／難問」
- cross-border「国境を越える」
- effect「影響／効果」
- dominate O「Oを支配する」

— 53 —

◆筆者C◆
・environmental problem「環境問題」
・worsen「悪化する」
・deal with A「A(問題など)に対処する」
・critical situation「危機的状況」
・protect A from B「A を B から守る」
・major disaster「大災害」
・crucial「極めて重要な」
・flourish「繁栄する」
・stay alive「生き続ける／生き延びる」
・keeping our cultures and everything we know
　safe「私たちの文化や私たちが知っているものすべ
　てを安全に保つこと」 keeping(V) our cultures
　and everything we know(O) safe(C) という構造
　で，keep O C「O を C(の状態)に保つ」を用いた表
　現。we know は everything を修飾する節。

◆筆者D◆
・astronaut「宇宙飛行士」
・imagine *doing*「〜するのを想像する」
・dream of *doing*「〜するのを夢見る」
・float「浮かぶ」
・weightless「無重力の」
・chance to *do*「〜する機会」

◆筆者E◆
・face O「O(困難・危機など)に直面する」
・pressing「差し迫った／急を要する」
・hunger「飢餓」
・poverty「貧困」
・educational inequality「教育の不平等」
・disease「病気」
・investment in A「A への投資」
・come before A「A に優先する／A よりも重要であ
　る」
・the money spent on space exploration「宇宙探査に
　使われるお金」 spent on space exploration は，
　the money を修飾する過去分詞句。
・improve O「O を改善する」

[ステップ3]
・continued「継続した」
・pursuit「追求／続行」
・essential「必要不可欠な」

◆資料A◆
・technological developments necessary for space
　exploration「宇宙探査に必要な技術開発」
　necessary for space exploration は，technological
　developments を修飾する形容詞句。
・apply A to B「A を B に応用する／適用する」

・contribute to A「A に貢献する」
・overall「全体(として)の」
・technologies developed to reduce the size and
　weight of spacecrafts「宇宙船の小型・軽量化のた
　めに開発された技術」 developed to reduce the
　size and weight of spacecrafts は，technologies を
　修飾する過去分詞句。
・component「部品／(構成)要素」
・robotic arms and autonomous rovers used in
　space environments「宇宙環境で使用されるロボッ
　トアームや自律走行ローバー」 used in space
　environments は，robotic arms and autonomous
　rovers を修飾する過去分詞句。
・advance O「O を発展させる」
・robotics「ロボット工学」
・delicate「繊細な／細心の注意を要する」
・surgery「手術」
・disaster relief「災害救助」
・heat-resistant「耐熱(性)の」
・durable「耐久性がある」
・a wide range of A「広範囲の A」
・sports equipment「スポーツ用品」
・building material「建築材料／建材」

◆資料B◆
・conduct a survey「調査を行う」
・in favor of A「A に賛成で」

【設問解説】
問1 　26　 ④
　　筆者BとEはどちらも 26 。
　① より積極的な宇宙探査を完全に支持している
　② 宇宙探査が社会問題を解決できると信じている
　③ 宇宙探査は以前よりも競争が少ないと指摘して
　　いる
　**④ 宇宙探査への過度の注力に懐疑的な立場を共有
　　している**
　　筆者Bの第2文「国際競争が激化し，協力よりも
　競争する傾向が強まることが懸念されています」と
　第3文「宇宙探査がごく少数の国々によって支配さ
　れる状況が生み出されかねないという懸念もありま
　す」，筆者Eの第2文「これらの社会的および経済
　的問題(＝飢餓，貧困，教育の不平等，病気といった
　切迫した問題)への投資を，宇宙探査よりも優先す
　ることを強く提案します」という内容より，筆者B
　とEは宇宙探査競争の行き過ぎに対して否定的で
　あることがわかるので，④が正解。①は正反対の立
　場なので，不可。③と④についてはどちらも言及し
　ていないので，不可。

― 54 ―

問2 27 ②

　筆者Cは 27 と示唆している。
① 人類は文化的価値観の大きな転換を遂げた
② **将来，人類は地球以外の惑星に住むかもしれない**
③ 今の地球環境は過去と比較して回復しつつあるかもしれない
④ 我々は緊急に地下災害シェルターを建設する必要がある

　筆者Cの第3文に「私たちが宇宙探査をする必要があるのは，人々が地球外で暮らせる新たな場所を見つけ，それによって将来的に人々が**繁栄できる場所を増やすためです**」とあるので，②が正解。①，④については述べられていないので，不可。③は，第1文「地球の環境問題は急速に悪化しています」より，不可。

問3 28 ・ 29 ①・③（順不同） 30 ③

　あなたは様々な視点を理解したので，宇宙探査をもっと奨励すべきかどうかを決め，以下のように書いた。 28 ， 29 ， 30 を埋めるのに最も適切な選択肢を選べ。
あなたの立場：宇宙探査をもっと奨励すべきである。
・筆者 28 と 29 はあなたの立場を支持している。
・二人の筆者の主な論点： 30 。
　 28 と 29 の選択肢（順不同。）
① A
② B
③ **C**
④ D
⑤ E

　「宇宙探査をもっと奨励すべきである」というあなたの立場を支持する内容として，宇宙探査の利点を述べているのは筆者Aと筆者Cである。したがって，①と③が正解。

　 30 の選択肢。
① 再生可能エネルギー技術が宇宙船の再利用を可能にすることが重要である
② 宇宙探査は宇宙資源の保全に大きく寄与する
③ **宇宙探査は，全人類に恩恵をもたらす新たな発見への扉を開いてくれる**
④ 人類の文化の素晴らしさを宇宙の他の惑星に広めることには価値がある

　筆者Aの第2文「月や小惑星には，地球上では見つけるのが困難なレアメタルやその他の重要な物質が豊富に存在する可能性があります」，筆者Cの第

3文「私たちが宇宙探査をする必要があるのは，人々が地球外で暮らせる新たな場所を見つけ，それによって将来的に人々が繁栄できる場所を増やすためです」という内容より，③が正解。①と②は，筆者Aと筆者Cのどちらも述べていないので，不可。④は，筆者Cの最終文に「宇宙探査とは，私たちの文化や私たちが知っているものすべてを安全に保つためでもあるのです」とあるが，「人類の文化の素晴らしさを宇宙の他の惑星に広めることには価値がある」とは述べられていないので，不可。

問4 31 ④

　資料Aに基づくと，理由2に最も適切なものは次のうちどれか。 31
① 宇宙で使われる新素材は，地上の環境では耐久性の問題があるかもしれない。
② 日常生活で使用される製品の技術は宇宙探査に転用されることが多い。
③ 宇宙環境で使用されるロボットは，地上で使用されるものよりもはるかに効率的に作動できる。
④ **宇宙探査に必要な技術開発は地球上の他の分野に応用されることが多い。**

　資料Aの第1文に「宇宙探査に必要な技術開発は，しばしば地球上の他の分野に応用され，科学技術全体の進歩に貢献している」とあり，第2文以下でその具体的な応用事例を述べているので，④が正解。①は，第5文「最後に，宇宙服や宇宙船のボディーに使われる耐熱性や耐久性に優れた新素材が，スポーツ用品や自動車，建築材料を含む地球上の幅広い製品の改良に役立てられていることも忘れてはいけません！」より，不可。②と③については述べていないので，不可。

問5 32 ③

　理由3について，あなたは「宇宙探査は世界の平和と安定に寄与する」と書くことにした。資料Bに基づくと，この言葉を最もよく支持する選択肢はどれか。 32
① 約80%のアメリカ人が，宇宙探査は地球規模の課題に対処する新たなアプローチにつながる可能性があると述べており，3分の1未満のアメリカ人が宇宙探査がインスピレーションを提供すると述べている。
② 60%を超えるアメリカ人が，宇宙探査を奨励すべき理由は，宇宙に関する科学的知識を増やすこと，あるいは好奇心を満たしインスピレーションを提供することだと述べている。
③ **4分の3を超えるアメリカ人が，宇宙探査を支持する理由には，国際協力を通じて世界平和を促**

— 55 —

進すること，あるいは地球規模の課題に新しい解決策を適用することが含まれていると述べている。

④　80％未満のアメリカ人が，宇宙探査は世界をはるかに平和で安定したものにすると述べ，半数を超えるアメリカ人が宇宙探査は宇宙の科学的知識を大幅に増やすだろうと述べている。

　グラフで「国際協力を通じて世界平和に貢献する」という理由を挙げているのは88％で，「地球規模の課題に新しい解決策を適用する」という理由を挙げているのは81％である。どちらも「4分の3（＝75％）を超える」ので，③が正解。「インスピレーションを与える」という理由を挙げているのは52％で，これは3分の1（＝約33％）を超えているので，①「3分の1未満」は不可。同様に，「好奇心を満たしインスピレーションを提供する」という理由を挙げているのは52％で，これは60％未満なので，②「60％を超える」は不可。「国際協力を通じて世界平和に貢献する」という理由を挙げているのは88％で，これは80％を超えるので，④「80％未満」は不可。

第2回

第7問
【全訳】
　あなたは1週間の海外研修旅行に出かけ、その間地元の家庭に滞在する準備をしています。先生があなたに、同じような経験について書かれたものを読んで、それをクラスのみんなに発表するよう求めました。あなたはカナダ人の学生が書いたエッセーを見つけます。

イタリアで過ごした学びの1週間

エマ・フレイザー

　私の学校がイタリアのフィレンツェにある高校と交換留学プログラムを始めたと発表したのは私が高2のときでしたが、そのときには興味がありませんでした。合衆国との国境が自分の町から車でわずか3時間のところにあっても、それまで一度もカナダを離れたことがなかったのです。本当のことを言うと、どこか違った場所に行くのが怖かったのです。異なる文化的背景を持っていたり、別の言語を話したりする人々に囲まれるのがどんな感じなのか、想像できなかったのです。

　では、私が応募したのはなぜでしょう？　その理由は美術教師のデイビス先生にありました。美術は前からいつも私の大好きな教科です。小さい頃はデッサンをしたり絵を描いたりするのが好きでしたが、中学の頃、歴史に残る偉大な芸術家の美術作品に興味を持つようになりました。古典芸術が大好きだったので、高校の1年生で夏休みの研究課題にしたのが芸術家のミケランジェロでした。「いいかい、交換留学プログラムに応募すれば、ミケランジェロやレオナルド・ダ・ヴィンチの作品の実物が見られるじゃないか」と私に提案したのがまさにデイビス先生だったのです。

　そのとおりだわ！　そのことはこれっぽっちも考えていませんでしたが、フィレンツェはその数ある美術館で世界的に有名です。別の国に旅することは不安でしたが、それでもそれらの傑作を実物で見ることのできるこの機会をみすみす逃すことはできませんでした。というわけで、私は応募したのです。

　移動には長時間かかりました。カナダからイタリアまでは飛行機で9時間ほどです。到着したときにはへとへとに疲れていましたが、生まれて初めてフィレンツェの町を見て目が覚めました。それは私の住むカナダの町の景色とはとても違っていたのです。街路は幅が狭く、凸凹(でこぼこ)の多い石畳で舗装されていますし、家々の屋根はすべてテラコッタの赤色で、いたるところに美しいオリーブの木が生えています。ミケランジェロやレオナルド・ダ・ヴィンチが昔この同じ通りを歩いたことに気がついて、私は涙が出そうなほど感動しました。

　最初の日にホストファミリーと会いました。トスカーノさんはとても優しい方ですが、英語がまったく話せませんでした。私は学校で習ったイタリア語の簡単なフレーズをいくつか言うことはできましたが、たいていはジェスチャーでやりとりしました。夕食の時間だと知らせるため、トスカーノさんは食卓を指さしました。私は食べ物を指さしてほほ笑むことで、それがとてもおいしいということを彼女に示しました。彼女の娘のアンジェラが帰宅すると、物事は容易になりました。アンジェラはフィレンツェ大学の学生で、英語がうまく話せました。母親と私との通訳をして助けてくれました。それでわかったのは、トスカーノさ

— 57 —

んが以前アカデミア美術館というフィレンツェの有名な美術館で働いていたということでした。私はとてもわくわくしました。私は彼女に，そこにある芸術作品を見てみたいとどんなに思っているかを伝えました。

トスカーノさんは私に微笑んでくれました。

「彼女は何て言ったの？」と私はアンジェラに訊きました。

「お母さんは，明日一緒に行きましょう，と言ったのよ」

というわけで，翌日，トスカーノさんと私はアカデミア美術館に出かけました。アンジェラは大学で忙しかったので，私たち２人だけでした。うまくコミュニケーションをとれませんでしたが，私が何度もニコニコしたりはっと息をのんだりする様子から，どんなに喜んでいるかをトスカーノさんはわかってくれたと思います。ミケランジェロの有名なダビデ像が展示された部屋に足を踏み入れたときに，私は目から涙があふれ出るのを拭わなければなりませんでした。それほどに荘厳だったのです。トスカーノさんは私をぎゅっと抱きしめてくれました。彼女に話すことはできませんでしたが，トスカーノさんが私の２番目のお母さんのように私はすでに感じていました。

その１週間はあっという間に過ぎ去りました。友人たちと一緒にイタリアの高校での授業に出るのも楽しかったのですが，一番特別だったのはトスカーノさんと一緒に過ごしたことでした。私たちはフィレンツェの通りを歩き回り，トスカーノさんが美しい場所を指さして，その名前を教えてくれました。結局，その１週間で私はイタリア語での会話があまり上達しませんでした。でも，私はそれ以外の多くのことを学びました。それは芸術のことであったり，異なる文化のことであったり，そして自分の小さな殻を破って別の世界へ勇気をもって踏み出すことについてです。私はまた，素晴らしい友情には，同じ言語を共有する必要がないことも学びました。このホームステイの思い出を永遠に大切にしていきたいと思います。

メモ：

○	**エマのイタリアでの１週間**
○	
○	**筆者（エマ・フレイザー）について**
○	・カナダのある町の出身。
○	・彼女は 33 ④ **傑作を自分の目で見てみたいと思った**　ので，交換留学プログラ
○	ムに応募した。
○	
○	**その他の重要な人々**
○	・デイビス先生：カナダでのエマの美術の先生。
○	・トスカーノさん：エマのホストマザーで，34 ① **英語でコミュニケーションがと**
○	**れなかった。**
○	

— 58 —

○ ・アンジェラ：トスカーノさんの娘で，大学生。
○
○ **エマの研修旅行をめぐる出来事の順番**
○ 　35 　④ 　高校でミケランジェロについて調べた →
○ 　36 　② 　交換留学プログラムに魅力を感じなかった →
○ 交換留学プログラムに応募した →
○ 　37 　③ 　トスカーノさんとアンジェラに出会った →
○ 　38 　⑤ 　アカデミア美術館を訪れた
○
○ **その体験についてエマが感じたこと**
○ その旅の最も楽しかった部分は 　39 　① 　トスカーノさんと一緒にいたこと　だった。
○
○ **この話から私たちが学べること**
○ ‐　40 　③ 　自分の安心できる場所から外に一歩踏み出すことは有益なことがある。
○ ‐　41 　⑥ 　友だちになるのに同じ言語を話す必要はない。

【語句・構文解説】
・go on a study trip abroad「海外研修旅行に出かける」
・local「地元の」
・an essay written by a Canadian student「カナダ人の学生が書いたエッセー」 written 以下は an essay を修飾する過去分詞句。
◆第1段落◆
・exchange program「交換留学プログラム」
・Florence「フィレンツェ／フローレンス」 イタリア中部の都市。
・border to A「Aとの国境／境界」
・To tell the truth「本当のことを言うと」
・how it would feel to do「～したらどんな感じになるだろうか」 it は to do を指す形式主語。
◆第2段落◆
・apply(to A)「(Aに)応募する」
・artwork「芸術作品」
・artists from history「歴史に残る芸術家たち」
・Michelangelo「ミケランジェロ」(1475-1564)イタリアの画家・彫刻家・建築家。
・It was Mr. Davies who ...「…はデイビス先生だった」 強調構文。
・suggest A to B「BにAを提案する」 ここではAにあたるものが "You know, ... in person" となっている。
・Leonardo da Vinci「レオナルド・ダ・ヴィンチ」

(1452-1519)イタリアの画家・科学者。
・in person「実物で／直接自分で」
◆第3段落◆
・be nervous about doing「～することが不安だ」
・miss O「O(機会など)を逃す」
・masterpiece「傑作」
◆第4段落◆
・exhausted「へとへとに疲れて」
・pave A with B「A(道)をBで舗装する」
・bumpy「でこぼこした」
・rooftop「屋根／屋上」
・terracotta red「テラコッタの赤色／赤褐色」 テラコッタは，粘土で造形した素焼きの陶器のこと。
・there is S doing「Sが～している」
・be moved to tears「感動して涙する」
◆第5段落◆
・mostly「たいていは」
・how tasty it was「それがどんなにおいしいか」 感嘆文をもとにした名詞節。
・things become easy「物事が容易に運ぶようになる」
・the University of Florence「フィレンツェ大学」1321年創立の歴史ある大学。現在，12学部からなり，約5万人の学生が学んでいる。
・translate between A and B「AとBの間の通訳をする」
・the Gallery of the Academy of Florence「(フィレ

— 59 —

ンツェの）アカデミア美術館」　1784 年創立の美術
館。1873 年からミケランジェロの『ダビデ像』を展
示している。

・how much I wanted to see ...「…をどんなに見たい
と思っていたか」　感嘆文をもとにした名詞節。

◆第 9 段落◆

・it was just the two of us「私たち 2 人だけだった」

・gasp「はっと息をのむこと／あえぎ」

・Michelangelo's famous statue of David「ミケラン
ジェロ作の有名なダビデ像」

・wipe O「O を拭う」

・majestic「荘厳な」

・give O a big hug「O をぎゅっと抱きしめる」

◆第 10 段落◆

・fly past「飛ぶように過ぎ去る」

・step out of one's bubble「自分の殻を破って踏み出
す」

　bubble「安心していられる場所」　もともとは「泡」
という意味だが，ここでは比喩的に用いられてい
る。

・treasure O「O を大切にする」

◆メ モ◆

・sequence「順序」

【設問解説】

問 1　33　④

　　33　に入れるのに最も適切な選択肢を選べ。

　① 外国に行きたいといつも思っていた

　② 海外旅行に対する恐れを克服することを望んだ

　③ イタリア語をマスターしたいと思った

　④ 傑作を自分の目で見てみたいと思った

　第 3 段落第 3・最終文「別の国に旅することは不
安でしたが，それでもそれらの傑作を実物で見るこ
とのできるこの機会をみすみす逃すことはできませ
んでした。というわけで，私は応募したのです」よ
り，④が正解。①と②は，第 1 段落の内容と上記の
第 3 文から外国に行くことを望んでおらず，それを
克服したいとも思っていなかったとわかるので，不
可。③については述べられていないので，不可。

問 2　34　①

　　34　に入れるのに最も適切な選択肢を選べ。

　① 英語でコミュニケーションがとれなかった

　② エマにルネサンスの芸術作品に関するすべてを
教えた

　③ エマとアンジェラの間の通訳をした

　④ フィレンツェ大学で働いた

　第 5 段落第 2 文「トスカーノさんはとても優しい
方ですが，英語がまったく話せませんでした」より，

①が正解。②については述べられていないので，不
可。③は，同段落第 7・8 文「アンジェラはフィレ
ンツェ大学の学生で，英語がうまく話せました。母
親と私との通訳をして助けてくれました」より，不
可。④は，同段落第 9 文「それでわかったのは，ト
スカーノさんが以前アカデミア美術館というフィレ
ンツェの有名な美術館で働いていたということでし
た」より，不可。

問 3　35　④　36　②　37　③　38　⑤

　5 つの選択肢（①～⑤）から 4 つを選び，起きた順
に並べ換えよ。

　　35　→　36　→　37　→　38

　① フィレンツェの絵を 1 枚描いた

　② 交換留学プログラムに魅力を感じなかった

　③ トスカーノさんとアンジェラに出会った

　④ 高校でミケランジェロについて調べた

　⑤ アカデミア美術館を訪れた

　　36　と　37　の間に「交換留学プログラムに応
募した」があるので，　35　と　36　は応募する前
のことだとわかる。第 1 段落第 1 文「私の学校がイ
タリアのフィレンツェにある高校と交換留学プログ
ラムを始めたと発表したのは私が高 2 のときでした
が，そのときには興味がありませんでした」と，第
2 段落第 5 文「古典芸術が大好きだったので，高校
の 1 年生で夏休みの研究課題にしたのが芸術家のミ
ケランジェロでした」で，後者が前者より前の出来
事なので，　35　に④が入り，　36　に②が入る。交
換留学に出発した後の第 5 段落第 1 文「最初の日に
ホストファミリーと会いました」より，　37　に③
が入り，第 9 段落第 1 文「というわけで，翌日，ト
スカーノさんと私はアカデミア美術館に出かけまし
た」より，　38　に⑤が入る。

問 4　39　①

　　39　に入れるのに最も適切な選択肢を選べ。

　① トスカーノさんと一緒にいたこと

　② イタリアの高校に通ったこと

　③ アンジェラと友だちになれたこと

　④ ミケランジェロの絵画を見たこと

　最終段落第 2 文「友人たちと一緒にイタリアの高
校での授業に出るのも楽しかったのですが，一番特
別だったのはトスカーノさんと一緒に過ごしたこと
でした」より，①が正解。②は，上記の文より，不
可。③は，「その旅の最も楽しかった部分」だとは述
べられていないので，不可。④は，ミケランジェロ
のダビデ像を涙ながらに見たことは述べられている
が，絵画を見たことについては述べられていないの
で，不可。

— 60 —

問5 40 41 ③・⑤

40 と 41 に入れるのに最も適切な2つの選択肢を選べ。(順不同。)

① コミュニケーションの障害はいつも多くのトラブルの原因となる。

② 自分自身と同じ世代の人々と友だちになる方がより容易だ。

③ **自分の安心できる場所から外に一歩踏み出すことは有益なことがある。**

④ 私たちは新しい言語を1週間で素早く習得できる。

⑤ **友だちになるのに同じ言語を話す必要はない。**

最終段落第5文に「でも,私はそれ以外の多くのことを学びました。それは芸術のことであったり,異なる文化のことであったり,そして自分の小さな殻を破って別の世界へ勇気をもって踏み出すことについてです」とあるので,③は正解。また,同段落第6文「私はまた,素晴らしい友情には,同じ言語を共有する必要がないことも学びました」より,⑤も正解。①は,第9段落第3文「うまくコミュニケーションをとれませんでしたが,私が何度もニコニコしたりはっと息をのんだりする様子から,どんなに喜んでいるかをトスカーノさんはわかってくれたと思います」より,トラブルが起きていないことがわかるので,不可。②は,世代間の比較については述べられていないので,不可。④は,最終段落第4文「結局,その1週間で私はイタリア語での会話があまり上達しませんでした」より,不可。

— 61 —

第8問
【全訳】
　あなたは生物学の授業で，人間ではない生物が持っている興味深い能力をテーマにしたプレゼンテーションをすることになっています。プレゼンテーション用のスライドの根拠として次の記事を使います。

　地球上の生命がほぼ確実に海で始まったというのは常識である。しかし，海には私たちが知らないことがたくさんある。海が地球の表面の3分の2以上を占めているが，海の80パーセント以上は人間によって地図が作られてもいないし，探査されてもいない。特に海の一番深く一番暗い場所は，ほとんど光がないため謎に満ちている。

　水面に一番近い海の部分は「サンライト・ゾーン」と呼ばれている。ここでは太陽光線が水の中まで届き，海草や藻のような植物が育つことができる。海洋生物の大部分はここに存在している。次の部分は「トワイライト・ゾーン」として知られている。太陽光線はここではより弱く，光合成をするのに必要となる太陽光が足りないので，植物は繁殖することができない。その次には「ミッドナイト・ゾーン」が来る。ここにはほとんど光がない。多くの生物は必要がないので目がない。最も深い2つの部分は「アビサル・ゾーン」と，最後が「ヘイダル・ゾーン」として知られている。光がないだけでなく，水圧が信じられないぐらい高いので，押しつぶされないでここに存在することのできる生き物はほとんどいない。また極度に冷たく，だいたい1℃から4℃ぐらいの間である。

　このような最も暗い場所で生きることができるように進化した生物の多くは，太陽光がない世界で生き延びることができるように特殊な能力を発達させた。そうした生物は体内にある化学物質を使って自ら光を出す。この能力はbioluminescence（生物発光）として知られているが，bioは生物に関連し，luminescenceは熱を伴わない発光を意味する。ほとんどの海洋生物発光では青緑の光を出すが，赤の生物発光も存在する。藻，バクテリア，クラゲ，海に住む環形動物やその他の海洋生物に加えて，1,500種を超える魚類が生物発光を行う生物として知られている。

　科学者は，生物発光を行う生物は約1億4千万年前の白亜紀前期までに進化したと推定している。さらに，それらは一度で進化したのではなく，進化の系統樹の様々な枝において，実際は複数回，おそらく40回を超える回数にわたって進化したと考えられている。だから私たちは，生物発光にはこの複数回にわたる独立した進化のきっかけとなった進化上の強い必要性があったと想定することができる。それでは，その目的は何なのだろうか。

　1つの目的は捕食動物への防御である。一部の生物は，攻撃されるとまばゆい閃光を発して，捕食動物を怯えさせて追い払う。ミッドナイト・ゾーンの暗闇の中では，突然閃光が発せられるとかなりの衝撃になるだろう。

　次の目的は擬態である。体の下部から光を出す動物は，その光を利用して水面から降りてくる太陽光線をまねることで，気づかれずに捕食動物の上を通過することができる。

　3つめの目的は獲物を引きつけることである。生物は柔らかい光を出して，獲物を口の方へおびき寄せる。深海にいるチョウチンアンコウの写真を見たことはないだろうか。歯の上にゆらゆらと釣り下がって光を発しているチョウチンは生物発光の罠であり，小さな魚を口の方へ引きつけるよう発達したのだ。

　4つめの目的はつがいの相手を引きつけることだ。一部の海洋生物は色鮮やかな光を出して，交尾するための異性を引きつける。地上の鳥がつがいの相手に見せびらかすために魅力的な羽を発達させたように，深海にいる海洋生物は，遺伝子を伝えるために印象的な光のショーを進化させた。ハダカイワシのような他の海洋生物は，異なるパターンの生物発光を使って，自分がオスかメスかを示す。これにより交尾する異性を特定することができる。

　私たちが特に3つめと4つめの目的を考えるとき，海洋生物発光はある種のコミュニケーションだとみなすことができる。実際，広大な深海に生物発光をする莫大な数の生物がいるので，生物発光は実は地球上で最も多く使われている種類のコミュニケーションだと信じる科学者もいる。そういうわけで生物発光は，人間の言葉，鳥の鳴き声，またインターネット上で世界を駆け巡って常に発信されている毎日のデジタルコミュニケーションよりも広範囲にかつ頻繁に使われていることになる。これは驚くべきことではないだろうか。

プレゼンテーション用スライド：

海洋生物発光：
深海の光

1．オーシャン・ゾーン 42 ③

(A) サンライト・ゾーン
(B) トワイライト・ゾーン
(C) ミッドナイト・ゾーン
(D) アビサル・ゾーン
(E) ヘイダル・ゾーン

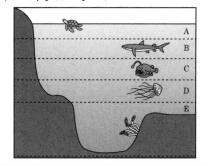

2．生物発光に関する基本的事実

・"bio" ＝生物の
・"luminescence" ＝熱を伴わない発光
・ 43 ① 太陽光がない場所で発達する
　　　③ 様々な生物によって生み出される
　　　④ 生物が体内に持っている物質から生み出される
　　　⑤ 深いところで生き延びるのに必要である

3．生物発光の進化

・少なくとも1億4千万年前に起こった
・40回を超えて独立した進化を遂げた

4．生物発光の目的

・食べられるのを避けること
・捕食動物から隠れること
・ 44 ④ つがいの相手にアピールするように自分を印象的に見せること
・ 45 ⑤ 獲物を誘惑してもっと近くに来るようにさせること

5．最後に

46 ③ 私たちが生物発光を一種のコミュニケーションと考えるのであれば，それは地球上で最も広範囲に及ぶ種類のものである。

【語句・構文解説】
- biology「生物学」
- interesting abilities possessed by non-human creatures「人間ではない生物が持っている興味深い能力」 possessed 以下は interesting abilities を修飾する過去分詞句。
  possess O「O を所有する」
  creature「生物」
- the following A「次の A」
- article「記事」

◆第1段落◆
- common knowledge「常識」
- yet「しかし」
- account for A「A(割合)を占める」
- two thirds of A「A の3分の2」
- map O「O の地図を作る」
- explore O「O を探査する」
- in particular「特に」

◆第2段落◆
- the part of the ocean closest to the surface「水面に一番近い海の部分」 closest 以下は the part of the ocean を修飾する形容詞句。
  close to A「A に近い」
- the Sunlight Zone「サンライト・ゾーン」 表層とも呼ばれ、湖沼や海洋などにおいて太陽光の届く範囲の水層のこと。
- ray「光線」
- reach into A「A の中に届く」
- plant life「植物」
- seaweed「海草」
- algae＞alga「藻」の複数形。通例複数形で用いられる。
- ocean life「海洋生物」
- the Twilight Zone「トワイライト・ゾーン」 中深層とも呼ばれ、水深200〜1,000メートルの部分で、到達する太陽光は5％未満になる。
- thrive「繁殖する」
- due to A「A のせいで」
- lack of A「A の不足」
- the sunlight needed for photosynthesis「光合成をするのに必要となる太陽光」 needed 以下は the sunlight を修飾する過去分詞句。
  photosynthesis「光合成」
- Next comes the "Midnight Zone".「その次には『ミッドナイト・ゾーン』が来る」 文頭に順序を表す副詞 Next が置かれ、その後ろが VS の語順になっている。

- the Midnight Zone「ミッドナイト・ゾーン」 漸深層とも呼ばれ、海面下1,000メートル付近から3,000メートル付近の領域をさし、太陽光が到達しない。
- barely any A「ほとんど A がない」
- the Abyssal Zone「アビサル・ゾーン」 深海層とも呼ばれ、一般的に、水深3,000〜6,000メートルの領域と定義され、暗闇・貧栄養・低水温の環境となる。
- the Hadal Zone「ヘイダル・ゾーン」 超深海層とも呼ばれ、海洋において最も深い領域を表す漂泳区分帯の1つである。一般に、水深6,000〜11,000メートルの領域と定義され、その多くは海溝の内部に位置している。
- as well as A「A だけでなく」
- absence of A「A がないこと」
- incredibly「信じられないぐらい」
- crush O「O を押しつぶす」

◆第3段落◆
- evolve「進化する」
- chemicals「化学物質」
- bioluminescence「生物発光」
- relate to A「A に関連する」
- emission「放出」
- marine「海洋の」
- bioluminescent「生物発光の」
- organism「生物／有機体」
- jellyfish「クラゲ」
- sea worm「海の環形動物」

◆第4段落◆
- estimate that SV ...「…だと推定する」
- the Early Cretaceous period「白亜紀前期」
- furthermore「さらに」
- on one occasion「1度に」
- multiple「多数の」
- evolutionary tree「進化の系統樹／樹形図」
- assume that SV ...「…と想定する」
- trigger O「O のきっかけとなる」
- independent「独立した」
- evolution「進化」

◆第5段落◆
- predator「捕食動物」
- give off O / give O off「O(光・音など)を発する」
- flash of light「閃光」
- scare away O / scare O away「O を怯えさせて追い払う」

◆第6段落◆
- camouflage「擬態／カムフラージュ」
- mimic O「O をまねする」

— 64 —

- the sunlight coming from the surface「水面から降りてくる太陽光線」 coming 以下は the sunlight を修飾する現在分詞句。

◆第7段落◆
- prey「獲物」
- lure O「O をおびき寄せる」
- anglerfish「チョウチンアンコウ」
- The glowing lantern hanging gently over those teeth「歯の上にゆらゆらと釣り下がって光を発しているチョウチン」 hanging 以下は The glowing lantern を修飾する現在分詞句。
  glow「光る」
  lantern「チョウチン／ランタン」
  hang「ぶら下がる」
  gently「ゆらゆらと／ゆるやかに」
- trap「わな」

◆第8段落◆
- mate「つがいの相手」
- opposite「反対の」
- mate with A「A と交尾する」
- feather「羽」
- show off O / show O off「O を見せびらす」
- depths「深い所／深部」
- pass on O / pass O on「O を伝える」
- gene「遺伝子」
- lanternfish「ハダカイワシ」
- identify O「O を特定する」

◆第9段落◆
- view A as B「A を B だとみなす／考える」
- the huge amount of A「大量の A」
- widespread「広範囲に及ぶ」
- frequent「頻繁な」
- constantly「絶えず」
- fire「発信される」

◆プレゼンテーション用スライド◆
- statement「言葉」

【設問解説】
問1 42 ③
オーシャン・ゾーンのスライドにあるイラストの欠落したラベルを完成させよ。42
① (A) アビサル・ゾーン
  (B) ヘイダル・ゾーン
  (C) ミッドナイト・ゾーン
  (D) トワイライト・ゾーン
  (E) サンライト・ゾーン
② (A) サンライト・ゾーン
  (B) アビサル・ゾーン

(C) ヘイダル・ゾーン
(D) トワイライト・ゾーン
(E) ミッドナイト・ゾーン
③ (A) **サンライト・ゾーン**
  (B) **トワイライト・ゾーン**
  (C) **ミッドナイト・ゾーン**
  (D) **アビサル・ゾーン**
  (E) **ヘイダル・ゾーン**
④ (A) サンライト・ゾーン
  (B) トワイライト・ゾーン
  (C) ミッドナイト・ゾーン
  (D) ヘイダル・ゾーン
  (E) アビサル・ゾーン
⑤ (A) トワイライト・ゾーン
  (B) ミッドナイト・ゾーン
  (C) サンライト・ゾーン
  (D) アビサル・ゾーン
  (E) ヘイダル・ゾーン

第2段落第1文「水面に一番近い海の部分は『サンライト・ゾーン』と呼ばれている」より、(A)にはサンライト・ゾーンが入る。同段落第4文「次の部分は『トワイライト・ゾーン』として知られている」より、(B)にはトワイライト・ゾーンが入る。同段落第6文「その次には『ミッドナイト・ゾーン』が来る」より、(C)にはミッドナイト・ゾーンが入る。同段落第9文「最も深い2つの部分は『アビサル・ゾーン』と、最後が『ヘイダル・ゾーン』として知られている」より、(D)にはアビサル・ゾーン、(E)にはヘイダル・ゾーンが入る。したがって、③が正解。

問2 43 ②
43 に含めるべきでないものは次のうちどれか。
① 太陽光がない場所で発達する
② **同じ色の光を発する**
③ 様々な生物によって生み出される
④ 生物が体内に持っている物質から生み出される
⑤ 深いところで生き延びるのに必要である

第3段落第4文「ほとんどの海洋生物発光では青緑の光を出すが、赤の生物発光も存在する」より、海洋生物発光は1色ではないので、②が正解。①、④、⑤は、同段落第1～3文「このような最も暗い場所で生きることができるように進化した生物の多くは、太陽光がない世界で生き延びることができるように特殊な能力を発達させた。そうした生物は体内にある化学物質を使って自ら光を出す。この能力は bioluminescence（生物発光）として知られているが、bio は生物に関連し、luminescence は熱を伴わない発光を意味する」より、含めるべきである。③

— 65 —

は，同段落最終文「藻，バクテリア，クラゲ，海に
住む環形動物やその他の海洋生物に加えて，1,500
種を超える魚類が生物発光を行う生物として知られ
ている」より，含めるべきである。

問3　44　45　④・⑤
　生物発光の目的のスライドに入る生物発光を使う
海洋生物の目的を2つ選べ。（順不同。）
　44・45
① 食べ物が見つかる場所に関する情報を伝えるこ
　と
② 狩りができる準備ができていることを示すこと
③ 暗い海を光で照らして獲物をより見やすくする
　こと
④ つがいの相手にアピールするように自分を印象
　的に見せること
⑤ 獲物を誘惑してもっと近くに来るようにさせる
　こと
　第8段落第1～3文「4つめの目的はつがいの相
手を引きつけることだ。一部の海洋生物は色鮮やか
な光を出して，交尾するための異性を引きつける。
地上の鳥がつがいの相手に見せびらかすために魅力
的な羽を発達させたように，深海にいる海洋生物
は，遺伝子を伝えるために印象的な光のショーを進
化させた」より，④は正解。第7段落第1・2文「3
つめの目的は獲物を引きつけることである。生物は
柔らかい光を出して，獲物を口の方へおびき寄せ
る」と同段落最終文「歯の上にゆらゆらと釣り下
がって光を発しているチョウチンは生物発光の罠で
あり，小さな魚を口の方へ引きつけるよう発達した
のだ」より，⑤も正解。①，②，③については述べ
られていないので，不可。

問4　46　③
　最後のスライドに入れるのに最もよい言葉はどれ
か。46
① 生物発光は何度も進化を重ねたので，それが進
　化上の強い必要性を満たしているという科学的証
　拠がある。
② 生物発光はおそらく，これまでに存在したうち
　で最も古い形式のコミュニケーションである。
③ 私たちが生物発光を一種のコミュニケーション
　と考えるのであれば，それは地球上で最も広範囲
　に及ぶ種類のものである。
④ 1,500種を超える魚類が生物発光を使って，食
　べ物，交尾，移動に関してお互いにコミュニケー
　ションをとる。
　最終段落第1・2文「私たちが特に3つめと4つ
めの目的を考えるとき，海洋生物発光はある種のコ

ミュニケーションだとみなすことができる。実際，
広大な深海に生物発光をする莫大な数の生物がいる
ので，生物発光は実は地球上で最も多く使われてい
る種類のコミュニケーションだと信じる科学者もい
る」より，③が正解。①は，第4段落第3文に「だ
から私たちは，生物発光にはこの複数回にわたる独
立した進化のきっかけとなった進化上の強い必要性
があったと想定することができる」とあるが，生物
発光の進化の必要性に関する科学的証拠があるとは
述べられていないので，不可。②は，最終段落に関
連するが，「生物発光がこれまでに存在したうちで
最も古い形式のコミュニケーションである」とは述
べられていないので，不可。④は，第3段落最終文
「藻，バクテリア，クラゲ，海に住む環形動物やその
他の海洋生物に加えて，1,500種を超える魚類が生
物発光を行う生物として知られている」と，第7～
9段落の内容である「魚類の生物発光は，食べ物を
引き寄せたり，交尾の相手を引きつけたりするため
のコミュニケーションの一種である」という内容に
関連するが，「生物発光が移動に関するコミュニ
ケーションの手段である」とは述べられていないの
で，不可。

問5　47　③
　生物発光の進化から何が推測できるか。47
① いつか人間でさえ，体から光を出すことができ
　るように進化するかもしれない。
② たいていの場合，進化は進化の系統樹の複数の
　枝でまったく同時に起こる。
③ 光ほど重要なものがまったくなくても，生物は
　生存するために適応することができる。
④ 光を使うことは，水面近くにいる海洋生物がお
　互いにコミュニケーションをとるのに最適な方法
　だ。
　本文では，生物が生存するために必要な光のない
深海で，生物発光するように進化した生物が生き延
びることができることが述べられている。このこと
から，生物は，生存するために必要な光などの要素
のない環境であっても，適応して生存する能力を
持っていると推測することができる。したがって，
③が正解。①は，第3段落より，生物発光は深海に
住む生物が発達させた能力であり，「人間が未来に
生物発光を行う可能性がある」とは述べられていな
いので，不可。②は，第4段落第2文「さらに，そ
れら（＝生物発光を行う生物）は一度で進化したので
はなく，進化の系統樹の様々な枝において，実際は
複数回，おそらく40回を超える回数にわたって進
化したと考えられている」より，不可。④は，第3

— 66 —

段落第1文「このような最も暗い場所で生きることができるように進化した生物の多くは，太陽光がない世界で生き延びることができるように特殊な能力を発達させた」より，生物発光は光がほとんど，またはまったく届かない深海に住む生物がコミュニケーションに用いる方法なので，不可。

MEMO

第3回 解答・解説

設問別正答率

解答番号	1	2	3	4	5	6	7	8	9	10
配点	2	2	2	2	2	2	2	2	2	2
正答率(%)	69.6	59.4	72.1	84.5	74.0	68.5	46.9	78.1	62.0	64.7
解答番号	11	12	13	14	15	16	17	18-21	22	23
配点	2	2	2	2	2	3	3	3	3	3
正答率(%)	66.8	61.2	71.0	74.8	44.6	84.1	65.2	46.1	68.0	67.4
解答番号	24	25	26	27	28	29	30	31-34	35-36	37
配点	3	3	2	2	3	3	3	3	3	3
正答率(%)	34.8	54.5	40.7	45.9	43.8	48.8	55.6	30.5	15.1	60.3
解答番号	38	39	40-41	42	43	44	45	46-47	48	49
配点	3	3	3	3	3	2	2	3	2	3
正答率(%)	61.7	51.8	40.8	44.5	56.5	33.2	42.6	19.4	47.1	47.9

設問別成績一覧

設問	設問内容	配点	全体	現役	高卒	標準偏差
合計		100	54.1	53.1	62.4	19.2
1	読解問題－案内文, チラシ	10	7.2	7.1	7.8	2.5
2	読解問題－広告, 記事	20	12.8	12.6	14.4	4.8
3	読解問題－記事	15	9.9	9.8	11.1	4.2
4	読解問題－記事	16	7.2	7.0	8.6	4.4
5	読解問題－ショートストーリー	15	6.7	6.6	8.0	4.0
6	読解問題－記事	24	10.3	10.1	12.4	6.2

（100点満点）

問題番号	設問		解答番号	正解	配点	自己採点
第1問	A	問1	1	②	2	
		問2	2	③	2	
	B	問1	3	②	2	
		問2	4	③	2	
		問3	5	②	2	
第1問 自己採点小計					(10)	
第2問	A	問1	6	③	2	
		問2	7	④	2	
		問3	8	③	2	
		問4	9	②	2	
		問5	10	②	2	
	B	問1	11	④	2	
		問2	12	②	2	
		問3	13	④	2	
		問4	14	①	2	
		問5	15	③	2	
第2問 自己採点小計					(20)	
第3問	A	問1	16	③	3	
		問2	17	②	3	
	B	問1	18	④	3 ※	
			19	②		
			20	①		
			21	③		
		問2	22	②	3	
		問3	23	③	3	
第3問 自己採点小計					(15)	
第4問		問1	24	②	3	
		問2	25	②	3	
		問3	26	⑥	2	
			27	④	2	
		問4	28	②	3	
		問5	29	④	3	
第4問 自己採点小計					(16)	

問題番号	設問		解答番号	正解	配点	自己採点
第5問		問1	30	③	3	
		問2	31	④	3 ※	
			32	③		
			33	②		
			34	①		
		問3	35 - 36	③-⑤	3 ※	
		問4	37	②	3	
		問5	38	③	3	
第5問 自己採点小計					(15)	
第6問	A	問1	39	③	3	
		問2	40	②	3 ※	
			41	⑥		
		問3	42	①	3	
		問4	43	②	3	
	B	問1	44	④	2	
		問2	45	④	2	
		問3	46 - 47	④-⑤	3 ※	
		問4	48	③	2	
		問5	49	③	3	
第6問 自己採点小計					(24)	
自己採点合計					(100)	

（注）　※は，全部正解の場合のみ点を与える。

　　　　-(ハイフン)でつながれた正解は，順序を問わない。

第1問
A
【全訳】

あなたは来週，大学の夏期ビジネス講座の一環として，工場見学に参加する予定です。あなたは，このツアーに関する以下の案内文を受け取り，いくつかの具体的な指示に気づきました。

ニュースナック工場見学
グループツアーは平日に予約限定で行われます。

グループツアーは最大20名まで参加可能です。午前10時に，メインロビーを抜けて廊下を進んだ先の青いドアのところに集合してください。

安全性

ニュースナックは，安全性と清潔さに誇りを持っています。グループツアーでは，一般のお客様が立ち入ることのできない場所をご案内しています。ガイドの指示には必ず耳を傾け，従ってください。ヘアネット，マスク，靴カバーをお渡ししますので，工場内では常時着用してください。ヘアネットは，必ず髪と耳が完全に隠れるよう着用してください。隠れない場合は，髪がすべてネットに収まるように後ろで結んでください。工場ツアー中，おしゃべりはご遠慮ください。

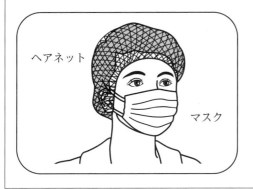

体験型アクティビティ

工場見学の後は，スナックの試食ができます。製品に使われている香料や着色料を使って，オリジナルのお菓子を作ることもできます。オリジナルのスナックを作る際には，ニュースナックの社員がアドバイスを行い，どのような質問にもお答えします。

【語句・構文解説】
- attend O「Oに参加する／出席する」
- workshop「講座／講習」
- the following A「次のA」
- leaflet「案内文／チラシ」
- notice O「Oに気づく」
- specific「具体的な／明確な」

〈上段〉
- appointment「予約／(人と会う)約束」
- available「利用できる／手に入る」
- up to A「最大Aまで」

〈安全性〉
- take pride in A「Aを誇りにしている」
- cleanliness「清潔さ」
- areas not open to regular visitors「一般のお客様が立ち入ることのできない場所」 not 以下は areas を修飾する形容詞句。
- at all times「常時／いつも」
- make sure (that) SV ...「必ず…するようにする」
- entirely「完全に」
- If it does not「隠れない場合は」（＝If the hairnet does not cover your hair and ears entirely）
- tie back O／tie O back「Oを後ろで結ぶ」

・so that SV ...「…するように」

・contain O「O を含む」

・refrain from *doing*「～するのを控える」

〈体験型アクティビティ〉

・hands-on「実際に体験できる」

・get to *do*「～する機会を得る」

　［例］　He **got to travel** all over the country with his job.

　　　　彼は仕事で国中あちこち回る機会があった。

・sample O「O を試す」

・treat「お菓子／楽しみ」

・the flavorings and colors we use for our products「製品に使われている香料や着色料」　we 以下は the flavorings and colors を修飾する節。

　flavoring「香料」

・work on A「A に取り組む」

・employee「従業員」

・any questions you have「どのような質問」　you have は any questions を修飾する節。

【設問解説】

問1　1　②

　　　髪の長い人は，1 必要がある。

　①　特別な許可を申請する

　②　**髪の毛を適切な形に整える**

　③　大きなヘアネットを購入する

　④　工場内のある場所ではヘアネットを着用する

　　安全性の第5・6文「ヘアネットは，必ず髪と耳が完全に隠れるよう着用してください。隠れない場合は，髪がすべてネットに収まるように後ろで結んでください」より，②が正解。①と③については述べられていないので，不可。④は，**安全性**の第4文「ヘアネット，マスク，靴カバーをお渡ししますので，工場内では常時着用してください」より，不可。

問2　2　③

　　　2，従業員に質問することができる。

　①　他にはないお菓子を作った後に

　②　工場見学の前に

　③　**体験型アクティビティの間に**

　④　工場内を歩いているときに

　　体験型アクティビティの最終文「オリジナルのスナックを作る際には，ニュースナックの社員がアドバイスを行い，どのような質問にもお答えします」より，③が正解。①は，同文より不可。②については述べられていないので，不可。④は，**安全性**の最終文「工場ツアー中，おしゃべりはご遠慮ください」より，不可。

— 72 —

B
【全訳】
　あなたはこれまでに食べたことのない物を食べてみたいと思っています。ある店で売られているエジプトのパンに関するチラシを読んでいます。

ナイルベーカリーで買える一般的なエジプトのパン

エジプトの人々は毎日様々なパンを楽しんでいます。それは味が異なるだけでなく，食べる場面も異なります。その中のいくつかを食べてみませんか？　当店では以下のタイプを含むエジプトのパンを豊富に取りそろえております。

バッターウ	フティール・メシャルテット

・普通トウモロコシで作りますが，他の穀粉が入っていることもあります ・これだけで食べてもいいし，チーズと一緒に食べてもいいです ・小さな村で農夫がよく食べます	・薄いパン生地の層を何枚も重ねてできています ・デザートに使われるような，甘いフィリングが入っていることもあります ・特別な催しでよく出される人気の食べ物です
アエーシ・フィノ	アエーシ・バラディ

・他の穀粒は使わず，常に小麦粉を使って焼きます ・サンドイッチを作るのに最もよく使われるパンです ・食感が柔らかいため，デザートとして子どもに与えられます	・小麦粉，塩，水を混ぜたものを焼いて作ります ・一般的にはスープに浸して食べるか，サンドイッチを作るのに使われます ・エジプトでは他のどのパンよりも多く食べられます

種類	値段（円／1個）
バッターウ	100
フティール・メシャルテット	400
アエーシ・フィノ	200
アエーシ・バラディ	150

▶どの種類でも3個以上お買い上げの場合，5％値引きいたします。
▶ビニール袋は小が1枚2円，大が1枚5円です。

【語句・構文解説】
・some food you have never eaten before「これまでに食べたことのない物」 you 以下は some food を修飾する節。
・flyer「チラシ／ビラ」
・Egyptian breads sold at a store「ある店で売られているエジプトのパン」 sold 以下は Egyptian breads を修飾する過去分詞句。
　Egyptian「エジプト(人)の／エジプト人」
〈上段〉
・available「利用できる／手に入る」
・a variety of A「様々な A」
・not only A but also B「A だけでなく B もまた」
・taste＋形容詞「～な味がする」
・on a ～ occasion「～な場面で」
・Why not do?「～してみませんか？／～してはどうですか？」
・offer O「O を提供する」
・a wide selection of A「豊富な品ぞろえの A」
　［例］　The restaurant serves **a wide selection of** cuisines.
　　　　そのレストランではバラエティーに富んだ料理を出す。
・including A「A を含む」
〈バッターウ〉
・flour「穀粉／小麦粉」
・alone「それだけで」
〈フティール・メシャルテット〉
・many thin layers of dough stacked on top of each other「薄いパン生地の層を何枚も重ねたもの」 stacked 以下は many thin layers of dough を修飾する過去分詞句。
　layer「層」
　dough「パン生地」
　stack O「O を積み重ねる」
　on top of A「A の上に」
・contain O「O を含む／O が入っている」
・filling「(パイ・ケーキなどの)フィリング／中身」
・that used in desserts「デザートで使われるもの」 used 以下は that を修飾する過去分詞句。that は the filling の代用。
・Popular dish often served at special events「特別な催しでよく出される人気の食べ物」 served 以下は Popular dish を修飾する過去分詞句。
　serve O「O(食べ物・飲み物)を出す」
〈アエーシ・フィノ〉
・wheat flour「小麦粉」

・grain「穀粒／穀物の粒」
・due to A「A のために／A が原因で」
・texture「食感／歯ざわり」
〈アエーシ・バラディ〉
・dip O「O(液体など)にちょっと浸す」
・比較級＋than any other A「他のどの A よりも～」
〈値段表〉
・A or more「A かそれ以上／A 以上」
・plastic bag「ビニール袋」
【設問解説】
問1　3　②
　エジプト人に最も広く一般に食べられているパンを食べてみたいなら，どのパンが最も適しているか。3
　①　バッターウ
　②　**アエーシ・バラディ**
　③　アエーシ・フィノ
　④　フティール・メシャルテット
　アエーシ・バラディの 3 つめ「エジプトでは他のどのパンよりも多く食べられます」より，②が正解。
問2　4　③
　バッターウを 1 個とアエーシ・フィノを 2 個買うと，どうなるか。4
　①　店が 3％値引きをしてくれる。
　②　店が特別クーポンをくれる。
　③　**25 円値引きしてもらえる。**
　④　大きなサイズのビニール袋を無料でもらえる。
　値段表より，バッターウ 1 個は 100 円，アエーシ・フィノは 2 個で 400 円である。値段表の右の説明の 1 つめ「どの種類でも 3 個以上お買い上げの場合，5％値引きいたします」より，500 円× 0.05 ＝25 円となり，③が正解。①は，上記の説明より値引きは 5％であることがわかるので，不可。②は，クーポンについては述べられていないので，不可。④は，ビニール袋が無料になるとは述べられていないので，不可。
問3　5　②
　チラシの情報について正しいのはどれか。5
　①　アエーシ・フィノはアエーシ・バラディと同じ値段である。
　②　**フティール・メシャルテットは結婚式で出される可能性が高い。**
　③　サンドイッチを作るには 1 種類のパンしか使えない。
　④　この店では 4 種類のエジプトのパンしか売っていない。
　フティール・メシャルテットの 3 つめ「特別な催

— 74 —

しでよく出される人気の食べ物です」より，**❷**が正解。**❶**は，値段表より，アエーシ・フィノは1個200円，アエーシ・バラディは1個150円であるため，不可。**❸**は，**アエーシ・フィノ**の2つめ「サンドイッチを作るのに最もよく使われるパンです」と，**アエーシ・バラディ**の2つめ「一般的にはスープに浸して食べるか，サンドイッチを作るのに使われます」より，サンドイッチを作るのに使われるパンは2種類あるので，不可。**❹**は，上段の説明の最終文「当店では以下のタイプを含むエジプトのパンを豊富に取りそろえております」より，この店では，ここで紹介されている4種類以外のパンも売っているとわかるので，不可。

第2問
A
【全訳】
　あなたは交換留学生で，アメリカの大学キャンパスの寮に住んでいます。町の中心部でのアルバイトに最も安く行ける方法を探していて，自転車店についての案内を読んでいます。

ハッピーライド自転車店
毎日午前8時～午後10時まで営業

自転車レンタル
自転車は1時間あるいは1日単位でレンタルできます。レンタル料は，店を出発する時間から計算されます。予定の時間を過ぎて自転車を返却された場合，延長時間の分の料金に加えて，延滞料金をいただきます。大学生はレンタル料金が10%割引されます。

器具の販売とその他のサービス
ハッピーライド自転車店では自転車，修理キット，交換部品だけでなく，あなたの自転車体験を便利にする様々な製品を販売しています。お買い物を心ゆくまでお楽しみください。そして，お買い物に疲れたら，一休みしてジュースバーで飲み物をお楽しみください。また当店では，より安全な走行のためのヒントを含む，30分間の無料オリエンテーション講座も行っています。

お客様からのコメント
- オリエンテーションはガレージで行われるので，学びながらヒントを試してみることができます。すごく役に立ちますよ！
- サングラスの品ぞろえはびっくりするほどです。私は1つ買って，今は自転車に乗るときだけでなく，いつも使っています。
- ハッピーライドで自転車をレンタルするときはヘルメットを着用する必要がありますが，自転車をレンタルすると1台に1つヘルメットが付いてくるから心配ありません！
- レンタル時間終了の少なくとも20分前に店に電話すれば，レンタル時間を延長できて延滞料金を払わなくて済むと知って安心しました。
- ジュースバーはすごくいいです！　無料であらゆる種類のジュース，コーヒー，紅茶，そして冷たい水が飲めますよ。
- スタッフの人たちはみんな，すごく助けてくれます。もしあなたが初心者なら，どのタイプの自転車が自分のニーズに最適か尋ねてみてはどうですか？
- オリエンテーションでは，自転車専用レーンが載っている使いやすい地図がもらえます。町を安全に走り回るのに役立ちますよ。

【語句・構文解説】

・exchange student「交換留学生」
・dormitory「(大学などの)寮」

〈自転車レンタル〉

・rent O「O(車・DVD など)をレンタルする／賃借する」
・by the hour [day]「1 時間 [1 日] 単位で」
  [例] Sara works part-time at a convenience store and is paid **by the hour**.
      サラはコンビニエンスストアでアルバイトしていて，時給制で給料をもらっている。
・calculate O「O を計算する」
・the time you leave the store「店を出発する時間」
  you 以下は the time を修飾する節。
・charge A for B「A に B の代金を請求する」
・extend O「O を延長する」
・late fee「延滞料金」

〈器具の販売とその他のサービス〉

・equipment「器具／器機」
・not only A but also B「A だけでなく B もまた」
・a variety of A「様々な A」
・take a break「休む／休憩する」
・free「無料の」
・half-hour「30 分間の」
・tip「ヒント／助言」

〈お客様からのコメント〉

・selection of A「A の品ぞろえ」
・amazing「驚くほどの」
・not just 〜「〜だけでなく」
・each bicycle rental comes with one「自転車をレンタルすると 1 台に 1 つヘルメットが付いてくる」
  one は a helmet のこと。
  come with A「A が付いてくる／含まれている」
  [例] This smartphone **comes with** a plastic case.
      このスマートフォンを買うとプラスチックケースが付いてくる。
・relieved「安心した」
・chilled「冷却された」
・for nothing「無料で」(＝for free)
・why not *do*?「〜してみませんか／〜してはどうですか？」
・include O「O を含む」
・bike lane「自転車専用レーン」
・get around A「A を動き回る」

【設問解説】

問1 6 ③

ハッピーライド自転車店では，6 ことができ

る。

① 自転車を 10％割引で買う
② 自転車を洗ってもらう
③ **午前 9 時に自転車をレンタルする**
④ 週単位で自転車をレンタルする

冒頭の「毎日午前 8 時〜午後 10 時まで営業」より，③が正解。①は，**自転車レンタル**の最終文に「大学生はレンタル料金が 10％割引されます」とあるが，自転車の値段の割引については述べられていないので，不可。②については述べられていないので，不可。④は，**自転車レンタル**の第 1 文「自転車は 1 時間あるいは 1 日単位でレンタルできます」より，不可。

問2 7 ④

次のうち，あなたがこの店で行う可能性が最も高いのはどれか。7

① オリエンテーションコースの予約をする
② ジュースを飲む
③ 自転車の部品を手に入れる
④ **自転車を安くレンタルする**

指示文に「あなたは交換留学生で，アメリカの大学キャンパスの寮に住んでいます。町の中心部でのアルバイトに最も安く行ける方法を探していて，自転車店についての案内を読んでいます」とあり，**自転車レンタル**の最終文「大学生はレンタル料金が 10％割引されます」と述べられているので，④が正解。①，②，③は，指示文に書かれた内容と関連がないので，不可。

問3 8 ③

客の 1 人によって述べられているハッピーライド自転車店についての 1 つの**事実**は，その店が 8 ということである。

① 素晴らしい製品についての役に立つ情報を与えてくれる
② 学生向けにオリエンテーション・サイクリング・ツアーを主催している
③ **自転車をレンタルするときに無料でヘルメットを貸してくれる**
④ サイクリスト向けのグローブの品ぞろえが豊富である

お客様からのコメントの 3 つめ「ハッピーライドで自転車をレンタルするときはヘルメットを着用する必要がありますが，自転車をレンタルすると 1 台に 1 つヘルメットが付いてくるから心配ありません！」より，③が正解。①は，6 つめ「スタッフの人たちはみんな，すごく助けてくれます。もしあなたが初心者なら，どのタイプの自転車が自分のニー

— 77 —

ズに最適か尋ねてみてはどうですか？」に述べられ
ているが，事実ではなく意見なので，不可。②は，
1つめの「オリエンテーションはガレージで行われ
る」に関連するが，「サイクリング・ツアーを主催し
ている」とは述べられていないので，不可。④は，
2つめに「サングラスの品ぞろえはびっくりするほ
どです」とあるが，グローブについては述べられて
いないので，不可。

問4 　9 　②

　　1つのコメントは，客の1人が 　9 　ということ
を示している。
① 　この店は初心者にはふさわしくないと思ってい
る
② 　**電話一本だけでレンタルの延長ができるのは簡
単だと思っている**
③ 　自転車に乗っている間はサングラスをかけてい
ると危険だと思っている
④ 　ジュースバーがもっと色々な飲み物を売ってく
れればいいと思っている
　　お客様からのコメントの4つめ「レンタル時間終
了の少なくとも20分前に店に電話すれば，レンタ
ル時間を延長できて延滞料金を払わなくて済むと
知って安心しました」より，②が正解。①は，6つ
め「スタッフの人たちはみんな，すごく助けてくれ
ます。もしあなたが初心者なら，どのタイプの自転
車が自分のニーズに最適か尋ねてみてはどうです
か？」より，不可。③は，2つめに「私は（サングラ
スを）1つ買って，今は自転車に乗るときだけでな
く，いつも使っています」とあるが，サングラスを
かけて自転車に乗ると危険だとは述べられていない
ので，不可。④は，5つめ「ジュースバーはすごく
いいです！ 無料であらゆる種類のジュース，コー
ヒー，紅茶，そして冷たい水が飲めますよ」より，
不可。

問5 　10 　②

　　客の1人によると，この店によって提供されてい
る 　10 　についての情報はとても役に立つ。
① 　安い自転車をどのように買うか
② 　**自転車を安全に乗ることができる場所**
③ 　自転車のメンテナンス
④ 　オリエンテーション講座が行われる時間
　　お客様からのコメントの最後「オリエンテーショ
ンでは，自転車専用レーンが載っている使いやすい
地図がもらえます。町を安全に走り回るのに役立ち
ますよ」より，②が正解。①，③，④は，**お客様か
らのコメント**には述べられていないので，不可。

B

【全訳】

　あなたと生徒会の他のメンバーは，多くの高校生が自然の中で思い出に残る体験をしたことがないことを読んで残念に思いました。生徒会は，学校が「野外授業」の機会を増やすことを望んでおり，あなたは興味深い関連する情報を含む記事を見つけました。

自然との断絶

　日本の若者のライフスタイルに関する研究から，複雑な実情が明らかになっている。政府による全国調査によると，日本の若者は 30 年前の若者と比べて運動量が増え，より健康的な食生活を送っている。しかし，家族と一緒に食事をする回数が減り，料理を覚えることもなく，自由な時間がほとんどないまま，余裕のない日々を送っている。さらに悪いことに，自然界とつながり，体験して自由な時間を過ごす若者はますます少なくなっている。彼らは，屋外で食事も睡眠も料理もしないし，山にも登らないし，植物も識別できないし，夜に家族や友人とキャンプファイヤーを囲んでくつろぐ喜びも体験したことがない。悲しいことに，多くはスマートフォンを使ってもっと長い時間を過ごすことを望んでいるようである。

専門家からのアドバイス

ユカリ・サノ ― 教師
若者は，都会から離れた場所で長期間，数時間ではなく数日間滞在し，その間にあらゆる天候に対応し，正しく判断できるようになるべきです。

ケヴィル・チャップマン ― 教育学博士
学生は，自然の生態系の背後にある科学を学ぶだけでなく，研究室で積極的に実験する必要があります。

ケン・ハヤシ ― 小児科医
若者は，自然の中に身を置きデジタル機器から離れてより多くの時間を過ごすべきです。そうすることで，デジタルスクリーンから目を休めることができ，精神的な健康も大きく改善されるのです。

アイ・フルタ ― 心理学教授
生徒，家族，そして学校関係者は，自然がすべての教科で多くの有意義な授業を提供してくれることを理解すべきです。自然環境の中で勉強することは，うまくやれば非常に貴重で効果的になりえます。

マサミ・オカモト ― スクールカウンセラー
光 害のため，ほとんどの都会の人は星を見ることがめったになく，夜空の天体を識別することができません。星や惑星を眺めることで，私たちはスケールについて，私たちが宇宙の中でどれだけちっぽけな存在なのかを考えることができるのです。

【語句・構文解説】
・student council「生徒会／学生委員会」
・memorable「思い出に残る」
・an article containing some interesting and relevant information「興味深い関連する情報を含む記事」 containing 以下は an article を修飾する現在分詞句。
article「記事」
contain O「O を含む／O が入っている」
relevant「関連する」
〈上段〉
・disconnected「断絶した」
・reveal O「O を明らかにする」
・mixed「複雑な／入り混じった」
・national survey「全国調査」
・their counterparts 30 years ago「30 年前の若者」
counterpart「相当するもの」
・rigid「余裕のない／厳格な」
・worse still「さらに悪いことに」
・connect with A「A とつながる」
・identify O「O を識別する／特定する」
・prefer to do「〜する方を好む」
〈専門家からのアドバイス〉
・extended「長期の／延長した」
・cope with A「A に対応する／A をうまく処理する」
・appreciate O「O を正しく評価する」
・Ph.D.「博士（号）」
・experiment on A「A の実験をする」
・laboratory「研究室／実験室」
・pediatrician「小児科医」
・immersed in A「A に浸って」
・break「小休止」
・psychology「心理学」
・school administrator「学校関係者」
・valuable「貴重な」
・effective「効果的な」
・if done well「うまくやれば」（＝if it is done well）
・due to A「A のため／A が原因で」
・light pollution「光害」
・rarely「めったに…しない」
・allow O to do「O が〜することを可能にする」
【設問解説】
問1 11 ④
　この記事の主な目的は 11 ことだ。
①　日本の学生は学校で自然についてもっと勉強する必要があると主張する
②　日本の若者の健康状態を他国の若者のそれと比

較する
③　日本の若者の電話の使いすぎの問題について議論する
④　**日本の若者が自然とつながっていないことに関して懸念を示す**
　記事のタイトルが「自然との断絶」であり，記事では日本の若者のライフスタイルに関する調査結果を紹介した上で，上段の第4・5文に「自然界とつながり，体験して自由な時間を過ごす若者はますます少なくなっている。彼らは，屋外で食事も睡眠も料理もしないし，山にも登らないし，植物も識別できないし，夜に家族や友人とキャンプファイヤーを囲んでくつろぐ喜びも体験したことがない」とあり，日本の若者と自然とのつながりが減っていることが述べられている。さらに**専門家からのアドバイス**でも自然とのつながりを増やすことに関するアドバイスが述べられているので，④が正解。①は，ケヴィル・チャップマンのアドバイス「学生は，自然の生態系の背後にある科学を学ぶだけでなく，研究室で積極的に実験する必要があります」に関連するが，記事では「学校で自然についてもっと勉強する必要」については述べられていないので，不可。②については述べられていないので，不可。③は，上段の最終文「悲しいことに，多くはスマートフォンを使ってもっと長い時間を過ごすことを望んでいるようである」および，ケン・ハヤシのアドバイスの第1文「若者は，自然の中に身を置きデジタル機器から離れてより多くの時間を過ごすべきです」に関連するが，「日本の若者の携帯電話の使いすぎの問題について議論する」ことが主な目的ではないので，不可。
問2 12 ②
　日本の若者についての1つの**事実**は，12 ということだ。
①　料理を覚えなければならない
②　**前の世代よりも健康的な生活を送っている**
③　家族で食事をすることが多い
④　自由な時間が多すぎる傾向がある
　上段の第2文「政府による全国調査によると，日本の若者は30年前の若者と比べて運動量が増え，より健康的な食生活を送っている」より，②が正解。①は，同第3文「しかし，家族と一緒に食事をする回数が減り，料理を覚えることもなく，自由な時間がほとんどないまま，余裕のない日々を送っている」に関連するが，これは意見であって事実ではないので，不可。③，④は，同文より不可。
問3 13 ④

— 80 —

アドバイスからすると，| 13 |は専門家が提案したアイデアであることがわかる。

Ａ：植物の名前を覚えること
Ｂ：満天の星空を見ること
Ｃ：デジタル機器から離れること
Ｄ：大学で天候のパターンを研究すること

① **Ａ**と**Ｂ**
② **Ａ**と**Ｃ**
③ **Ａ**と**Ｄ**
④ **Ｂ**と**Ｃ**
⑤ **Ｂ**と**Ｄ**
⑥ **Ｃ**と**Ｄ**

マサミ・オカモトのアドバイス「光害のため，ほとんどの都会の人は星を見ることがめったになく，夜空の天体を識別することができません。星や惑星を眺めることで，私たちはスケールについて，私たちが宇宙の中でどれだけちっぽけな存在なのかを考えることができるのです」より，**Ｂ**が当てはまる。ケン・ハヤシのアドバイス「若者は，自然の中に身を置きデジタル機器から離れてより多くの時間を過ごすべきです。そうすることで，デジタルスクリーンから目を休めることができ，精神的な健康も大きく改善されるのです」より，**Ｃ**も当てはまる。したがって，④が正解。**Ａ**は**専門家からのアドバイス**では述べられていないので，不可。**Ｄ**は，ユカリ・サノのアドバイス「若者は，都会から離れた場所で長期間，数時間ではなく数日間滞在し，その間にあらゆる天候に対応し，正しく判断できるようになるべきです」に関連するが，「大学で天候のパターンを研究する」とは述べられていないので，不可。

問4　| 14 |　①

このテーマに関する専門家の意見の１つは，| 14 |ということだ。

① **自然について知識を得たり，体験したりすることは貴重である**
② 植物の世話をすることは，自然界を理解する助けになる
③ 自然のリズムやサイクルに注目することで，私たちは自然とつながる
④ 動物の行動を観察することは，私たちが自然とつながる助けになる

アイ・フルタのアドバイス「生徒，家族，そして学校関係者は，自然がすべての教科で多くの有意義な授業を提供してくれることを理解すべきです。自然環境の中で勉強することは，うまくやれば非常に貴重で効果的になりえます」より，①が正解。②，③，④については述べられていないので，不可。

問5　| 15 |　③

生徒会の目標に関連し**ない**アドバイスは，| 15 |からのものだ。

① アイ・フルタ
② ケン・ハヤシ
③ **ケヴィル・チャップマン**
④ マサミ・オカモト
⑤ ユカリ・サノ

生徒会の目標については，指示文の最終文前半に「生徒会は，学校が『野外授業』の機会を増やすことを望んでおり」と述べられている。ケヴィル・チャップマンのアドバイス「学生は，自然の生態系の背後にある科学を学ぶだけでなく，研究室で積極的に実験する必要があります」は「野外授業」を勧めるものではないので，③が正解。①，②，④，⑤は，いずれも野外で自然と触れ合うことを勧めるものなので，不可。

— 81 —

第3問
A
【全訳】
　あなたの学校の交換留学生は太平洋の島の文化に関心があります。あなたは『ヤング・トラベラーズ』という雑誌に彼女が書いた記事を読んでいます。

ハワイにて

レイチェル・オズワイラー

　夏の終わりには、いつもハワイのカラビーチでサーフィンの大きなイベントが開かれます。それは地元の人々が集まり、海とビーチの文化を皆が愛していることを讃える機会なのです。私は1週間前ついにそのイベントに行ったのですが、信じられないほどよかったです！島々のいたる所から集まったサーファーが、11フィートのロングボードに乗って行うロングサーフボーディングから、6フィートのショートボードを使って波からジャンプして技を行うことまで、様々なサーフィンのスタイルを実演しました。

　プロのサーファーの中には、初心者向けにレッスンをしている人もいましたが、私は参加しないことに決めました。なにしろ、太平洋には小型ボートほどの大きさのサメがいるんです！また、ハワイ生まれの人が、アライアと呼ばれる伝統的なサーフボードが昔は地元の木からどのように作られていたかを教え、ヘエ・ナル、つまりウェーブ・スライディングの文化を説明してくれました。ハワイの文化では、族長やその他のリーダーがサーフィンの技能に基づいて選ばれたこともありました。私はまた地元の人たちが伝統的なフラの音楽に合わせてフラダンスをしているのを見ました。とても優雅で表現力たっぷりでした。

　日が沈むと盛大なバーベキューパーティーが開かれました。というのは、ハワイの人々がサーフィンよりも愛しているものが1つあるとすれば、それはビーチでのグリルだからです。私たちは焼きたての魚やタコ、そして丸ごと1匹の豚まで食べました。その日が終わる頃には、私はもう一口も食べられなくなっていました！

　皆さんも機会があれば、カラビーチのサーフィンのイベントに出かけられることを私はお勧めします！

【語句・構文解説】

・exchange student「交換留学生」
・Pacific「太平洋の」
・an article she wrote for ～「彼女が～のために書いた記事」 she wrote 以下は an article を修飾する節。
　article「記事」
・A called B「B と呼ばれる A」

◆第1段落◆
・surf「サーフィンをする」
・chance for A to do「A が～する機会」
・celebrate O「O を讃える／祝う」
・incredible「信じられないほどよい」
・do tricks「技を行う」

◆第2段落◆
・decide not to do「～しないことに決める」
　［例］ The wind was so strong that he **decided not to hang** his laundry outside.
　　　　風がとても強かったので，彼は洗濯物を外に干さないことに決めた。
・participate「参加する」
・after all「なにしろ～／なぜなら～」
・he'e nalu, or wave sliding「ヘエ・ナル，つまりウェーブ・スライディング」
　A, or B「A つまり B」
・dance hula「フラダンスをする／フラを踊る」
・graceful「優雅な」
・expressive「表現力豊かな」

◆第3段落◆
・grill O「O をグリルする／バーベキューをする」
・freshly cooked「調理したての」
・octopus「タコ」
・by the time SV ...「…までに」
・be over「終了する」
・can't eat another bite「もう一口も食べられない」

◆第4段落◆
・recommend doing「～することを勧める」

【設問解説】

問1　16 ③
　記事から，あなたはレイチェルが 16 ことがわかる。
① 地元の人々と一緒にフラダンスをした
② 村のリーダーに会った
③ **様々なサーフボードを見た**
④ 海釣りに行った
　第1段落最終文「島々のいたる所から集まったサーファーが，11フィートのロングボードに乗って行うロングサーフボーディングから，6フィートのショートボードを使って波からジャンプして技を行うことまで，様々なサーフィンのスタイルを実演しました」より，③が正解。①は，第2段落第5文「私はまた地元の人たちが伝統的なフラの音楽に合わせてフラダンスをしているのを見ました」に関連するが，フラを一緒に踊ったとは述べられていないので，不可。②は，第2段落第4文「ハワイの文化では，族長やその他のリーダーがサーフィンの技能に基づいて選ばれたこともありました」に関連するが，リーダーに会ったとは述べられていないので，不可。④については述べられていないので，不可。

問2　17 ②
　レイチェルがサーフィンのレッスンを受けないと決めたのは，17 からだ。
① グリルした食べ物を食べ過ぎた
② **危険になりかねないことを知っていた**
③ 小さいボートに乗りたかった
④ すでにサーフィンがうまかった
　第2段落第1・2文「プロのサーファーの中には，初心者向けにレッスンをしている人もいましたが，私は参加しないことに決めました。なにしろ，太平洋には小型ボートほどの大きさのサメがいるんです！」より，②が正解。①は，第3段落最終文「その日が終わる頃には，私はもう一口も食べられなくなっていました！」に関連するが，同段落第1文の「日が沈むと盛大なバーベキューパーティーが開かれました」より，バーベキューを食べたのがレッスンへの不参加を決めた時より後のことなので，不可。③，④については述べられていないので，不可。

— 83 —

B
【全訳】
あなたはロボット工学に興味があり，科学雑誌で興味深い記事を読んでいます。

シェフを組み立ててプログラミングする

ジョシュ・ウォレン

1年前，私が所属していたチームは，料理ロボットの国際大会に出場することに決めました。チームに料理が得意な人はいませんでしたが，だからこそそれがチャレンジになりました。自分で朝食を作れるロボットシェフを作るのです。卵を割ることができて，お客さんに出しても恥ずかしくないようなオムレツを調理できるロボットを作るのが最終目標，というのがみんなの共通認識でした。

チームは16人で，半分に分かれて組み立てとプログラミングを担当しました。組み立てチームは数か月かけて，立ち上がって，低いキッチンカウンターを行ったり来たりできるロボットを作り上げました。組み立て工程中に高性能なコンピューターチップの不足が起きたため，組み立てチームはロボットの「頭脳」を組み立てる際，比較的性能の低い2つのCPU(中央処理装置)を，高性能な1つのCPUの代わりに使うことに決めました。簡単ではありませんでしたが，最終的にロボットは完成しました。最初のプログラムを使ってロボットがすぐに作ったオムレツはおいしいと言うにはほど遠く，すべてのメンバーが吐き出してしまいました。

まず，ロボットに卵をうまく割らせることに関して色々な問題がありました。ロボットは卵を割ることは難なくできたのですが，プログラミングチームがロボットの動作にどんな変更を加えても，オムレツ用の溶き卵の中に必ず卵の殻が混ざってしまうのでした。メンバー全員が賛成したわけではなかったのですが，採決の結果，ロボット自身に卵を割らせるという当初の計画を断念しました。その代わり，ボウルの中にあらかじめ割って入れておいた卵をロボットに与え，ロボットはその撹拌を行うようにしました。そのような修正を加えて，オムレツをできるだけおいしくするロボットのプログラミングに集中できるようになったのです。

卵を加熱する前に，塩とコショウをちょうど適量加えることをロボットに教える段階へと私たちは進みました。振り入れるときのアームの角度のようなごく細かなことでさえ，オムレツの味を大きく左右したのでした。ようやく思い通りの味になりましたが，まだオムレツを焦がさないようにロボットをプログラムする必要がありました。ロボットは人間より動きが遅いので，オムレツをひっくり返してフライパンから取り出すタイミングを，最初私たちが想定していたより早くさせる必要があることに気づきました。

私たちのロボットはコンテストで優勝することはできませんでしたが，私たちはこの経験から多くのことを学びました。それに正直なところ，ロボットが最後に作ったオムレツはまんざらでもなかったですよ！

【語句・構文解説】
・robotics「ロボット工学」
◆第1段落◆
・competition「競技会／コンテスト」
・a robot chef capable of making breakfast on its own「自分で朝食を作れるロボットシェフ」
capable 以下は a robot chef を修飾する形容詞句。
on one's own「自分で／独力で」
・crack O「Oを割る」
・be ashamed of *doing*「〜したことを恥ずかしく思

う」

・serve A to B「A（食べ物など）を B に出す」

◆第 2 段落◆

・split equally between building and programming「半分に分かれて組み立てとプログラミングを担当し」 過去分詞を用いた分詞構文。
　split O between A and B「O を A と B に分ける」

・back and forth「行ったり来たり／前後に」

・shortage in A「A の不足」

・one powerful one「高性能な 1 つの CPU」 最初の one は数詞で「1 つの」，後の one は代名詞で CPU の代用。CPU は，コンピュータ内の他の装置・回路の制御やデータの演算などを行う装置。

・eventually「最終的に／結局は」

・The omelet it made right away「ロボットがすぐに作ったオムレツ」 it made 以下は The omelet を修飾する節。
　right away「すぐに／ただちに」

・initial「最初の」

・far from A「A にはほど遠い／決して A ではない」

・spit out O／spit O out「O を吐き出す」

◆第 3 段落◆

・properly「きちんと」

・have no difficulty *doing*「難なく～する／～するのに苦労しない」

・mixture「混ぜたもの／混合物」

・not all ～「すべてが～というわけではない」

・vote to *do*「投票して～することに決める」

・abandon O「O をあきらめる」

・supply A with B「A に B を与える／供給する」

・pre-broken「前もって割られた」

・mix up O／mix O up「O を撹拌する／よく混ぜる」

・once SV ...「いったん…すると」

・make（a）shift「修正を加える」

・focus on *doing*「～することに焦点を当てる」

◆第 4 段落◆

・move on to *doing*「～することに進む」

・outcome「結果」

・the way SV ...「…するように」

　［例］　Do it **the way** you want to do it.
　　　　あなたの好きなようにそれをしなさい。

・burn O「O を焦がす」

・flip O「O をひっくり返す」

・remove A from B「B から A を取り出す／取り除く」

◆第 5 段落◆

・the last omelet it made「ロボットが最後に作った

オムレツ」 it made は the last omelet を修飾する節。

・not too bad「まんざらでもない／まあまあ」 控えめな表現。

【設問解説】

問 1 　18 ④ 　19 ② 　20 ① 　21 ③
　　次の出来事（①～④）を起こった順番に並べよ。
　　18 → 19 → 20 → 21

① ロボットが卵を割ることについて，チームのメンバーの意見が分かれた。

② ロボットが作ったオムレツには，卵の殻が含まれていた。

③ ロボットは香辛料を正しく使うように教えられた。

④ チームはロボットの頭脳の構造を変更した。

　第 2 段落第 3 文「組み立て工程中に高性能なコンピューターチップの不足が起きたため，組み立てチームはロボットの『頭脳』を組み立てる際，比較的性能の低い 2 つの CPU（中央処理装置）を，高性能な 1 つの CPU の代わりに使うことに決めました」より，18 には④が入る。第 3 段落第 2 文「ロボットは卵を割ることは難なくできたのですが，プログラミングチームがロボットの動作にどんな変更を加えても，オムレツ用の溶き卵の中に必ず卵の殻が混ざってしまうのでした」より，19 には②が入る。同段落第 3 文「メンバー全員が賛成したわけではなかったのですが，採決の結果，ロボット自身に卵を割らせるという当初の計画を断念しました」より，20 には①が入る。第 4 段落第 1 文「卵を加熱する前に，塩とコショウをちょうど適量加えることをロボットに教える段階へと私たちは進みました」より，21 には③が入る。

問 2 　22 ②
　　なぜチームは，ロボットがオムレツを加熱しすぎないようにすることに苦労したのか。22

① ロボットは卵が焦げているときのにおいを感じ取れなかった。

② ロボットは人間のシェフほど素早くは動かなかった。

③ ロボットが使用した溶き卵が焦げやすかった。

④ 他の材料がないことで，卵の火の通りが早くなった。

　第 4 段落第 3・最終文「ようやく思い通りの味になりましたが，まだオムレツを焦がさないようにロボットをプログラムする必要がありました。ロボットは人間より動きが遅いので，オムレツをひっくり返してフライパンから取り出すタイミングを，最初

— 85 —

私たちが想定していたより早くさせる必要があることに気づきました」より，②が正解。①，③，④については述べられていないので，不可。

問3 23 ③

　この話からあなたは，筆者が 23 ということがわかる。

① コンテストで2位を獲得した
② プログラミングの最初の目標を達成した
③ **この経験をとても実りの多いものだと考えた**
④ プロジェクトの立案にのみ携わった

　最終段落第1文「私たちのロボットはコンテストで優勝することはできませんでしたが，私たちはこの経験から多くのことを学びました」より，③が正解。①は，同文に関連するが，2位になったとは書かれていないので，不可。②は，第1段落最終文「卵を割ることができて，お客さんに出しても恥ずかしくないようなオムレツを調理できるロボットを作るのが最終目標，というのがみんなの共通認識でした」に最初の目標が書かれているが，第3段落第3文に，卵を割るという機能をあきらめたとあり，達成されていないので，不可。④は，第1段落第1文「1年前，私が所属していたチームは，料理ロボットの国際大会に出場することに決めました」および，第2段落第1文「チームは16人で，半分に分かれて組み立てとプログラミングを担当しました」より，筆者は組み立てチームかプログラミングチームに入っていたと考えられ，立案のみに参加していたわけではないので，不可。

第 4 問
【全訳】
あなたは先生から大気中のメタンガスの量を減らす効果的な方法について次の2つの記事を読むように求められています。学んだことを次の授業で論じる予定です。

メタンに税金を課すことが地球温暖化を軽減する
重要な要素の一部になるのはなぜだろうか

アンドレア・イェール
マートン大学教授

気候変動の原因となる温室効果ガスの点で、メタン(CH_4)は二酸化炭素—CO_2—を除けば1位である。メタンは温室効果ガスとして二酸化炭素よりも何十倍も影響力があるが、(二酸化炭素が数百年の寿命があるのと比較して)約10年しか寿命がない。大気中でのメタンの寿命が短いということは、現在それを減らす努力をすれば数十年以内に効果が出るかもしれないということになる。現在のメタンのレベルを35から40パーセント減らせれば、現在から2040年代の間に予測される気温の上昇を約0.3℃抑えることができるだろう。メタンのレベルを減らす別の利点は、そうすることが、植物や食用作物の成長を抑制する有害なガスである、地表にあるオゾンを減らすことにつながるということだ。

世界では、農業がメタンを最も排出している業種であり、排出の40パーセントを占める。農業によるメタン排出のうち、大部分(75パーセント)は動物が草を食べた後に体から排出されるガスから生じる。すべての牛や豚や羊にマスクを装着して、排出されるガスを集めて容器に詰めるというお金のかかる解決策は別にして、農業において、既存の技術を使ってメタン排出を減らすことができる可能性は限られている。しかし生み出されたメタン1トン(1,000キログラム)毎に税金を課せば、農場経営者は排出を減らそうという気になるだろう。

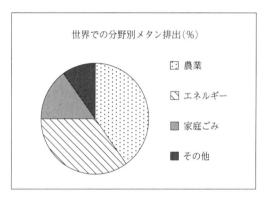

このメタン税から集められたお金は、より効率のよい動物を繁殖したり、メタン排出をより減らす動物の餌を開発したり、大気中に排出される前に動物の糞から出たメタンを効果的に収容することができるタンクの開発をしたりする研究に資金提供するために使われるべきだ。

メタン税がなければ、牧畜業における変化が、メタン排出を相当量減らすことができるほど迅速に起こることはないだろう。

メタンに注目することでより大きな問題である二酸化炭素に
注意が集まらなくなっている

ヴィクター・ミハイロフ
ジョーンズタウン大学教授

農業により排出されるメタンに注目することで、私たちは化石燃料を燃焼することによって排出される二酸化炭素(CO_2)が引き起こす、より大きな問題に注目しなくなる。イェール教授が正しく指摘しているように、二酸化炭素はメタンよりもはるかに長く大気中に留まるので、今後長く地球温暖化の原因となるだろう。一方で、家畜から出るメタンは循環する道をたどる。動物は

草を食べメタンを排出する。大気中に約10年留まった後，このメタンは二酸化炭素になり，それは草が成長するときに吸収され，動物はその草を食べ，この循環が続くことになる。

発生元に関係なく，すべての温室効果ガスの排出に対して同様の対処をすることは，短期的に得られるものを優先して長期的に得られるものを犠牲にする危険があり，その結果，気候変動の影響を未来の世代に先送りすることになる。メタンを減らすことで10年間は利益が得られることになるのだが，その一方で石炭，天然ガス，石油から発生する二酸化炭素を減らすことは，数百年にわたる利益をもたらすことになる。

農業から発生するメタンに税金を課しても，すべての国がそれに同意しない限りうまくいかないだろう。それを単独で実行する国にとっては，食料は生産するのによりお金がかかることとなり，メタンに税金を課さない国に客を取られてしまうことになるだろう。そうなると，この「お金のかからない」国はより多くの食料を生産し，結果としてより多くのメタンを排出することになるだろう。たった数カ国だけがメタンに税金を課すことで，実際，より多くのメタンが世界中で排出されることになるかもしれない。

農業においてメタン排出を減らすのに使える技術が限られている，というイェール教授の発言に私は賛成しない。ヨーロッパでは，牛が排出するメタンを40パーセント削減することができると思われる食料添加物が生産されている。またこの添加物は牛乳の質を上げるので，農業経営者は，牛乳の価格を上げることでその添加物の代金を払うことができるかもしれない。さらに動物の糞によって放出されるメタンに対する簡単な解決策も存在する。糞から出るメタンが大気中に放出されないように毎日糞を集めてタンクに入れることだ。そうすれば，このメタンは多くの有益な方法で利用することができる。

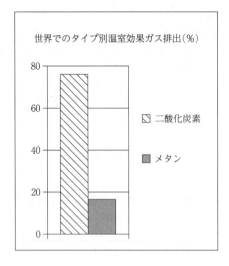

世界でのタイプ別温室効果ガス排出(%)

【語句・構文解説】
・the following A「次のA」
・article「記事」
・effective「効果的な」
・reduce O「Oを減らす」
・the amount of A「Aの量」
・methane「メタン」(＝CH₄)
・atmosphere「大気」
〈イェールの記事〉
・put a tax on A「Aに税金を課す」
◆第1段落◆
・in terms of A「Aの点で／観点から」
・second only to A「Aを除けば一番である／Aに次ぐのみだ」
　[例]　She is **second only to** me in mathematics.
　　　　彼女は数学にかけては私を除けば誰にもひけをとらない。
・carbon dioxide「二酸化炭素」(＝CO₂)
・tens of times「何十倍も」
・potent「影響力のある」

・compared to A「Aと比較して」
・decade「10年」
・current「現在の」
・cut A off B「BからAを削減する」
・〜 degree「〜度」
・the temperature increase predicted between now and the 2040s「現在から2040年代の間に予測される気温の上昇」　predicted 以下は the temperature increase を修飾する過去分詞句。
・predict O「Oを予測する」
・lead to A「Aをもたらす」
・reduction in A「Aの減少」
・ground-level「地表近くの」
・ozone「オゾン」
・harmful「有害な」
・restrict O「Oを抑制する」
・crop「作物」
◆第2段落◆
・agriculture「農業」
・emitter「排出するもの」

- account for A「A（割合）を占める」
- emission「排出」
- vast majority「大部分／大多数」
- the gas expelled from an animal's body after it eats grass「動物が草を食べた後に体から排出されるガス」 expelled 以下は the gas を修飾する過去分詞句。
  expel O「O を排出する」
- apart from A「A を除いて／A は別にして」
- solution「解決策」
- bottle O「O を容器に集める／瓶に詰める」
- the gas they expel「それらが排出するガス」 they expel は the gas を修飾する節。
- potential to *do*「～する可能性」
- existing「既存の」
- methane produced「生み出されたメタン」
  produced は methane を修飾する過去分詞。
- encourage O to *do*「O を～する気にさせる」
- The money collected from this methane tax「このメタン税から集められたお金」 collected 以下は The money を修飾する過去分詞句。
- fund O「O に資金提供する」
- research into A「A の研究」
- breed O「O を繁殖させる」
- efficient「効率の良い」
- feed「餌」
- effectively「効果的に」
- contain O「O を収容する」
- droppings「糞」
- release A into B「A を B に排出する」
◆第3段落◆
- occur「起こる」
- significantly「相当に」
〈ミハイロフの記事〉
- focus on A「A への注目」
- distract A from B「B から A の注意をそらす」
◆第1段落◆
- the greater problem caused by carbon dioxide (CO$_2$) produced by burning fossil fuel「化石燃料を燃焼することによって排出される二酸化炭素 (CO$_2$) が引き起こす，より大きな問題」 caused 以下は the greater problem を修飾する過去分詞句。
  produced 以下は carbon dioxide (CO$_2$) を修飾する過去分詞句。
  burn O「O を燃焼する」
  fossil fuel「化石燃料」
- point out O／point O out「O を指摘する」

- much＋比較級「はるかに～／ずっと～」 比較級を強調する副詞。
- contribute to A「A の原因となる」
- on the other hand「一方」
- circular「循環の」
- absorb O「O を吸収する」
◆第2段落◆
- treat O「O に対処する」
- regardless of A「A に関係なく」
- risk *doing*「～する危険を冒す」
- sacrifice O「O を犠牲にする」
- gain「得られるもの／利益」
- in favour of A「A を優先して」 favour は favor のイギリス英語の綴り。
- pass A onto B「A を B に先送りする」
- effect「影響」
- achieve O「O を成し遂げる」
- whereas SV ...「一方で…」
◆第3段落◆
- agricultural「農業の」
- agree to A「A に同意する」
- customer「客」
- as a result「結果として」
- in fact「実際は」
- more methane being produced globally「より多くのメタンが世界中で排出されること」 more methane は動名詞の意味上の主語。
◆第4段落◆
- disagree with A「A に賛成しない」
- statement that SV ...「…という発言」
- available「利用できる／手に入る」
- a dietary additive has been produced that seems capable of cutting cow-produced methane by 40%「牛が排出するメタンを 40 パーセント削減することができると思われる食料添加物が生産されている」 that 以下は a dietary additive を修飾する関係代名詞節。
  dietary additive「食品添加物」
  (be) capable of *doing*「～することができる」
  by A「A（数値）分だけ」
- charge A for B「B に対して A を請求する」
- methane released by animal droppings「動物の糞によって放出されるメタン」 released 以下は methane を修飾する過去分詞句。
- so that S won't *do*「…しないように」

【設問解説】

問1 24 ②

　イェールによると，農場にいる動物は世界のメタン排出の 24 の原因となっている。

① 15パーセント
② **30パーセント**
③ 40パーセント
④ 75パーセント

　イェールの記事の第2段落第1・2文「世界では，農業がメタンを最も排出している業種であり，排出の40パーセントを占める。農業によるメタン排出のうち，大部分(75パーセント)は動物が草を食べた後に体から排出されるガスから生じる」より，40%のうちの75%は30%となるので，②が正解。

問2 25 ②

　ミハイロフは 25 ということを信じている。

① 二酸化炭素とメタンは同様に有害だ
② **二酸化炭素の方がメタンよりも大きな問題だ**
③ 農業から発生するメタンは高価だ
④ 先進国から発生するメタンのみ税金を課せられるべきだ

　ミハイロフの記事の第1段落第1・2文「農業により排出されるメタンに注目することで，私たちは化石燃料を燃焼することによって排出される二酸化炭素(CO_2)が引き起こす，より大きな問題に注目しなくなる。イェール教授が正しく指摘しているように，二酸化炭素はメタンよりもはるかに長く大気中に留まるので，今後長く地球温暖化の原因となるだろう」より，②が正解。①は，同文より，不可。③については述べられていないので，不可。④は，ミハイロフの記事の第3段落第1文「農業から発生するメタンに税金を課しても，すべての国がそれに同意しない限りうまくいかないだろう」より，不可。

問3 26 ⑥ 27 ④

　草を食べる動物によるメタンの排出に続いて，メタンが 26 して二酸化炭素になり，次にその二酸化炭素が草に吸収される，メタンのサイクルは，ミハイロフによって紹介されているが，その目的はイェールが議論したメタンを減らすことへの 27 に異議を唱えることだ。

(選択肢①〜⑥からそれぞれの空所に最も適切なものを選べ。)

① 完了
② 減少
③ 分割
④ **注目**
⑤ 解決策
⑥ 変化

　ミハイロフの記事の第1段落第3〜最終文「一方で，家畜から出るメタンは循環する道をたどる。動物は草を食べメタンを排出する。大気中に約10年留まった後，このメタンは二酸化炭素になり，それは草が成長するときに吸収され，動物はその草を食べ，この循環が続くことになる」より 26 には⑥が入る。イェールの記事の第1段落第1〜3文「気候変動の原因となる温室効果ガスの点で，メタン(CH_4)は二酸化炭素—CO_2—を除けば1位である。メタンは温室効果ガスとして二酸化炭素よりも何十倍も影響力があるが，(二酸化炭素が数百年の寿命があるのと比較して)約10年しか寿命がない。大気中でのメタンの寿命が短いということは，現在それを減らす努力をすれば数十年以内に効果が出るかもしれないということになる。現在のメタンのレベルを35から40パーセント減らせれば，現在から2040年代の間に予測される気温の上昇を約0.3℃抑えることができるだろう」より，イェールはメタンの削減に注目しているとわかるので， 27 には④が入る。

問4 28 ②

　どちらの執筆者もメタンは 28 ということで意見が一致している。

① 既存の技術では排出を削減できない
② **二酸化炭素よりも大気中での寿命が短い**
③ 二酸化炭素よりも簡単に作られる
④ 削減するのが地球温暖化に取り組むのに一番迅速な方法となる

　イェールの記事の第1段落第2文「メタンは温室効果ガスとして二酸化炭素よりも何十倍も影響力があるが，(二酸化炭素が数百年の寿命があるのと比較して)約10年しか寿命がない」と，ミハイロフの記事の第1段落第2文「イェール教授が正しく指摘しているように，二酸化炭素はメタンよりもはるかに長く大気中に留まるので，今後長く地球温暖化の原因となるだろう」より，②が正解。①は，イェールの記事の第2段落第3文「すべての牛や豚や羊にマスクを装着して，排出されるガスを集めて容器に詰めるというお金のかかる解決策は別にして，農業において，既存の技術を使ってメタン排出を減らすことができる可能性は限られている」と，ミハイロフの記事の最終段落第1文「農業においてメタン排出を減らすのに使える技術が限られている，というイェール教授の発言に私は賛成しない」より，両者の意見が一致していないので，不可。③は，両者とも述べていないので，不可。④は，イェールは第1

— 90 —

段落第3文で「大気中でのメタンの寿命が短いということは，現在それを減らす努力をすれば数十年以内に効果が出るかもしれないということになる」と述べているが，ミハイロフはそのことについて述べていないので，不可。

問5 　29　 ④

メタン排出を減らすための技術を使うことに対するミハイロフの主張をさらに裏付けるためには，どの追加情報が最適か。　29

① 　メタンを二酸化炭素に変える方法

② 　大気中のメタンの量を見積もる方法

③ 　牛乳をもっとおいしくする方法

④ 　**エネルギーを生み出すためにメタンを使う方法**

ミハイロフの記事の最終段落第4・最終文「さらに動物の糞によって放出されるメタンに対する簡単な解決策も存在する。糞から出るメタンが大気中に放出されないように毎日糞を集めてタンクに入れることだ。そうすれば，このメタンは多くの有益な方法で利用することができる」より，大気中への放出を削減するために集めたメタンを使ってエネルギーを生み出すことができる方法が，ミハイロフの主張をさらに裏付けるものになると判断できるので，④が正解。

— 91 —

第5問
【全訳】
　あなたの英語の先生が，クラスのすべての生徒に英語で読むショートストーリーを選ぶように言いました。あなたはワークシートを使って次の話をクラスメイトに紹介します。

奉仕することの意義

　彼女はパソコンの前に座り，それまでに参加したことのある課外活動なんて果たしてあったか思い出そうとしていた。リサの応募したサマープログラムが，彼女がコミュニティをよりよくするために何をしているのかを尋ねてきていたのだ。ほとんど何も書かれていない画面を見つめてそこに座っているうちに，彼女は自分が深刻な問題を抱えていることに気づいた。あと数年で彼女は大学を受験することになるというのに，学校での勉強以外に書けることがなかったのだ！

　絶望的な気分で，リサはボランティア活動ができる機会をインターネットで検索し始めた。彼女がスケジュールに入れることができるのは，困っている人に食べ物を配る場所である，地元のフードバンクでの土曜の朝の手伝いだけだった。彼女は週末に早起きはしたくなかったが，仕方がないので参加登録をした。

　彼女が初日にバンク・オブ・ホープに着くと，責任者のゴダードさんに会った。彼は親切で忍耐強い人で，リサを連れて建物中を案内し，スタッフ一人ひとりみんなに彼女を紹介してくれた。二人が建物内を巡り終わると，ゴダードさんはリサをオフィスに連れていき，こう言った。「さて，リサ，あなたの協力に私がどれほど感謝しているのかをただただ伝えたいばかりです。若い人が週末を犠牲にして恵まれない人たちを助けるのをいとわないことは，私にとってはとても重要なことです」リサは微笑んで大丈夫ですと言ったが，本当は自分を助けるために参加登録したのだとわかっているので，心の奥では申し訳ない気持ちになった。

　信じられないほど親切で思いやりのあるのはゴダードさんだけでなく，バンク・オブ・ホープで働く人たちは皆，やって来る人たちを助けることに対して真の情熱を持っているように思えた。最初，リサには自信がなかった。「私はここにいる資格があるのかしら？」と，リサは自問した。しかし間もなくリサは，気がつくと当初予定していたよりも一生懸命に働いていた。誰かが彼女に仕事を与えるといつでも，彼女はそれに十分な注意を払い全力で取り組んだ。

　リサがボランティア活動を始めてから数か月経ったある日，食べ物を買うことができないことが頻繁にある，ジェイソンという名前の男性が顔中あちこち赤くなった状態でやって来た。彼女は彼のことを今ではよくわかっていると感じていたので，「あらジェイソン，どうしたの？　喧嘩でもしたの？」と尋ねた。すると，「違うよ，乾燥した天気で肌が炎症を起こしたんだけど，シャワーを浴びることも適切な薬を買うこともできなくて，悪化しちゃったんだ」と彼は言った。シャワーを浴びるだけの簡単なことが彼にとっては難しいのだとわかり，彼女はショックを受けた。

— 92 —

その夜，彼女は家にいても，ジェイソンとの会話のことが頭から離れなかった。「確かに，私たちは必要としている人たちに食べ物を配っているけれど，もっと他にもできることがあるのかしら？」彼女は次の土曜日にゴダードさんにそのことについて話そうと決心した。

リサが彼のオフィスでその話を持ち出すと，彼は驚いた様子だった。「わあ，リサ，君からこんな提案があるとは思ってもみませんでした。残念ながら，シャワーのサービスは私たちの予算に含まれていることではありません」と彼は言った。リサは「もし私が自分で寄付を集める努力をするならどうですか？」と尋ねた。ゴダードさんは微笑んだ。「なるほど，それは素晴らしいことですね。私はあなたが取りかかるのを助けられる人を何人か知っています」と言った。

簡単ではなかったが，市役所や多くの民間の慈善団体を説得してお金を寄付してもらうことで，リサはフードバンクの外で晴れた日に設置できるポータブルシャワーを買うための十分な資金を調達することができた。そして，シャワー代金を支払った後でも，彼女にはフードバンクのために医療品を買うためのお金がいくらか残っていた。ボランティアとして無料で散髪するのをいとわない美容師をなんとか見つけることさえできた。シャワーを浴びて，散髪をしてもらえることで人の気分がこれほど影響を受けるのを目の当たりにすることは素晴らしいことだった。

バンク・オブ・ホープでの体験がきっかけで，リサは学校で社会奉仕クラブを立ち上げ，今では，人を助けることは正しいことだと信じているからそうしている。

ワークシート：

1. この話のタイトル
「奉仕することの意義」

2. この話の登場人物
リサ：土曜日にフードバンクでボランティア活動をしようと決める。
ゴダードさん：バンク・オブ・ホープの責任者で 30 ③ リサが目標を追求できるように彼女に何人かの人を紹介する。
ジェイソン：定期的にフードバンクを利用する。

3. この話の内容
ボランティア活動をする間のリサの経験と成長：

| 31 | ④ 彼女はボランティア活動をする機会を見つけようとする。
| 32 | ③ 彼女はボランティア活動に注意と努力を注ぎ始める。
| 33 | ② 彼女はあるフードバンク利用者の健康問題について知る。
| 34 | ① 彼女は様々な団体に資金提供を求める。

彼女は 35 ③ 人の気分がよくなるのを見ること と 36 ⑤ 仕事をしているスタッフの姿を見ること の結果，ボランティアとしての振る舞いを変える。

4. この話の私が好きな場面

彼女が「私はここにいる資格があるのかしら？」と自問する。

このことから彼女は 37 ② **利己的な理由でボランティアをしていることに罪悪感を抱いた** ことがわかる。

5. この話を選んだ理由

来年，大学生になったらボランティア活動をしようと考えていて，何が必要になるのか知りたいから。この話は私に 38 ③ **私たちは求められていることよりも多くのことをすることで他の人を助けることができる** ことを教えてくれた。

【語句・構文解説】

- introduce A to B「A を B に紹介する」
- the following A「次の A」
- service「奉仕」

◆第 1 段落◆

- recall O「O を思い出す」
- any extra-curricular activities she had taken part in「それまでに参加したことのある課外活動」 she 以下は any extra-curricular activities を修飾する節。
  extra-curricular activity「課外活動」
  take part in A「A に参加する」
- The summer program Lisa had applied to「リサの応募したサマープログラム」 Lisa 以下は The summer program を修飾する節。
  apply to A「A に申し込む」
- mostly「ほとんど／たいていは」

◆第 2 段落◆

- desperate「絶望的な」 ここでは分詞構文の Being desperate の Being が省略されていると考えられる。
- search for A「A を探す」
- The only thing she could fit into her schedule「彼女がスケジュールに入れることのできる唯一のこと」 she 以下は The only thing を修飾する節。
  fit A into B「A を B に合わせる／はめ込む」
- help out「手伝う」
- distribute A to B「A を B に配る」
- in need「困っている」
- have no choice「仕方がない／えり好みできない」
- sign up「参加登録する」

◆第 3 段落◆

- patient「忍耐力のある／我慢強い」
- personally「個人的に」
- be grateful for A「A のことで感謝している」

- mean much to A「A にとって重要である」
- be willing to do「~するのをいとわない／快く~する」
- fortunate「恵まれている／幸運な」

◆第 4 段落◆

- It wasn't just Mr. Goddard who was incredibly kind and caring「信じられないほど親切で思いやりのあるのはゴダードさんだけでなかった」 It isn't just A who ... は「…なのは A（人）だけではない」という意味になる強調構文。
  incredibly「信じられないほど／とても」
  caring「思いやりのある」
- passion「情熱」
- uncertain「自信がない／確信がない」
- deserve to do「~する価値がある」
- find oneself doing「気がつくと~している」

◆第 5 段落◆

- A named B「B という名前の A」
- mark「あざ／斑点」
- pretty＋副詞[形容詞]「とても~」
- get irritated from A「A で炎症を起こす」
- proper「適切な／ふさわしい」
- something as simple as taking a shower「シャワーを浴びるというだけの簡単なこと」 as simple 以下は something を修飾する形容詞句。

◆第 6 段落◆

- give out O / give O out「O を配る」

◆第 7 段落◆

- bring up O / bring O up「O（議題など）を持ち出す」
- expect A from B「B に A を期待する」
- unfortunately「残念ながら」
- something we have a budget for「私たちの予算に含まれていること」 we 以下は something を修飾する節。

budget for A「Aのための予算」
・What if SV ...?「…ならどうだろう」
・donation「寄付金」
・on one's own「自分で」
・get started「始める」

◆第8段落◆
・talk A into doing「Aを説得して～させる」
・donate O「Oを寄付する」
・raise money「資金を調達する」
・have O left「Oが残っている」
・supply「用品」
・manage to do「なんとか～する」
・for free「無料で」
・mood「気分」
・affect O「Oに影響する」

◆第9段落◆
・inspire O to do「Oを奮起させて～させる」

【設問解説】
問1 30 ③
　　 30 に入れるのに最も適切な選択肢を選べ。
　① リサの計画に必要な材料をいくつか買う
　② ポータブルシャワーについてリサにアイデアを出す
　③ リサが目標を追求できるように彼女に何人かの人を紹介する
　④ リサに割り当てられた仕事にもっと注意を払うように言う
　　第7段落最終文「『なるほど，それは素晴らしいことですね。私はあなたが取りかかるのを助けられる人を何人か知っています』と言った」より，③が正解。①，②，④については述べられていないので，不可。
問2 31 ④ 32 ③ 33 ② 34 ①
　　5つの選択肢（①～⑤）から4つを選び，起きた順に並べ換えよ。 31 → 32 → 33 → 34
　① 彼女は様々な団体に資金提供を求める。
　② 彼女はあるフードバンク利用者の健康問題について知る。
　③ 彼女はボランティア活動に注意と努力を注ぎ始める。
　④ 彼女はボランティア活動をする機会を見つけようとする。
　⑤ 彼女はフードバンクで過ごした時間についてエッセイを書く。
　　第2段落第1文「絶望的な気分で，リサはボランティア活動ができる機会をインターネットで検索し始めた」より， 31 には④が入る。第4段落第4・

最終文「しかし間もなくリサは，気がつくと当初予定していたよりも一生懸命に働いていた。誰かが彼女に仕事を与えるといつでも，彼女はそれに十分な注意を払い全力で取り組んだ」より， 32 には③が入る。第5段落第1～4文「リサがボランティア活動を始めてから数か月経ったある日，食べ物を買うことができないことが頻繁にある，ジェイソンという名前の男性が顔中あちこち赤くなった状態でやって来た。彼女は彼のことを今ではよくわかっていると感じていたので，『あらジェイソン，どうしたの？　喧嘩でもしたの？』と尋ねた。すると，『違うよ，乾燥した天気で肌が炎症を起こしたんだけど，シャワーを浴びることも適切な薬を買うこともできなくて，悪化しちゃったんだ』と彼は言った」より， 33 には②が入る。第8段落第1文「簡単ではなかったが，市役所や多くの民間の慈善団体を説得してお金を寄付してもらうことで，リサはフードバンクの外で晴れた日に設置できるポータブルシャワーを買うための十分な資金を調達することができた」より， 34 には①が入る。リサがフードバンクでの時間についてエッセイを書いたとは本文に述べられていないので，⑤はどの空所にも入らない。
問3 35 36 ③・⑤
　　 35 と 36 に入れるのに最も適切な2つの選択肢を選べ。（順不同。）
　① 心身をさわやかにしてくれるシャワー
　② 自分に自信を持つこと
　③ 人の気分がよくなるのを見ること
　④ 政治家と話すこと
　⑤ 仕事をしているスタッフの姿を見ること
　　第8段落最終文「シャワーを浴びて，散髪をしてもらえることで人の気分がこれほど影響を受けるのを目の当たりにすることは素晴らしいことだった」とあり，それを受けて最終段落に「バンク・オブ・ホープでの体験がきっかけで，リサは学校で社会奉仕クラブを立ち上げ，今では，人を助けることは正しいことだと信じているからそうしている」とあるので，③は正解。第4段落第1文「信じられないほど親切で思いやりのあるのはゴダードさんだけでなく，バンク・オブ・ホープで働く人たちは皆，やって来る人たちを助けることに対して真の情熱を持っているように思えた」とあり，同段落第4文には「間もなくリサは，気がつくと当初予定していたよりも一生懸命に働いていた」とあるので，⑤も正解。①は，上記第8段落最終文に関連するが，リサがシャワーを浴びたわけではないので，不可。②については述べられていないので，不可。④は，第8段

― 95 ―

落第1文に「簡単ではなかったが，市役所や多くの民間の慈善団体を説得してお金を寄付してもらうことで，リサはフードバンクの外で晴れた日に設置できるポータブルシャワーを買うための十分な資金を調達することができた」とあるが，これはリサがボランティア活動への考え方を変えたから行ったことであり，考え方を変えるきっかけではないので，不可。

問4 | 37 | ②

[37] に入れるのに最も適切な選択肢を選べ。

① 働き続けたくなかった

② **利己的な理由でボランティアをしていることに罪悪感を抱いた**

③ ゴダードさんを怒らせたと思った

④ 早起きをすることでイライラしていた

　リサが「私はここにいる資格があるのかしら？」と自問することは，第4段落第3文に述べられている。第1・2段落では，リサが大学進学のため仕方なくボランティア活動を始めた経緯が述べられており，直前の第4段落第1・2文には「信じられないほど親切で思いやりのあるのはゴダードさんだけでなく，バンク・オブ・ホープで働く人たちは皆，やって来る人たちを助けることに対して真の情熱を持っているように思えた。最初，リサには自信がなかった」とあるので，②が正解。①・③については述べられていないので，不可。④は，第2段落最終文に「彼女は週末に早起きはしたくなかったが，仕方がないので参加登録をした」とあるが，それが原因で自問したわけではないので，不可。

問5 | 38 | ③

[38] に入れるのに最も適切な選択肢を選べ。

① よい指導者は私たちが最高の自分になるよう強く求める

② 幸運は世界をよりよくする重要な部分である

③ **私たちは求められていることよりも多くのことをすることで他の人を助けることができる**

④ 私たちは他の人が認めてくれるように自分自身を尊重すべきだ

　これは，リサという高校生が最初仕方なく始めたボランティア活動を通して，ボランティア活動に対する考え方を変えていく話である。特に第5段落以降では，知り合いになったフードバンクの利用者のためにお金を集め，ポータブルシャワーなどを買ったことが述べられており，求められていないことまでやったことがわかる。したがって，③が正解。

— 96 —

第3回

第6問

A

【全訳】

　あなたは英語のディスカッショングループに所属しています。毎週，メンバーは記事を読み，要約を作成し，クイズ問題を作ってグループと共有しています。次のミーティングのために，あなたは次の記事を読みます。

リサイクルをする前にリデュースとリユースを

　2013年，イギリスのグラストンベリーでは，観光客が巨大なミツバチの立体造形を目にして大喜びした。トレミー・エルリントンがデザインしたこの立体造形は，制作に900時間を要した。花に止まるその美しい昆虫に関して何より驚くべきなのは，それが海から回収したペットボトルやその他の廃棄物だけで作られていたことだ。洗剤メーカーのエコバー社が，ゴミを適切に処理する必要性を強調するためにこの立体造形の制作を依頼したのだ。

　この立体造形は，エルリントンが不要な材料を使ってこれまでに作った多くの作品の1つにすぎない。彼の美しいオオカミの立体造形をよく見てみると，エルリントンが道ばたで見つけた古い車の部品で作られていることがわかるだろう。エルリントンの作品は，アップサイクルと呼ばれる手法の完璧な例である。アップサイクルとは，使われていないものを用いて，より役に立つものや，より価値のあるものに変えることだ。それはリサイクルとは異なる。リサイクルとは，例えば古い瓶のガラスを溶かして新しい瓶を作るといったように，使われていないものを元の材料に戻して再利用することだ。リサイクルは重要だが，アップサイクルを行うことで，より早い段階で材料が廃棄物の流れに乗らないようにすることができる。また，リサイクルでは，分解する間に元の材料の品質が以前より落ちる可能性もある。

　アップサイクルが不可欠なのは，今日，ほとんどのゴミが埋立地に送られるからだ。埋立地は，その名の通り，ゴミを置き，その上に土をかぶせる場所である。埋立地が悪いのは，多くの人がペンキなどの毒物を捨て，それが土壌や水に入り込んで環境を悪化させるからだ。さらに，材料が腐敗すると，埋立地の中にガスが溜まり，このガスに火がつくこともある。このようなリスクがあるにもかかわらず，廃棄物が非常に多いため，埋立地は必要である。イギリスだけでも，平均的な家庭で1年間に1トンの廃棄物を出している。つまり，イギリスでは毎年，平均して合計3,100万トンの廃棄物が埋立地に運ばれていくのだ。

　誰でもアップサイクルを行うことで，廃棄物が埋立地に行くのを止める手助けができる。ダイナ・ウルフはワーキングマザーだ。彼女は，興味を引く古いもの，特に家具を見つけ，家族や友人への贈り物へと作り変えるのが好きだ。例えば，ペンキを買ってきて古い家具に新しい見た目を与える。夕食の食材が入っていた缶詰を使ってテーブルのセンターピースを作った。インタビューの中でウルフは，アップサイクルは試行錯誤が大事だと語った。完成した作品が気に入らなければ，バラバラにして，自分が望んでいる通りの外見になるまでやり直す。ウルフは，アップサイクルの重要性を感じており，人々が自分で試せるようなプロジェクトを満載したウェブサイトを作っている。

　それとは対照的に，シャリ・メンデルソンは，他の人を説得してアップサイクルをさせる必要性を感じていない。その代わりに，彼女はペットボトルなどの廃棄されたプラスチックを使って，美しく役に立つものを作っている。シャリの友人たちは，彼女がプラスチックの面白いものを好むことを知っているので，普通なら捨てられてしまうような使用済みの品を彼女のところへ持ってくる。シャリの実例によって，友人たちはアップサイクルのことを知り，自分たちも廃棄物を再利用する努力をしている。

　アップサイクルは結果として特別なプロジェクトを生み出す。タイヤで作った2つとない財布，古いテントで作ったバックパック，壊れたパソコンの配線で作ったアクセサリーなどを人々

— 97 —

は楽しんで使うことができる。しかし，その過程には時間がかかる。作り手は，古いものを見つけてきて，それが何になる可能性があるかを判断しなければならない。そのイメージを現実のものにするのに，何百時間もかかることもある。たとえそうだとしても，アップサイクルはとても楽しく，充実したものとなりうる。心に留めておきたい重要な点は，製品を廃棄物の流れに乗せないようにすることであり，そうして埋立地に行く量を減らすことである。アップサイクルのプロジェクトには目的があるべきだ。つまり，実際に機能するものか役に立つものでなければならない。古くなったジーンズで作ったラグの場合もあるだろうし，庭に飾る美しい立体造形の場合もあるだろうが，最終的にできあがったものには価値がなければならないのだ。アップサイクルは，リサイクルのステップに入る前にリデュースとリユースをするというコンセプトを使うので，人気が高まっている。

要約：

リサイクルをする前にリデュースとリユースを

一般情報
筆者が主として言いたいのは，39　③　不要な材料をより価値あるものにすることは，リサイクルよりも優れている　ということだ。

アップサイクル
トレミー・エルリントンは　40　②　不要な材料を使って芸術作品を制作した。
ダイナ・ウルフは仕事を持つ母親であり，彼女は　41　⑥　古い家具を引きとり，新しく見えるように変えた。

アップサイクルの有益な成果
それによりあなたは最終的に　42　①　他にはないもの　を所有することができる。
時間はかかるが，楽しくて満足感がある。

クイズ問題：

次のうち，記事の中で述べられているストーリーやものを表して<u>いない</u>のはどれか。

答え　43　②　B

【語句・構文解説】
・summary「要約」
・share A with B「AをBと共有する」
・the following A「次のA」
・article「記事」
・reduce O「Oを減らす」

◆第1段落◆
・be delighted to *do*「～して大喜びしている」
・sculpture「立体造形／彫刻」
・The sculpture, designed by Ptolemy Elrington,「トレミー・エルリントンがデザインしたこの立体造形」designed 以下は The sculpture を補足説明

する過去分詞句。
- amazing「素晴らしい」
- the beautiful insect sitting on a flower「花に止まるその美しい昆虫」 sitting 以下は the beautiful insect を修飾する現在分詞句。
- entirely「まったく」
- plastic bottles and other waste taken from the ocean「海から回収したペットボトルやその他の廃棄物」 taken 以下は plastic bottles and other waste を修飾する過去分詞句。
- detergent「洗剤」
- had the sculpture made「立体造形を制作してもらった」
  have O *done*「O を～してもらう」
- dispose of A「A を処理する／捨てる」
- garbage「ゴミ／生ごみ」
- properly「適切に／きちんと」

◆第2段落◆
- material「材料」
- old car parts Elrington found by the road「エルリントンが道ばたで見つけた古い車の部品」
  Elrington 以下は old car parts を修飾する節。
- A called B「B と呼ばれる A」
- break down A into B / break A down into B「A を B に戻す／分解する」
- base material「元の材料」
- a new one「新しい瓶」 one は bottle の代用。
- keep A out of B「A を B に入らないようにしておく」
- stream「流れ」

◆第3段落◆
- essential「不可欠な」
- landfill「埋立地」
- like SV ...「…するように」
- dirt「土／泥」
- throw away O / throw O away「O を捨てる」
- poisonous「有毒な」
- leak into A「A に浸み込む」
- earth「土壌」
- hurt O「O を損なう／傷つける」
- in addition「さらに／その上」
- rot「腐敗する」
- catch fire「火がつく」
- A alone「A だけで」
- generate O「O を生み出す」
- in other words「つまり／言い換えると」

◆第4段落◆

- stop O (from) *doing*「O が～するのをやめさせる／妨げる」
- trial and error「試行錯誤」
- take O apart「O をバラバラにする」
- look the way SV ...「…するように見える／…する見た目である」
- a website full of projects for people to try on their own「人々が自分で試せるようなプロジェクトを満載したウェブサイト」 full 以下は a website を修飾する形容詞句。for 以下は projects を修飾する不定詞句。
  full of A「A でいっぱいの」
  on *one's* own「自分で／ひとりで」

◆第5段落◆
- by contrast「対照的に」
- convince O to *do*「O を説得して～させる」
- discarded「捨てられた／放棄された」

◆第6段落◆
- result in A「結果として A になる」
- a one-of-a-kind wallet made from a tire「タイヤで作った2つとない財布」 made 以下は a one-of-a-kind wallet を修飾する過去分詞句。
  one-of-a-kind「2つとない／特別な」
- a backpack made from an old tent「古いテントで作ったバックパック」 made 以下は a backpack を修飾する過去分詞句。
- jewelry made from wires from a broken computer「壊れたパソコンの配線で作ったアクセサリー」 made 以下は jewelry を修飾する過去分詞句。
  jewelry「アクセサリー／装身具類」
- fulfilling「充実させる／達成感を与える」
- functional「機能を果たす／実用的な」
- a rug made from old jeans「古くなったジーンズで作ったラグ」 made 以下は a rug を修飾する過去分詞句。
  rug「（床の一部に敷く）敷き物」
- grow in popularity「人気が増す」

〈要約〉
- beneficial「有益な」
- time-consuming「時間のかかる」

〈クイズ問題〉
- represent O「O を表す／象徴する」
- a story or item mentioned in the article「記事の中で述べられているストーリーやもの」 mentioned 以下は a story or item を修飾する過去分詞句。

【設問解説】
問1 39 ③

39 に入れるのに最も適切な選択肢を選べ。

① 廃棄物に対する私たちの考え方を変えることは，ほとんど意味がない
② 廃棄物からオリジナルのものを作ることで，多くの時間を節約できる
③ **不要な材料をより価値あるものにすることは，リサイクルよりも優れている**
④ 自然環境の保全は，今最も重要なことである

第2段落第4文「アップサイクルとは，使われていないものを用いて，より役に立つものや，より価値のあるものに変えることだ」より，③の「不要な材料をより価値あるものにすること」とはアップサイクルのことだとわかる。同段落第6文「リサイクルは重要だが，アップサイクルを行うことで，より早い段階で材料が廃棄物の流れに乗らないようにすることができる」より，筆者はアップサイクルがリサイクルよりも優れていると述べている。最終段落第7文「心に留めておきたい重要な点は，製品を廃棄物の流れに乗せないようにすることであり，そうして埋め立て地に行く量を減らすことである」より，筆者が主として言いたいことがわかる。したがって，③が正解。②は最終段落第5文の「そのイメージを現実のものにするのに，何百時間もかかることもある」より，不可。①，④については述べられていないので，不可。

問2 40 ② 41 ⑥

40 と 41 に入れるのに最も適切な選択肢を選べ。

① 販売するため面白いプラスチックを集めた
② **不要な材料を使って芸術作品を制作した**
③ 不要なものを交換するためのウェブサイトを作った
④ 廃棄物をエネルギーに変える方法を発見した
⑤ 900本のペットボトルを使って，大きなミツバチの立体造形を制作した
⑥ **古い家具を引き取り，新しく見えるように変えた**

トレミー・エルリントンに言及しているのは第1・2段落であり，そこではペットボトルなどで造られたミツバチの立体造形の話や，古い車の部品で造られたオオカミの立体造形について述べられているので，40 には②が入る。

ダイナ・ウルフに言及しているのは第4段落であり，その第3・4文「彼女は，興味を引く古いもの，特に家具を見つけ，家族や友人への贈り物へと作り

変えるのが好きだ。例えば，ペンキを買ってきて古い家具に新しい見た目を与える」より，41 には⑥が入る。

問3 42 ①

42 に入れるのに最も適切な選択肢を選べ。

① **他にはないもの**
② 昔の名作
③ 市場で人気のあるもの
④ 最も高価な宝物

最終段落第1・2文「アップサイクルは結果として特別なプロジェクトを生み出す。タイヤで作った2つとない財布，古いテントで作ったバックパック，壊れたパソコンの配線で作ったアクセサリーなどを人々は楽しんで使うことができる」より，「他にはないもの」をアップサイクルで手に入れられることがわかるので，①が正解。②と③については述べられていないので，不可。④は，第2段落第4文「アップサイクルとは，使われていないものを用いて，より役に立つものや，より価値のあるものに変えることだ」に関連するが，「最も高価な宝物」になるとは述べられていないので，不可。

問4 43 ②

クイズ問題の答えは 43 である。

① A
② B
③ C
④ D

Bは，家庭から出たゴミが焼却処分されているイラストである。記事では第3段落でゴミの埋め立て処理について述べられているが，焼却処分については述べられていないので，②のBが正解。Aは，廃車からオオカミの立体造形が作られているイラストで，第2段落第2文「彼の美しいオオカミの立体造形をよく見てみると，エルリントンが道ばたで見つけた古い車の部品で作られていることがわかるだろう」より，記事の中で述べられているとわかる。Cは，ペットボトルから作られたものを持つ人を見て，別の複数の人物が感心している場面。第5段落第3・最終文「シャリの友人たちは，彼女がプラスチックの面白いものを好むことを知っているので，普通なら捨てられてしまうような使用済みの品を彼女のところへ持ってくる。シャリの実例によって，友人たちはアップサイクルのことを知り，自分たちも廃棄物を再利用する努力をしている」より，イラストはシャリの友人がシャリの作ったアップサイクルの作品を見て感銘を受けている場面であり，記事の中で述べられているとわかる。Dは，古いテント

— 100 —

からバックパックが作られているイラストで，最終
段落第2文「タイヤで作った2つとない財布，古い
テントで作ったバックパック，壊れたパソコンの配
線で作ったアクセサリーなどを人々は楽しんで使う
ことができる」の中で述べられている。

B
【全訳】
　あなたは次の記事を使って、生物学上の発見についての校内発表のポスターを準備しています。

　ランの花は、ラン科という学名を持っており、人気のある鉢植え植物で、生け花によく用いられる。しかし、商業用に栽培されるランは、ラン科の仲間のほんの一部にすぎない。ラン科には28,000を超える種が含まれていて、その数は哺乳動物の種の数の4倍になる。種子植物の種全体のおよそ6から11パーセントがランである。すべてのランが花を咲かせ、それぞれの花には3つのがく片と、2つの側花弁と、1つの唇弁がある。花の中では、雄しべと雌しべが融合しており、花粉は互いにくっつき合って花粉塊と呼ばれるかたまりを形成し、それが昆虫によって運ばれる。種子は非常に小さく、その中には養分がほとんど入っていない。ランのほとんどは葉脈が直線状に通った単純な葉を持ち、茎には木質がまったくない。一部のランの根の外層はとても厚みがあり、水分や養分を吸収し蓄えるようになっている。

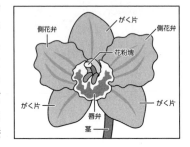

　ランは熱帯の森林で生育する植物だとほとんどの人が考えており、それは一部のランに当てはまる。ランは、例えば中南米原産のカトレアのように、ほとんどが木に付着して生えている。木に着生するランはたいてい水分を蓄えるのに役立つ、偽鱗茎と呼ばれる特別な器官をもっているが、それはそうしたランの根が水分を集めることのできる土の中にないからである。カトレアは偽鱗茎だけでなく、水分を捕らえて蓄えることのできる厚みのある根も持っている。カトレアはよく生け花で用いられる芳香を放つ巨大な花を咲かせる。

　デンドロビウムもまた偽鱗茎を持っていて、森の中で見つかる。しかし、デンドロビウムは背の高い茎により小さい多くの花を咲かせる。東半球の南太平洋諸島にある熱帯雨林に生えている。インドのヒマラヤ山脈でも生育している。より寒冷な地域に生育するものは、雨が少ない時期には葉を落とし、雨季には新しい葉をつけることが多い。デンドロビウムはランの中でも最も大きなグループの1つで、およそ1,500の種がある。

　デンドロビウムと同じように、オンシジウムも海抜ゼロメートルの熱帯からアンデス山脈まで広範囲の環境で生育しているが、東半球よりむしろ西半球で見つかる。オンシジウムは茶色と黄色が多いが、ピンクや紫や緑や白もある。この種類のランにはふつう鮮やかな模様があって、下の方の側花弁がダンスをしている女性のスカートのように見えるので、時に「ダンシングレディ」と呼ばれることがある。

　パフィオペディルムは樹上よりむしろ森の地面や崖に生育するので、水分を蓄えるための偽鱗茎はない。東アジアの雨林の日の当たらない場所で見つかる。その花は、色と香りに引き寄せられる昆虫を捕まえる、カップに似た特別な形をしている。昆虫は花のカップから這い出るときにその花に授粉する。ヒスイランもまた、あらゆる形と大きさの花を使って昆虫を引き寄せる。その花の中には、昆虫が飛んでいる様子にほとんどそっくりなものもある。ヒスイランは東南アジアで見つかり、年に数回、開花する。温暖で湿気の多い谷間を好むものもあれば、涼しい山地に生育するものもある。生育場所がどこであれ、ヒスイランはすべて明るい日光の中で繁茂する。

　コチョウランは家庭での栽培が最も簡単なランである。熱帯性でアジアと南太平洋の原産であり、水分を蓄える幅広の大きな葉を持っている。その大きな花はガのように見えるので、よく「ガのラン」と呼ばれる。花の栽培者は、様々な色と形を持つこの人気のランの品種を何千も創り出してきた。対照的に、ランの中には固有の生息地以外では栽培がほとんど不可能なものもある。例えば、オーストラリアにリザンテラと呼ばれる珍しいランがあって、日光の当たらないまったくの地中で生育している。そのランは養分を、緑の葉で行われる光合成によらず、菌類か

ら得ている。

　だが，ランの人気はその見た目にとどまらない。ランには様々な香りがあって，それが香水業界で使われている。食品の香料として人気の高いバニラもまたラン科の植物から採られている。ランの種の中には伝統医療で使われているものもある。科学者は，それらが病気治療に役立つかどうか見つけだすために研究している。ランは非常に多くの珍しい場所で生育しているので，今日でも新種が絶えず発見されている。次にどんな種類の驚くべき新しいランが見つかるかは誰にもわからない。

発表ポスター草稿：

ランの花

基本情報　44 ④

ラン科は…
- A．生け花に用いられることが多い
- B．受粉を昆虫に依存している
- C．一般的に茎には木質がない
- **D．網の目のような葉脈の葉を持つ**
- E．28,000 を超える種を含む
- F．受粉の後，とても小さい種をつける

様々なランが世界のどこで生育しているか　45 ④

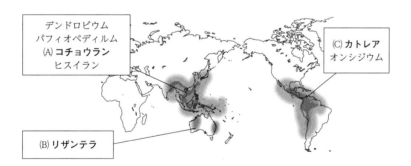

ランの興味深い特徴

46　④　人々は，その形によって一部のランにニックネームを付けて呼んでいる。
47　⑤　ランの中には水分や養分を蓄えられる厚みのある根を持つものがある。

未来のラン

48　③　ランが病気治療に役立つことが証明されるかもしれない。

【語句・構文解説】
・prepare O「O を準備する」
・in-school presentation on A「A についての校内発表」
・biological discovery「生物学上の発見」
・the following A「次の A」
・article「記事」

◆第1段落◆
・orchid「(植物の)ラン」
・orchidaceae「ラン科(植物)」
・houseplant「(室内用)鉢植え植物」
・flower arrangement「生け花」
・the orchids grown for commercial use「商業的な使用のために栽培される」 grown 以下は the orchids を修飾する過去分詞句。
　grow O「O を栽培する」
・family「(生物分類の)科」
・include O「O を含む」
・species「(生物分類の)種」 単複同形。
・X times the number of A「A の数の X 倍」
・mammal「哺乳動物」
・seed plant「種子植物」
・sepal「がく片」
・petal「側花弁」
・lip「唇弁」
・stamen「雄しべ」
・pistil「雌しべ」
・fuse O「O を一つに合わせる」
・pollen「花粉」
・stick to A「A に付着する」
・form O「O を形成する」
・lump「かたまり」
・A called B「B と呼ばれる A」
・pollinia「花粉塊」
・insect「昆虫」
・with hardly any nutrients in them「その中に養分がほとんど入っていない」
　with A ～「A が～の状態で」 付帯状況を表す。
　hardly any A「ほとんど A がない」
　［例］ There are **hardly any** books in his room.
　　　　彼の部屋にはほとんど本がない。
　nutrient「養分／栄養素」
・with veins growing in straight lines, and no wood on the stems「葉脈が直線状に通り，茎には木質がまったくない」
　with A ～「A が～の状態で」 付帯状況を表す。A は veins と no wood で，～ は growing in straight

lines と on the stems となっている。
　vein「葉脈」
　stem「(植物の)茎」
・outer layer「外層」
・absorb O「O を吸収する」

◆第2段落◆
・be true for A「A に当てはまる」
・organ「(生物の体の)器官」
・pseudobulb「偽鱗茎／バルブ」
・store O「O を蓄える」
・moisture「水分／湿気」
・sweet-scented「芳香のある」

◆第3段落◆
・hemisphere「(地球の)半球」
・rainy season「雨季」

◆第4段落◆
・a wide range of A「広範囲の A」
・A rather than B「B よりもむしろ A」
・marking「模様／斑点」

◆第5段落◆
・cliff「崖」
・shady「日陰になった」
・insects attracted to its color and smell「色と香りに引き寄せられる昆虫」 attracted 以下は insects を修飾する過去分詞句。
・pollinate O「O を授粉する」
・... as well「…もまた」
・bloom「開花する」
・prefer O「O の方を好む」
・humid「湿気の多い／湿った」
・valley「谷／峡谷」
・thrive「繁茂する」

◆第6段落◆
・moth「(昆虫の)ガ」
・variety「品種」
・by contrast「対照的に」
・native habitat「固有の生息地」
・fungi<fungus「菌類」 の複数形。
・photosynthesis「光合成」

◆第7段落◆
・appearance「見た目／外見」
・perfume「香水」
・flavoring「香料」
・traditional medicine「伝統的な医療［薬］」
・find out if SV ...「…かどうか見つけだす」
・cure O「O を治療する」
・disease「病気／疾患」

— 104 —

・Who knows ...?「誰にも…はわからない／誰が…を知っていようか，いや知らない」

◆ポスター原稿◆
・draft「原稿／草稿／下書き」
・feature「特徴」

【設問解説】

問1 44 ④

あなたはポスターをチェックしている。**基本情報**の欄で間違いを1つ見つけた。次のうちどれを**削除**すべきか。 44

① A
② B
③ C
④ D
⑤ E
⑥ F

第1段落第8文の前半「ランのほとんどは葉脈が直線状に通った単純な葉を持ち」より，**D**が間違っているので，④が正解。①は，同段落第1文「ランの花は，ラン科という学名を持っており，人気のある鉢植え植物で，生け花によく用いられる」より，正しい情報である。②は，同段落第6文「花の中では，雄しべと雌しべが融合しており，花粉は互いにくっつき合って花粉塊と呼ばれるかたまりを形成し，それが昆虫によって運ばれる」より，正しい情報である。③は，同段落第8文の後半「茎には木質がまったくない」より，正しい情報である。⑤は，同段落第3文の前半「ラン科には28,000を超える種が含まれていて」より，正しい情報である。⑥は，同段落第7文「種子は非常に小さく，その中には養分がほとんど入っていない」より，正しい情報である。したがって，①，②，③，⑤，⑥はいずれも不可。

問2 45 ④

あなたは様々なランの自然の生息地を示す地図を作ろうとしている。地図を完成するのに最適な組合せを選べ。 45

① (A) カトレア　　(B) コチョウラン
　　(C) リザンテラ
② (A) カトレア　　(B) リザンテラ
　　(C) コチョウラン
③ (A) コチョウラン　(B) カトレア
　　(C) リザンテラ
④ **(A) コチョウラン　(B) リザンテラ**
　　(C) カトレア
⑤ (A) リザンテラ　(B) カトレア
　　(C) コチョウラン

⑥ (A) リザンテラ　　(B) コチョウラン
　　(C) カトレア

第2段落第2文「ランは，例えば中南米原産のカトレアのように，ほとんどが木に付着して生えている」より，中南米の(C)はカトレアとわかる。第6段落第1・2文「コチョウランは家庭での栽培が最も簡単なランである。熱帯性でアジアと南太平洋の原産であり，水分を蓄える幅広の大きな葉を持っている」より，アジアの(A)はコチョウランとわかる。第6段落第6文「例えば，オーストラリアにリザンテラと呼ばれる珍しいランがあって，日光の当たらないまったくの地中で生育している」より，オーストラリアの(B)はリザンテラとわかる。したがって，④が正解。

問3 46 47 ④-⑤

下のリストから，ランの特徴を最もよく説明しているものを2つ選べ。（順不同。） 46 ・ 47

① 世界中のランはすべて1年に複数回花を咲かせる。
② 木に着生するほとんどのランは，自分が着生している木を枯らしてしまう。
③ ランはヒマラヤ山脈やアンデス山脈のような寒い場所では育たない。
④ **人々は，その形によって一部のランにニックネームを付けて呼んでいる。**
⑤ **ランの中には水分や養分を蓄えられる厚みのある根を持つものがある。**

第1段落最終文「一部のランの根の外層はとても厚みがあり，水分や養分を吸収し蓄えるようになっている」と，第2段落第4文「カトレアは偽鱗茎だけでなく，水分を捕らえて蓄えることのできる厚みのある根も持っている」より，⑤が正解。また，第4段落最終文「この種類のランにはふつう鮮やかな模様があって，下の方の側花弁がダンスをしている女性のスカートのように見えるので，時に『ダンシングレディ』と呼ばれることがある」と，第6段落第3文「その大きな花はガのように見えるので，よく『ガのラン』と呼ばれる」より，④も正解。①は，第5段落第7文に「ヒスイランは東南アジアで見つかり，年に数回，開花する」とあるが，世界中のすべてのランに当てはまるとは述べられていないので，不可。②は，第2段落第2文に「ランは，例えば中南米原産のカトレアのように，ほとんどが木に付着して生えている」とあるが，着生した木を枯らすとは述べられていないので，不可。③は，第3段落第4・5文「（デンドロビウムは）インドのヒマラヤ山脈でも生育している。より寒冷な地域に生育す

— 105 —

るものは，雨が少ない時期には葉を落とし，雨季には新しい葉をつけることが多い」と，第4段落第1文の前半「デンドロビウムと同じように，オンシジウムも海抜ゼロメートルの熱帯からアンデス山脈まで広範囲の環境で生育している」より，不可。

問4 48 ③

　この文章から，未来に起こる可能性があるのは次のうちのどれか。 48

① 世界中の庭や店で育てられたり売られたりするランは少なくなるだろう。

② ランの花は今日ほど人気ではなくなるかもしれない。

③ **ランが病気治療に役立つことが証明されるかもしれない。**

④ 香水業界はランを絶滅から守るだろう。

　最終段落第4・5文「ランの種の中には伝統医療で使われているものもある。科学者は，それらが病気治療に役立つかどうか見つけだすために研究している」より，研究の結果により病気治療に有効であるとわかる可能性があるので，③が正解。①，②，④については，本文の内容から可能性があるとは判断できないので，不可。

問5 49 ③

　この文章から，筆者が 49 ことが推測できる。

① 自分の庭で新種のランを発見した

② 私たちにランの香りについてさらに多くのことを学ぶよう主張している

③ **ランにきわめて多くの種類があることに関心がある**

④ 昆虫にとてもよく似ているので，ランの花を愛している

　筆者は第1段落でラン科の植物の一般的な特徴を述べた後，続く第2～6段落で人気のある代表的な花や珍しい花の生息地，形や色などについて解説している。そして最終段落では，ランの医学的研究と新種発見の期待を述べているので，③が正解。①，②については本文の内容から推測できることではないので，不可。④は，第6段落第3文に「その大きな花はガのように見えるので，よく『ガのラン』と呼ばれる」ことについて述べられているが，これが理由でランの花を愛しているとは述べられていないので，不可。

第4回 解答・解説

設問別正答率

解答番号	1	2	3	4	5	6	7	8	9	10
配点	2	2	2	2	2	2	2	2	2	2
正答率(%)	59.4	34.6	57.3	85.1	73.6	80.5	29.3	51.7	12.7	42.9
解答番号	11	12	13	14	15	16	17	18-21	22	23
配点	2	2	2	2	2	3	3	3	3	3
正答率(%)	70.9	58.6	69.8	43.5	49.3	74.8	45.7	39.6	81.7	45.9
解答番号	24	25	26	27	28	29	30	31	32-35	36
配点	3	3	2	2	3	3	3	3	3	3
正答率(%)	49.4	36.4	47.5	31.5	50.4	39.0	34.4	37.8	7.0	37.0
解答番号	37-38	39	40	41-42	43	44	45-46	47	48	49
配点	3	3	3	3	3	2	3	2	2	3
正答率(%)	32.6	65.2	54.4	27.9	55.2	33.8	14.0	19.3	33.7	21.0

設問別成績一覧

設問	設 問 内 容	配 点	平均点	標準偏差
合計		100	45.2	18.9
1	読解問題－案内文，リーフレット	10	6.2	2.6
2	読解問題－パンフレット，レポート	20	10.2	4.5
3	読解問題－ブログ，エッセイ	15	8.6	4.3
4	読解問題－記事	16	6.8	4.7
5	読解問題－エッセイ	15	4.5	3.9
6	読解問題－論説文	24	8.9	5.4

(100点満点)

問題番号	設問		解答番号	正解	配点	自己採点
第1問	A	問1	1	④	2	
		問2	2	②	2	
	B	問1	3	④	2	
		問2	4	①	2	
		問3	5	④	2	
第1問 自己採点小計					(10)	
第2問	A	問1	6	②	2	
		問2	7	①	2	
		問3	8	④	2	
		問4	9	④	2	
		問5	10	③	2	
	B	問1	11	①	2	
		問2	12	②	2	
		問3	13	⑤	2	
		問4	14	③	2	
		問5	15	①	2	
第2問 自己採点小計					(20)	
第3問	A	問1	16	③	3	
		問2	17	③	3	
	B	問1	18	①	3※	
			19	④		
			20	③		
			21	②		
		問2	22	④	3	
		問3	23	①	3	
第3問 自己採点小計					(15)	
第4問		問1	24	①	3	
		問2	25	①	3	
		問3	26	②	2	
			27	④	2	
		問4	28	④	3	
		問5	29	①	3	
第4問 自己採点小計					(16)	

問題番号	設問	解答番号	正解	配点	自己採点
第5問	問1	30	③	3	
	問2	31	④	3	
	問3	32	②	3※	
		33	④		
		34	⑤		
		35	①		
	問4	36	③	3	
	問5	37 - 38	①-③	3※	
第5問 自己採点小計				(15)	
第6問	A 問1	39	②	3	
	問2	40	③	3	
	問3	41 - 42	①-②	3※	
	問4	43	③	3	
	B 問1	44	②	2	
	問2	45 - 46	③-④	3※	
	問3	47	①	2	
	問4	48	②	2	
	問5	49	①	3	
第6問 自己採点小計				(24)	
自己採点合計				(100)	

（注） ※は，全部正解の場合のみ点を与える。

－（ハイフン）でつながれた正解は，順序を問わない。

第4回

第1問

A

【全訳】
　あなたはアメリカでホームステイ中に料理教室を受講していて，修了すべきプロジェクトを2つのうちから1つ選ぶ必要があります。先生がこのプリントを提供してくれます。

おいしいデザートのクラス

バースデーケーキ
ケーキ用の美しいデコレーションを作るための様々な道具の使い方を学びます。
どの生徒も

● 同じデコレーションパターンを与えられ，色は自由に選べます。

● 手軽なバラのシュガーフラワーと庭で摘んだ本物の花の両方を使います。

● ケーキのレシピの本が1冊無料でもらえます。

チョコレートボックス
ギフト用のきれいなボックスに入れる様々なフレーバーのチョコレートを作ります。
どの生徒も

● 協力し合って6つの異なるフィリング(オレンジ，アーモンド，キャラメルなど)を作り，各生徒が自分のチョコレートの中にそれを入れます。

● 完成したチョコレート12個入りのボックスを持ち帰ります。

● 追加のボックスを1箱5ドルで購入することができます。

指示：
クラスで作るのはこのプリントにあるデザートのうちの1つだけです。あなたはどちらがお好みですか？　3回目の授業の最後に，どちらか一方を選んで投票してください。4回目の授業の前に，プロジェクトに持参する持ち物のリストを掲載したメールが先生から送られます。

【語句・構文解説】
・handout「プリント／配布物」
・free「無料の」
・work together「協力する」
・filling「フィリング／詰め物」
・including A「Aを含んで」
・fill O「Oの中に入れる／Oを満たす」
・completed「完成した」
・purchase O「Oを購入する」
・extra「追加の／余分の」
・instruction「指示」
・prefer O「Oの方が好きだ」

・vote for A「Aに投票する」
・supplies「必需品」

【設問解説】
問1　 1 　④
　　どちらのデザートの方が好きかを示すために何をするか。 1
　① 他の生徒に決めるのを助けてくれるよう頼む。
　② プリントに必要事項を記入して提出する。
　③ 自分の選んだものを先生にメールする。
　④ **授業の最後に投票する。**
　　指示の第3文「3回目の授業の最後に，どちらか一方を選んで投票してください」より，④が正解。

— 109 —

①，②については述べられていないので，不可。③は，**指示**の最終文に「4回目の授業の前に，プロジェクトに持参する持ち物のリストを掲載したメールが先生から送られます」とあるが，生徒から先生にメールをするようには指示されていないので，不可。

問2 **2** ②

どちらのデザートのクラスにも当てはまるのはどれか。**2**

① 追加の物を買うことができる。

② **生徒は何かを家に持ち帰ることができる。**

③ デザートは花で飾られている。

④ 様々な異なるフレーバーが提供されている。

バースデーケーキの3つめ「ケーキのレシピの本が1冊無料でもらえます」と，**チョコレートボックス**の2つめ「完成したチョコレート12個入りのボックスを持ち帰ります」より，②が正解。①は，**チョコレートボックス**の3つめ「追加のボックスを1箱5ドルで購入することができます」には当てはまるが，**バースデーケーキ**では追加の物が買えるとは述べられていないので，不可。③は，**バースデーケーキ**の2つめ「手軽なバラのシュガーフラワーと庭で摘んだ本物の花の両方を使います」には当てはまるが，**チョコレートボックス**には，デザートが花で飾られるとは述べられていないので，不可。④は，**チョコレートボックス**には「ギフト用のきれいなボックスに入れる様々なフレーバーのチョコレートを作ります」とあり，6つの異なるフィリングを作ると述べられているが，**バースデーケーキ**の1つめには「同じデコレーションパターンを与えられ，色は自由に選べます」とあり，色は自由に選べるが，フレーバーについては述べられていないので，不可。

— 110 —

B
【全訳】
　あなたは夏休みの間に実用的な技術を身につけることに興味を持っている高校生です。高校生を対象にした木工のワークショップに関するリーフレットを読みます。

後援：全国木工協会

3日間のワークショップ

初心者向けの木工！

木材加工のプロから実用的な技術を学び，この合宿型の講座を通して自信をつけましょう。

日程：2024年8月5日〜7日
場所：グリーンヒルキャンプ場
費用：220ドル。食事，ログキャビンの宿泊，すべての材料と道具の費用を含む。

講座内容

◆1日目：ノコギリ，ハンマーなど，様々な道具を使って基本を学びます。プロの指導のもと，様々な木材加工の作業をある程度まで体験します。

◆2日目：個人の課題として制作する簡単な家具を1つ選びます。例としてスツール，ベンチ，棚があります。あなたの課題を紙の上で設計，立案し，必要となる材料と道具を選びます。

◆3日目：最終日は自分の家具作りに取り組みます。経験豊富なプロが常に見守り，助言を与えてくれるので，どんな問題が起きても解決することができます。課題の完成品は自宅に持ち帰り楽しむことができます！

▶申込み

ステップ1：2024年6月15日までに<u>ここ</u>をクリックして，オンライン申込書に記入してください。

ステップ2：申込みの確認が取れ次第ご連絡いたします。

ステップ3：2024年7月30日までに50ドルの前金をお支払いいただきます。前金は返金いたしません。

ご注意ください：申込み受付は応募者が定員(30人)に達した時点で終了いたします。

【語句・構文解説】
・a high school student interested in learning a practical skill during the summer vacation「夏休みの間に実用的な技術を身につけることに興味を持っている高校生」 interested 以下は a high school student を修飾する形容詞句。

practical「実用的な」
・a woodworking workshop aimed at high school students「高校生を対象にした木工のワークショップ」 aimed 以下は a woodworking workshop を修飾する過去分詞句。
woodworking「木工／木材加工」

(be) aimed at A「Aを対象とした」

◆上段◆

・confidence「自信」
・residential「合宿型の／宿泊を伴う」
・include O「Oを含む」
・accommodation「宿泊」
・material「材料」

◆講座内容◆

・a variety of A「様々なA」
・saw「ノコギリ」
・a range of A「ある範囲のA」
・task「作業」
・guidance「指導」
・a piece of furniture「1つの家具」
・project「課題」
・stool「スツール／(ひじ掛け・背のない)腰掛け」
・rack「棚／ラック」
・the materials and tools you will need「必要となる材料と道具」 you以下は the materials and tools を修飾する節。
・spend O *doing*「～してO(時間)を費やす」
・with A+形容詞「Aが～している状態で」 付帯状況。
・available「利用できる」
・at all times「いつも／常に」
・supervise「監督する」
・come up「生じる」

◆申込み◆

・fill in O / fill O in「Oに記入する」
・be required to *do*「～することが必要である」
・non-refundable「返金不能の」

【設問解説】

問1 3 ④

この講座の目的は 3 である。
① 専門家が一連のグループディスカッションをできるようにすること
② 中級レベルの大工が上級レベルの技術を身につける手助けをすること
③ 売りものになる家具を1つ制作すること
④ **初心者に木材加工の基礎を教えること**
　上段の「**3日間のワークショップ　初心者向けの木工！　木材加工のプロから実用的な技術を学び，この合宿型の講座を通して自信をつけましょう**」より，④が正解。①，②については述べられていないので，不可。③は，**講座内容**の**3日目**第1文「最終日は自分の家具作りに取り組みます」と，最終文「課題の完成品は自宅に持ち帰り楽しむことができ

ます！」より，不可。

問2 4 ①

この講座の最終日に，それぞれの参加者は 4 。
① **自分で家具を1つ制作し完成させる**
② 木工用工具の使い方を学ぶ
③ グループディスカッションで自分の作品を発表する
④ 個人の課題の計画の立案を始める
　講座の最終日は**講座内容**より，3日目とわかる。3日目第1文「最終日は自分の家具作りに取り組みます」と，最終文「課題の完成品は自宅に持ち帰り楽しむことができます！」より，①が正解。②，③，④は，**講座内容**の3日目に述べられていないので，不可。

問3 5 ④

ワークショップの申込みに関して正しいものはどれか。 5
① 申込みをする前に，すべての応募者は50ドルの前金を送らなければならない。
② プロの大工がインストラクターとして申し込むよう奨励されている。
③ 2024年6月30日に受付を終了する予定である。
④ **30人が応募した時点で受付を終了することになっている。**
　申込みの一番下の「**ご注意ください：申込み受付は応募者が定員(30人)に達した時点で終了いたします**」より，④が正解。①は，**申込み**の「**ステップ1：2024年6月15日までに**ここをクリックして，オンライン申込書に記入してください」と「**ステップ3：2024年7月30日までに50ドルの前金をお支払いいただきます**」より，申込みをした後に前金を支払うとわかるので，不可。②については述べられていないので，不可。③は，上記**申込み**の**ステップ1**と**ご注意ください**より，不可。

— 112 —

第2問
A
【全訳】
　あなたは学校から離れたところに住んでいて，学校に着くころには汗だくになり疲れていることも多いので，電動自転車を買いたいと思っています。あなたは自転車店を訪れ，このパンフレットをもらいます。

Eスピードで電動自転車の革命に参加しよう

Eスピード自転車は省エネで，快適で，信頼性が高いです。3種類の変速オプションと5色のボディーでご用意しています。

特徴
Eスピード自転車には乗り手のパワーを高める充電式バッテリーが取り付けられています。これにより脚にかかる筋力の負担が軽減されます。バッテリーは軽量で脱着可能なので，自宅のコンセントを使って充電ができます。しかし当社のバッテリーは1回の充電で60キロメートル走ることができるので，頻繁に充電をする必要がありません。いったんバッテリーを自転車に装着すれば，自動的にロックされるので，盗難の心配をする必要はありません。

長所
簡単な変速切り替え：グリップで切り替えをする変速機がついているので，ハンドルについているグリップを上下に回すだけで変速することができます。
一目でわかるバッテリー残量：ハンドルに取り付けられた電子ディスプレイにバッテリーの残量が表示されます。
見た目よく目的地へ到着：Eスピードに乗っていれば赤い顔で汗だくになって到着する必要はありません。パワーブースターがあなたの代わりにがんばって働いてくれます。
安心保証：商品は保証付きです。購入後3年以内にバッテリーや自転車本体に問題があれば，無料で修理いたします。

お客様のコメント
- 私は晴れた日にバッテリーの残量を増やすために，オプションでソーラーパネル・アタッチメントを買いました。おすすめです！
- 平坦な場所では3段変速のモデルが最適だよ。坂に家があるなら5段変速のモデルが欲しくなるかもね。
- Eスピードのおかげで，自転車で学校に行くときにタオルを持っていく必要がなくなりました。
- 以前は自転車に乗ると疲れたけど，今は楽しみです。
- バッテリーは指紋認証ロックを使っているので，とても安全です。
- おしゃれで最新のデザインがクラスメートの注目を引いたよ！
- 普段の通学をするのには変速なしのモデルで十分だと思うよ。安いしね！

【語句・構文解説】
- e-bike「電動自転車」
- sweaty「汗びっしょりの」
- join O「O に加わる」
- revolution「革命」
- energy-saving「省エネの」
- comfortable「快適な」
- reliable「信頼できる」
- available「入手できる」

◆特徴◆
- special feature「特徴」
- be fitted with A「A が取り付けられている」
- boost「高めること」
- reduce O「O を減らす」
- the muscle work your legs have to do「脚がしなければならない筋肉の働き」 your 以下は the muscle work を修飾する節。
  muscle「筋肉」
- lightweight「軽量の」
- detachable「取り外しのできる」
- recharge O「O を充電する」
- power outlet「コンセント」
- per charge「1 回の充電あたり」
- once SV ...「いったん…すると」
- be attached to A「A に取り付けられる」
- automatically「自動的に」
- worry about A being *done*「A が〜されるのを心配する」

◆長所◆
- gear adjuster「変速機」
- twist O「O を回す／ひねる」
- at a glance「一目で」
- Electronic display mounted on the handlebar「ハンドルに取り付けられた電子ディスプレイ」 mounted 以下は Electronic display を修飾する過去分詞句。
  mount O「O を取り付ける」
- the amount of A「A の量」
- remaining「残っている」
- destination「目的地」
- rest assured「安心する」
- guarantee O「O に保証を付ける」
- purchase「購入」
- fix O「O を修理する」
- free of charge「無料で」

◆お客様のコメント◆
- customer「客」

- optional「オプションの／任意の」
- solar panel「ソーラーパネル／太陽電池板」
- attachment「アタッチメント」
- boost O「O を増やす」
- recommend O「O を薦める」
- flat「平坦な」
- thanks to A「A のおかげで」
- tiring「疲れさせる／骨の折れる」
- pleasure「楽しみ／喜び」
- fingerprint-scan「指紋認証」
- secure「安全な」
- stylish「おしゃれな」
- catch the attention「注目を引く」
- commuting「通学／通勤」

【設問解説】
問1　6　②
　　メーカーの説明によると，新製品の自転車を一番よく表しているのはどれか。6
　① 高性能のレース用自転車
　② **動力アシストつき自転車**
　③ 頑丈な最新の自転車
　④ 従来からある普段乗りの自転車
　特徴の第 1 文「E スピード自転車には乗り手のパワーを高める充電式バッテリーが取り付けられています」より，②が正解。①，③については述べられていないので，不可。④は上記**特徴**の第 1 文より，不可。

問2　7　①
　　自転車が与える利点のどれがあなたにアピールする可能性が最も高いか。7
　① **より疲れずに自転車に乗る経験**
　② 簡単に変速ができること
　③ 3 年間保証
　④ 充電式バッテリー
　指示文「あなたは学校から離れたところに住んでいて，学校に着くころには汗だくになり疲れていることも多いので，電動自転車を買いたいと思っています。あなたは自転車店を訪れ，このパンフレットをもらいます」と，**長所**の**見た目よく目的地へ到着**「E スピードに乗っていれば赤い顔で汗だくになって到着する必要はありません。パワーブースターがあなたの代わりにがんばって働いてくれます」より，①が正解。②，③，④は上記指示文より，不可。

問3　8　④
　　客によって述べられた 1 つの**意見**は 8 ということである。
　① すべてのモデルは丘を登るのに向いている

— 114 —

② 付属品は値段が高いが価値がある

③ 自動ロックによりバッテリーが盗まれなくなる

④ **一番シンプルなモデルでも値段の割に価値がある**

お客様のコメントの最後「普段の通学をするのには変速なしのモデルで十分だと思うよ。安いしね！」より，④が正解。①は，2つめ「平坦な場所では3段変速のモデルが最適だよ。坂に家があるなら5段変速のモデルが欲しくなるかもね」より，不可。②は，1つめ「私は晴れた日にバッテリーの残量を増やすために，オプションでソーラーパネル・アタッチメントを買いました。おすすめです！」に関連するが，値段が高いとは述べられていないので，不可。③は，**特徴**の最終文「いったんバッテリーを自転車に装着すれば，自動的にロックされるので，盗難の心配をする必要はありません」に関連するが，客の意見ではないので，不可。

問4 ⑨ ④

1人の客のコメントは以前持って行ったものに関して述べている。その客はそれを何のために使っていたか。⑨

① クラスメートから注目を集めるため

② バッテリーを充電するため

③ 自転車に乗ることをより楽しくするため

④ **汗を拭くため**

長所の**見た目よく目的地へ到着**の第1文「Eスピードに乗っていれば赤い顔で汗だくになって到着する必要はありません」と，**お客様のコメント**の3つめ「Eスピードのおかげで，自転車で学校に行くときにタオルを持っていく必要がなくなりました」より，④が正解。①は，6つめ，②は，1つめ，③は，4つめに関連するが，どれも以前持って行ったものに関して述べられていないので，不可。

問5 ⑩ ③

1人の客の意見によると，⑩ が薦められている。

① 自転車のスタイルを変えること

② 自転車で旅をすること

③ **坂の多い場所で乗るために変速の段数を増やすこと**

④ 自転車に乗ることによってバッテリーの残量を増やすこと

お客様のコメントの2つめ「平坦な場所では3段変速のモデルが最適だよ。坂に家があるなら5段変速のモデルが欲しくなるかもね」より，③が正解。①，②については，述べられていないので，不可。④は，1つめ第1文「私は晴れた日にバッテリーの

残量を増やすために，オプションでソーラーパネル・アタッチメントを買いました」に関連するが，「自転車に乗ることによってバッテリーの残量を増やす」とは述べられていないので，不可。

B
【全訳】
　あなたは生徒会に所属しています。生徒会のメンバーは，生徒がよりよい食習慣を身につける助けとなることを目指す，生徒によるプロジェクトについて議論してきました。いくつかの新しいアイデアを得るために，あなたはカナダの学校で行われたプロジェクトについての交換留学生のレポートを読んでいます。

学校菜園

　私たちの学校では健康によいランチを提供しています。しかし，野菜を食べない生徒がたくさんいます。私のクラスでは，生徒が野菜を無駄にしないようにしたいと思いました。そのため，体育館の裏で学校菜園を始めました。それぞれのクラスに，野菜を栽培するための区域が割り当てられています。最初の1週間は，地面を整え野菜を植えるのにみんな大忙しでした。12種類を超える野菜を栽培したのです！　現在，生徒は交代で水をやったり，野菜を採り入れたりしています。毎日，ほんの数分しかかかりません。

　野菜が実ると，調理室がそれらを使って全員のスクールランチを作ります。生徒はいつも自分たちが栽培した食物を食べてみて，このことが，より多くの生徒が毎日野菜を食べることにつながっています。実際今では，学校菜園で栽培されたものかどうかに関係なく，多くの生徒が毎日野菜を食べているようです。現在，彼らはなぜ以前よりも多くの種類の野菜を食べているのでしょうか？　何人かの生徒にこのプロジェクトに対する意見をきいてみました。

参加者からのフィードバック

AG：子どものころは，エンドウマメを食べたいとはまったく思いませんでした。すると，私のクラスでエンドウマメを栽培しました。学校で食べてみたら，それがどれほどおいしいかわかりました。

FP：僕は野菜を植えてそれを採るのがとても楽しかったので，今では家でも小さな菜園を持っています。僕の育てた野菜を食べることで，家族はお金の節約になっています。

DC：多くの野菜は夏の間に育ちます。生徒が交代で水やりをしました。私は夏休みの間に学校へは行きたくありませんでした。

LE：このプロジェクトに参加する前から野菜はたくさん食べていましたが，それでも，トウモロコシとニンジンを栽培するのがこんなに簡単だとは知りませんでした。

MT：僕のクラスではブロッコリーを栽培しました。ものすごくたくさん虫がつきました！　この野菜はあまりよく育ちませんでした。

【語句・構文解説】
・student council「生徒会」
・aim to *do*「～することを目指す」
・exchange student「交換留学生」
〈学校菜園〉
◆第1段落◆

・serve O「O(食べ物・飲み物)を提供する」
・stop O from *doing*「O が～しないようにする」
・waste O「O を無駄にする」
・grow O「O を栽培する」
・be busy *doing*「～するのに忙しい」
・prepare O「O(土地)を整備する」

— 116 —

第4回

- ・plant O「O(植物・農作物)を植える／O(庭など)に(野菜などを)植える」
- ・over A「A を超えた／A 以上の」
- ・take turns *doing*「交代で～する」
- ・water O「O(植物)に水をやる」
- ・pick O「O(野菜・果物)を採る」

◆第2段落◆

- ・ripe「実った／熟した」
- ・the food they have grown「自分たちが育てた食物」they 以下は the food を修飾する節。
- ・this has led to more students eating vegetables every day「このことが，より多くの生徒が毎日野菜を食べることにつながっています」 more students は動名詞 eating の意味上の主語。
  lead to A「A につながる／A をもたらす」
- ・regardless of A「A に関係なく」

〈参加者からのフィードバック〉

- ・pea「エンドウマメ」
- ・realize O「O がわかる／O に気づく」
- ・how＋形容詞＋SV ...「…するのがどれほど～であるか」
- ・taste C「C な味がする」
- ・so ～ that SV ...「あまりに～なので…」
- ・save O「O を節約する」
- ・have no idea that SV ...「…ということを知らない」
- ・insect「虫／昆虫」

【設問解説】

問1 11 ①

学校菜園に野菜を植える目的は，生徒が 11 のに役立てることであった。

① **無駄にする食べ物の量を減らす**
② 野菜のよりよい栽培の仕方を学ぶ
③ ランチのための新しいレシピを作る
④ 学校のランチを買う費用を少なくする

学校菜園の第1段落第3・4文「私のクラスでは，生徒が野菜を無駄にしないようにしたいと思いました。そのため，体育館の裏で学校菜園を始めました」より，①が正解。②，③，④については述べられていないので，不可。

問2 12 ②

学校菜園についての1つの**事実**は，12 ということである。

① 生徒全員が野菜を育てるのが好きだった
② **12種類を超える野菜が栽培された**
③ 大部分の生徒がエンドウマメを栽培した
④ 生徒は野菜を自宅に持ち帰ることができた

学校菜園の第1段落第7文「12種類を超える野菜

を栽培したのです！」より，②が正解。①は，**参加者からのフィードバック**のDC「多くの野菜は夏の間に育ちます。生徒が交代で水やりをしました。私は夏休みの間に学校へは行きたくありませんでした」より，不可。③は，**参加者からのフィードバック**のAG第2文に「私のクラスでエンドウマメを栽培しました」とあるが，大部分の生徒がエンドウマメを育てたとは述べられていないので，不可。④については述べられていないので，不可。

問3 13 ⑤

フィードバックから，13 は学校の参加者によって行われた活動であった。

A：食事を作ること
B：野菜を採ること
C：食べ物を再利用すること
D：植物に水をやること

① A と B
② A と C
③ A と D
④ B と C
⑤ **B と D**
⑥ C と D

FP の第1文の「僕は野菜を植えてそれを採るのがとても楽しかったので」より，**B** は当てはまる。DC の第2文「生徒が交代で水やりをしました」より，**D** も当てはまる。**A** と **C** については述べられていない。したがって，⑤が正解。

問4 14 ③

学校菜園についての参加者の意見の1つは，14 ということである。

① もっと多くの野菜を含んでいるべきであった
② エンドウマメは学校菜園で栽培された
③ **いくつかの野菜は栽培するのが難しくなかった**
④ ブロッコリーはあまりおいしくなかった

LE「このプロジェクトに参加する前から野菜はたくさん食べていましたが，それでも，トウモロコシとニンジンを栽培するのがこんなに簡単だとは知りませんでした」より，③が正解。①については述べられていないので，不可。②は，AG の「私のクラスではエンドウマメを栽培しました」に一致するが，意見ではなく事実なので，不可。④は，MT の「僕のクラスではブロッコリーを栽培しました。ものすごくたくさん虫がつきました！ この野菜はあまりよく育ちませんでした」に関連するが，育てたブロッコリーを食べた感想については述べられていないので，不可。

— 117 —

問5 $\boxed{15}$ ①

　筆者の質問は $\boxed{15}$ によって答えられている。

① **AG**
② DC
③ FP
④ LE
⑤ MT

　筆者の質問は，**学校菜園**の第2段落第3・4文「実際今では，学校菜園で栽培されたものかどうかに関係なく，多くの生徒が毎日野菜を食べているようです。現在，彼らはなぜ以前よりも多くの種類の野菜を食べているのでしょうか？」である。**参加者からのフィードバック**の AG は「子どものころは，エンドウマメを食べたいとはまったく思いませんでした。すると，私のクラスでエンドウマメを栽培しました。学校で食べてみたら，それがどれほどおいしいかわかりました」と述べていて，これが「以前は食べなかった野菜も食べるようになり，その結果，以前より多くの種類の野菜を食べるようになった理由」と考えられるので，①が正解。

— 118 —

第3問
A
【全訳】

　あなたはアメリカにホームステイ中に，市のフェスティバルでボランティアをしようかと考えています。あなたは若いブロガーの投稿を読んでいます。

ジェレミー・スターン
8月6日　水曜日　午後5時19分

　先週末，僕はフェスティバル・アフリカに行きました。本当にお勧めします！　年に一度しか開催されないのですが，見たり体験したりすることがとてもたくさんあるので，一週間でも滞在できそうです。僕はモダンアートを半分しか見ませんでしたし，伝統工芸のテントに行く時間もありませんでした。ところが，ファッションショーはよい席が取れたので，1時間以上かけてすべての素晴らしいデザインを見ました。素敵なドレスやカジュアルな服がありました。僕は鮮やかなブルーのスーツが一番気に入りました。

　フェスティバルで演奏された音楽は，アフリカの雰囲気を醸し出していました。僕はアフリカの楽器の演奏を習うのを楽しみました。左の写真は僕が先生に教えてもらっているところです。実際，演奏を習うのはとても興味深かったので，アフリカ音楽クラブに関する情報を集めました。ダンスの先生たちは本当に面白くて，観客全員をクラスに参加させたのです。でも，最後のパフォーマンスは意外でした。男の子が成人するときのマサイの儀式を見たのです。彼らがあんなに高くジャンプできるとは思ってもみませんでした！

　その後，お腹が空いたので食べ物のブースに行きました。どの食べ物もどういうものかわからなくて不安でした。いろんなシチューやグリルした肉がありました。おいしいラム肉のシチューを食べました。デザートもおいしかったです。メルコスというミルクタルトを食べました。来年また行くときは，ぜひ他の料理も食べてみたいです！

【語句・構文解説】
- be thinking about *doing*「〜しようかと考えている」
- volunteer「ボランティアをする」
- blogger「ブロガー」
- post「投稿」

◆第1段落◆
- recommend O「Oを勧める」
- hold O「Oを開催する」
- craft「工芸」

- spend O *doing*「O（時間）を～して過ごす」
- awesome「素敵な」

◆第2段落◆
- The music played at the festival「フェスティバルで演奏された音楽」 played 以下は The music を修飾する過去分詞句。
- feel「雰囲気／感じ」
- have fun *doing*「～して楽しむ」
- instrument「楽器」
- me being taught by a teacher「僕が先生に教えてもらっているところ」 動名詞句。me は意味上の主語。
- pick up O / pick O up「O を集める／拾う」
- get O to *do*「説得して O に～させる」
- participate in A「A に参加する」
- ...., though「でも，…／けれども，…」 副詞である。
- Masai「マサイ族」 ケニア南部からタンザニア北部に暮らす少数民族。
- have no idea (that) SV ...「…とは思いもよらない／わからない」

◆第3段落◆
- be worried「不安である／心配である」
- recognize O「O が何であるかがわかる」
- stew「シチュー」
- grilled「グリルにした／焼き網で焼かれた」
- lamb「ラム肉／子羊の肉」
- A called B「B と呼ばれる A」
- definitely「ぜひ」

【設問解説】
問1　16　③
　　ジェレミーのブログで，あなたは彼が 16 ということがわかる。
　① 儀式で最も高くジャンプした
　② 多くの様々なデザートを試食した
　③ **アフリカのドラムを演奏してみた**
　④ ファッションショーでブルーのスーツを着た
　　第2段落第2・3文「僕はアフリカの楽器の演奏を習うのを楽しみました。左の写真は僕が先生に教えてもらっているところです」と左の写真より，③が正解。①は，第2段落第7・最終文「男の子が成人するときのマサイの儀式を見たのです。彼らがあんなに高くジャンプできるとは思ってもみませんでした！」に関連するが，ジェレミーが儀式に参加したわけではないので，不可。②は，第3段落第5・6文「デザートもおいしかったです。メルコスというミルクタルトを食べました」に関連するが，「多くの様々なデザートを試食した」とは述べられていな

いので，不可。④は，第1段落第4～最終文「ところが，ファッションショーはよい席が取れたので，1時間以上かけてすべての素晴らしいデザインを見ました。素敵なドレスやカジュアルな服がありました。僕は鮮やかなブルーのスーツが一番気に入りました」と関連するが，ジェレミーが「ファッションショーでブルーのスーツを着た」わけではないので，不可。

問2　17　③
　　ジェレミーはアフリカの食べ物を食べたとき，たぶん 17 。
　① 心配した
　② 失望した
　③ **喜んだ**
　④ 疲れた
　　第3段落第4～最終文「おいしいラム肉のシチューを食べました。デザートもおいしかったです。メルコスというミルクタルトを食べました。来年また行くときは，ぜひ他の料理も食べてみたいです！」より，③が正解。

— 120 —

B
【全訳】
あなたは歴史について学ぶのを楽しんでいて，ある旅の雑誌で興味深い話を見つけました。

過去への旅

夏の間に，イタリアのローマにあるコロッセウムを訪れました。古代の歴史を学ぶのが前からずっと大好きなので，今回は，世界で最も有名な建築物の1つを間近に見られるチャンスでした。ローマに到着するとすぐホテルで手荷物を降ろし，それからコロッセウムの正面で地元の旅行ガイドと会うためにタクシーに乗り込みました。

タクシーを降りると，ガイドのヴィットリオが私を待っている姿が見えました。私は幅広で円形の建物を見上げてとても驚きました。ネットや本でそれまでに見たことのあるどの写真でも，コロッセウムの外側は汚れて古くボロボロに見えたからです。ところが実際に見てみると，この石材は色鮮やかで新品のようでした。ヴィットリオは私が困惑していることに気づいたに違いありません。数年前に政府が何百万ドルもかけて建物の修復を行ったと説明してくれました。

ヴィットリオは私をあちこち案内しながら，コロッセウムの歴史について興味深い事実や詳細を教えてくれました。彼がさらによい知らせがあると言って教えてくれたのは，ハイポジアも改修が行われ，それがつい1か月前に一般公開されたことです！「あなたはとても運がいいですよ」と彼は言いました。

ハイポジアは，コロッセウムの地下にある通路と部屋の並んだ場所でした。古代ローマ人は，競技場で戦う前に人と動物をとどめておくためにそれらの場所を使いました。それらの通路を歩きながら，群衆の娯楽のために戦って死ぬことを強制された，グラディエーターと呼ばれた戦士たちすべてを哀れに思いました。それは悲しい出来事でしたが，一方でなお，競技場でのショーに特殊効果を生み出すために古代ローマ人が用いた隠し扉や，巧妙なトリックのすべてに魅了されないではいられませんでした。

土産物店の外でヴィットリオと別れ，それからその店で私はコロッセウムの美しい写真がいっぱい載っている本を買いました。世界の他の歴史的建造物と同じように，コロッセウムの物語には悲劇的な部分が多くありますが，私たちは過去から学ぶ努力を常に行わなければなりません。

【語句・構文解説】
・the past「過去」
◆第1段落◆
・the Colosseum「コロッセウム」 紀元80年建造の古代ローマの大円形競技場で，現在は遺跡となっている。
・ancient「古代の」
・structure「建造物」
・up close「間近に／すぐ近くで」
・drop off O / drop O off「Oを降ろす」
・luggage「手荷物」
・local「地元の」
◆第2段落◆
・circular「円形の」
・all the pictures I'd seen online and in books「ネットや本でそれまでに見たことのある写真のすべて」 I'd 以下は all the pictures を修飾する節。
・exterior「外側／外観」
・crumbling「ボロボロになった／崩れた」
・in person「実際に／自分で」
・confusion「困惑／混乱」
・explain that SV ...「…ということを説明する」
・government「政府／自治体」
・spend O *doing*「O（お金）を〜するのに費やす」
・millions of A「数百万の A」
・restore O「Oを修復する」
◆第3段落◆
・show O around「O（人）をあちこち案内する」
・offer O「Oを提供する」
・detail「詳細」
・even＋比較級「さらに〜」 比較級を強調する副詞。
・update O「Oを改修する／最新のものにする」
・〜 as well「〜もまた」
・open A to B「Aを B（人）に公開する」
・the public「一般人」
◆第4段落◆
・series of A「一連の A」
・passage「通路」
・underneath A「Aの下にある」
・arena「競技場」
・hallway「通路／廊下」
・feel sorry for A「Aを哀れに思う」
・A called B「Bと呼ばれる A」
・force O to *do*「O（人）に〜することを強制する」
・entertainment「娯楽」
・crowd「群衆」
・cannot help *doing*「〜しないではいられない」

・be fascinated by A「Aに魅了される」
・all the hidden doors and clever tricks the Romans had used to create special effects in the arena shows「競技場でのショーに特殊効果を生み出すために古代ローマ人が用いた隠し扉や，巧妙なトリックのすべて」 the Romans 以下は all the hidden doors and clever tricks を修飾する節。
hidden「隠された」
clever trick「巧妙な仕掛け」
special effect「特殊効果」
◆第5段落◆
・a book filled with beautiful photographs of the Colosseum「コロッセウムの美しい写真がいっぱい載っている本」 filled 以下は a book を修飾する過去分詞句。
（be) filled with A「Aでいっぱいの／満たされた」
・historic structure「歴史的建造物」
・tragic「悲劇的な」
・make an effort to *do*「〜するよう努力する」
【設問解説】
問1 18 ① 19 ④ 20 ③ 21 ②
次の出来事（①〜④）をそれらが起きた順に並べよ。 18 → 19 → 20 → 21
① イタリア政府はコロッセウムを修復し始めた。
② 筆者は土産物店で写真がいっぱい載っている本を買った。
③ 筆者はコロッセウムの正面で地元のガイドに会った。
④ 筆者はカバンをローマのホテルに持って行った。
第2段落最終文「数年前に政府が何百万ドルもかけて建物の修復を行ったと説明してくれました」より，改修工事は筆者がコロッセウムを訪れた夏よりも前だとわかるので， 18 には①が入る。第1段落最終文前半「ローマに到着するとすぐホテルで手荷物を降ろし」より， 19 には④が入る。同段落同文後半と第2段落第1文「それからコロッセウムの正面で地元の旅行ガイドと会うためにタクシーに乗り込みました。タクシーを降りると，ガイドのヴィットリオが私を待っている姿が見えました」より， 20 には③が入る。最終段落第1文「土産物店の外でヴィットリオと別れ，それからその店で私はコロッセウムの美しい写真がいっぱい載っている本を買いました」より， 21 には②が入る。
問2 22 ④
ヴィットリオが筆者のことを運がいいと言ったのは， 22 からである。

— 122 —

① ヴィットリオが英語を自由に操れた
② ヴィットリオが今日生きているグラディエーターの1人だった
③ 筆者が冬にイタリアへやって来た
④ **筆者が新しく公開された場所を見ることができた**

　第3段落最終文に「『あなたはとても運がいいですよ』と彼（＝ヴィットリオ）は言いました」とあり，直前の文に「彼がさらによい知らせがあると言って教えてくれたのは，ハイポジアも改修が行われ，それがつい1ヵ月前に一般公開されたことです！」と述べられているので，これが理由だと考えられる。よって，④が正解。①と②については述べられていないので，不可。③は，第1段落第1文「夏の間に，イタリアのローマにあるコロッセウムを訪れました」より，冬ではなく夏なので，不可。

問3 $\boxed{23}$ ①
　この話から，あなたは筆者が $\boxed{23}$ とわかる。
① **同情と興味の混ざり合った気持ちを抱いた**
② 世界中の歴史的遺跡をこれまで訪れてきた
③ それほど多くの暴力が振るわれた現場を訪れたことを後悔した
④ 旅行中わくわくしたが，緊張もした

　第4段落第3文「それらの通路を歩きながら，群衆の娯楽のために戦って死ぬことを強制された，グラディエーターと呼ばれた戦士たちすべてを哀れに思いました」より，筆者がグラディエーターに同情していることがわかる。続く第4文「それは悲しい出来事でしたが，一方でなお，競技場でのショーに特殊効果を生み出すために古代ローマ人が用いた隠し扉や，巧妙なトリックのすべてに魅了されないではいられませんでした」より，筆者がハイポジアに興味を持ったことが述べられている。よって，①が正解。②は，最終段落第2文前半「世界の他の歴史的建造物と同じように，コロッセウムの物語には悲劇的な部分が多くあります」に関連するが，世界中の遺跡を実際に訪れてきたとは述べられていないので，不可。③は，上記第4段落第3文に関連するが，訪れたことを後悔したとは述べられていないので，不可。④は，筆者が緊張したとは述べられていないので，不可。

第4問
【全訳】
あなたは高校生です。あなたの学校では，生徒が社会人になる準備をする手助けをするために模擬面接を行っています。面接に備えるために，あなたは次の記事を読みます。

就職の面接間近？
素晴らしい第一印象を与える方法をご紹介します！
ティモシー・グリーン
リクルートエージェント

　夢にまで見た仕事に応募するために履歴書を提出したと想像してみよう。緊張して3週間待った後に会社からよい返事が届いた──面接を受けに来てもらいたいというのだ！　しかし，どうすれば夢にまで見た仕事に確実に就くことができるだろうか。素晴らしい印象を与えるのに役立つ私のアドバイスを紹介しよう。

　研究によると，私たちはわずか7秒で他人に対する第一印象を形成するということだ。言い換えると，面接での自分を印象づけるやり方が成功のカギを握っているということなのである。だから，誰であれ面接に不安を感じている人が私にアドバイスを求めると，最初にすべきことはきちんと仕立てたスーツを買うことだと私は必ず言う。面接の前にある程度時間をかけて，見た目がちゃんと面接にふさわしいようにするべきだ。最大のインパクトを与えるためには，ほんの数日前には必ず髪をカットしてもらうことだ。

　雇用者によると，彼らが面接をする応募者の39％が，全体的な自信の度合い，声の調子，退屈そうな表情のせいで悪い印象を与えるということだ。だから，にっこり微笑み，しっかりと握手をして面接担当者に挨拶することが大切なのだ。面接に対してきちんとした服装で臨むと，より自信が持てると人はよく私に話してくれるし，面接担当者も確実にそれに気づくのである。

　最後に，あなたにその仕事ができる自信があることを面接担当者に示すために，必ず自分の業績を明確に述べることだ。もしあなたの経験がその仕事の必要条件にぴったり一致していない場合，多少のウソをついても問題はない。その仕事を通じて，必要とする経験を積むことができるからである。

一部の人たちが常に仕事を手に入れるように見えるのはなぜか：
面接で印象づける
マーティン・クーパー
全米ビジネス協議会会長

　面接を受けるとどの仕事も手に入れるように見える友人が，誰にでも少なくとも1人はいるものだ。しかし，面接でうまくいく人といかない人がいるのは，いったいなぜだろうか。服装がきちんとしていて，自信に満ちあふれているように見える人がいつも仕事を手に入れると主張する人もいるかもしれないが，実際はもっと複雑だと私は考える。

　たしかに，きちんとしたスーツを着ていれば，面接担当者によい第一印象を与えるのは本当だが，面接担当者はあなたのこれまでの経験や知識を含めた応募書類を全部見ているのだ。だから，会社のリサーチを行い，いくつかの重要な事実を暗記して面接に備えることが重要なのである。面接担当者100人を対象に行われた最近の調査では，そのうちの55人が，自分が最も嫌うことは，面接している応募者が会社に関する基本的な情報を知らない場合だと答えた。これに続いて25人が遅刻，そして15人が姿勢の悪さだと答えている。

　自信を持って面接に臨むことで，あなたはその仕事ができることを面接担当者に示すことができるだろう。仕事のプロらしい服装を心がけることで，面接での自信が少し高まるかもしれない

― 124 ―

が，真の自信は，本物の知識とその仕事に関連する経験を持っていることからしか生まれない。面接時には，自分がその仕事により適していると見えるように，自分自身についていくつかのことをでっち上げたくなるかもしれないが，本当のことを話すことで面接担当者に信頼されるので，そうする方が常によいのである。自分の業績を誇示することは悪いことではないが，希望する仕事の分野に適していることも大切なのである。本当にその仕事に適している人は，雇用者に対してひときわ目立つ真の自信を示すものだということを覚えておいてほしい。

あなたが最も嫌うのは
応募者のどの悪癖ですか

■回答者の数

【語句・構文解説】
・conduct O「O を行う」
・mock「模擬の」
・help O *do*「O が～するのに役立つ」
・prepare to *do*「～する準備をする」
・enter the workforce「社会人になる／労働人口に加わる」
・the following A「次の A」
・article「記事」
〈ティモシー・グリーンの記事〉
・impression「印象」
◆第1段落◆
・submit O「O を提出する」
・résumé「履歴書」
・tense「緊張した」
・ensure that SV ...「確実に…する」
◆第2段落◆
・form O「O を形成する」
・in other words「言い換えると」
・present *oneself*「自分を印象づける」
・be nervous about A「A について不安である」
・ask A for B「A に B を求める」
・the first thing they should do「彼らが最初にすべきこと」 they 以下は the first thing を修飾する節。
・properly「きちんと」
・tailored「仕立てた／オーダーメードの」
・spend O *doing*「～するのに O（時間）を費やす／O（時間）を～して過ごす」
・make sure that SV ...「必ず…であるようにする」
・appropriate「ふさわしい／適切な」
・be sure to *do*「必ず～する」
・get *one's* hair cut「髪をカットしてもらう」
◆第3段落◆

・according to A「A によると」
・39% of the people they interview「彼らが面接をする応募者の 39％」 they interview は people を修飾する節。
・overall「全体的な」
・confidence「自信」
・tone of voice「声の調子」
・greet O「O に挨拶をする」
・interviewer「面接担当者」
・firm「しっかりした／固い」
・confident「自信のある」
◆第4段落◆
・state O「O を述べる」
・achievement「業績／功績」
・match O「O に一致する」
・requirement「必要条件」
・slightly「少し」
・the experience you need「あなたが必要とする経験」 you need は the experience を修飾する節。
〈マーティン・クーパーの記事〉
◆第1段落◆
・at least「少なくとも」
・one friend who seems to get every job that they interview for「面接を受けるとどの仕事も手に入れるように見える友人」 they は one friend の代用。
・why is it that SV ...?「…なのはいったいなぜだろう」 強調構文の疑問文。
・argue that SV ...「…だと主張する」
・those who ...「…する人々」
・complicated「複雑な」
◆第2段落◆
・application「応募書類」
・including A「A を含めて」
・previous「これまでの／以前の」

— 125 —

- This is followed by A「これに続いて A が来る」
- poor posture「悪い姿勢」

◆第3段落◆
- boost O「O を高める」
- related「関連がある」
- feel like *doing*「～したい気がする」
- make up O / make O up「O(話・ウソなど)をでっち上げる」
- appear C「C に見える」
- (be) suitable for A「A に適した」
- lead O to *do*「O に～(する気に)させる」
- trust O「O を信頼する」
- show off O / show O off「O を誇示する／見せびらかす」
- be qualified for A「A に適している／A の資格を持っている」
- the area of work you want to do「あなたが希望する仕事の分野」 you 以下は the area of work を修飾する節。
- stand out「目立つ／抜きんでている」

【設問解説】
問1 24 ①
　グリーンは，24 と，仕事の面接でうまくいかないかもしれないと述べている。
① **自信があるように見えない**
② 背すじを伸ばして座っていない
③ 面接担当者に印象づけようとしすぎる
④ 履歴書にたくさんのウソが含まれている
　グリーンの記事第3段落第1文「雇用者によると，彼らが面接をする応募者の39％が，全体的な自信の度合い，声の調子，退屈そうな表情のせいで悪い印象を与えるということだ」より，①が正解。②は，クーパーの記事第2段落最終文「これに続いて25人が遅刻，そして15人が姿勢の悪さだと答えている」とグラフに関連するが，グリーンは姿勢の悪さについては述べていないので，不可。③については述べられていないので，不可。④は，グリーンが最終段落最終文で「もしあなたの経験がその仕事の必要条件にぴったり一致していない場合，多少のウソをついても問題はない。その仕事を通じて，必要とする経験を積むことができるからである」と述べているが，履歴書のウソについては述べていないので，不可。

問2 25 ①
　クーパーによって言及されている調査では，面接担当者の 25 が，仕事の応募者が時間通りに面接に現れないことを好まないと述べた。

① 4分の1
② 10分の1
③ 半分以上
④ 4分の3
　クーパーの記事第2段落第3文の「面接担当者100人を対象に行われた最近の調査」と，同段落最終文「これに続いて25人が遅刻，そして15人が姿勢の悪さだと答えている」，およびグラフより，①が正解。

問3 26 ② 27 ④
　面接で真実を話すことは必ずしも 26 ことではないとグリーンは信じているが，クーパーは，もしあなたが正直ならば，面接担当者の目にはあなたがより 27 ように映るだろうと主張している。(①～⑥の選択肢のうちから，それぞれの空所に入れるのに最適なものを1つずつ選べ。)
① 難しい
② **必要な**
③ 明らかな
④ **信頼できる**
⑤ 熟練している
⑥ 独特な
　グリーンの記事最終段落最終文「もしあなたの経験がその仕事の必要条件にぴったり一致していない場合，多少のウソをついても問題はない。その仕事を通じて，必要とする経験を積むことができるからである」より，26 には②が入る。クーパーの記事最終段落第3文「面接時には，自分がその仕事により適していると見えるように，自分自身についていくつかのことをでっち上げたくなるかもしれないが，本当のことを話すことで面接担当者に信頼されるので，そうする方が常によいのである」より，27 には④が入る。その他の選択肢は，いずれの空所にも入らない。

問4 28 ④
　どちらの筆者も，28 が面接担当者によい印象を与えるだろうということで意見が一致している。
① 目を合わせること
② 声を張り上げること
③ 握手をすること
④ **適切な服を着ていること**
　グリーンの記事第2段落第3文「だから，誰であれ面接に不安を感じている人が私にアドバイスを求めると，最初にすべきことはきちんと仕立てたスーツを買うことだと私は必ず言う」，およびクーパーの記事第2段落第1文前半「たしかに，きちんとしたスーツを着ていれば，面接担当者によい第一印象

— 126 —

を与えるのは本当だ」より，④が正解。①は，クーパーの記事のグラフには「アイコンタクトの不足」に関する項目があるが，グリーンはこれについて述べていないので，不可。②は，グリーンは第3段落第1文で「声の調子」について述べているが，クーパーはこれについて述べていないので，不可。③は，グリーンは第3段落第2文で「だから，にっこり微笑み，しっかりと握手をして面接担当者に挨拶することが大切なのだ」と述べているが，クーパーは握手をすることについては述べていないので，不可。

問5 　29　　①

クーパーの意見をさらに裏付けるためには，どの追加情報が最適か。29

① 　特定の分野で働くために求められる知識の例
② 　面接担当者が応募者の一部を好む理由
③ 　応募者が一般的にスーツにかけるお金の額
④ 　面接会場に数分早く到着することの重要性

クーパーは，第2段落で面接担当者が嫌う応募者の第1の特徴は，応募する会社について知らないことであると述べ，最終段落で，求める仕事に就くためには，面接を受ける会社について知ることや，そこでの仕事に関連する知識や経験を持っていることが大切だと述べている。よって，クーパーの意見をさらに裏付ける追加情報としては，「特定の分野で働くために求められる知識の例」を挙げるのが最適である。したがって，①が正解。②，③，④については，クーパーの意見をさらに裏付けるとは考えられないので，不可。

— 127 —

第 5 問
【全訳】
あなたの英語の先生はクラスのみんなに，インスピレーションを与えてくれる物語を見つけて，メモを用いてそれをディスカッショングループに発表するように言いました。あなたはアメリカの高校生が書いた話を見つけました。

僕たちが一緒に学んだこと

ペドロ・ゴールドシュミット

　アメリカ史のテストを提出したとき，僕は笑顔だった。授業が始まってまだ2週間しか経っていなかったが，僕はすべての課題でAを取っていた。このテストには驚くようなことは何一つ出題されておらず，僕は自分の好成績が続くことを確信していた。しかし，席に戻るときに，友人たちがしかめ面で自分のテストを見つめているのに気づいた。

　その日の昼食を一緒に食べながら，僕はみんなにテストについてどう思ったか尋ねた。いつもは歴史の授業でよい成績を取るジェイソンが「先生が何を勉強させたかったのか全然わからない。名前と年号は全部知っていたけれど，全然役に立たなかった」と言った。ナターシャはさらに取り乱していた。「私，落第したと思う。しかも徹夜で勉強したのに！」と彼女は言った。僕は友人たちが落胆しているのを見るのが嫌だったので，それについて何かをしようと決心した。「わかった」と僕は言った。「明日の放課後，図書館に集まろう。教材についてみんなで話し合って，僕が今回のテストのためにどのような準備をしたかを説明してみるよ」

　正直なところ，その翌日に図書館に来る人が多いとは予想していなかった。驚いたことに，前日の昼食のときに僕の提案を聞いた5人の友人全員が，学校が終わってすぐに図書館にやってきたのだ。これは特に僕のような，人に指導することに慣れていない人間にとってはとてもプレッシャーを感じる出来事だった。でも，力になると僕が約束したのだから，約束を守らねばならないと感じていた。僕は，教科担当であるウェリン先生が，僕たちにどのように歴史を理解してほしいのかを説明した。細かい事柄ばかり見るのではなく，僕たちに歴史上の様々な出来事を調べて，どんな共通点があるのかを発見してほしいのだと。

　最初はみんな自分が何をする必要があるのかよくわからなかった。僕たちはずっと，暗記することで歴史を勉強するように教えられてきたのに，今ウェリン先生はもっと創造的に考えることを僕たちに求めていたからだ。彼らが練習するのを助けるために，僕は彼らのために小テストや小論文の問題を用意し，彼らに異なる時代に起こった主な歴史的出来事の分析を行わせた。まもなく，友人たちはどんどん自信を持ち始めた。

　友人たちの成長を見て僕はわくわくした。その次に授業で小テストが行われたとき，彼らの成績はずっとよくなり，みんなから勉強会のことで感謝された。ただ残念なことに，勉強会をリードすることが僕の時間をどんどん奪っていった。基本的に勉強の準備はすべて，友人たちのために僕が行っていて，それには何時間もかかることがあった。放課後，家で自由になる時間がほとんどなかったばかりでなく，自分が苦労している授業の準備に必要な時間が取れていないことにも僕は気づいた。

— 128 —

もっと重要だったのは，時間が経つにつれ友人たちの行動の変化に気づき始めたことだ。初期の何度かの集まりでは，彼らはよく考えた質問をしたり，様々な考えについて討論したりしていたが，時間が経つにつれて彼らは僕から何もかも教わることを期待するようになった。僕は，彼らが自分で考えるのではなく，僕が彼らに代わって考えることをあてにするようになってきているのではないかと心配し始めた。僕は，そうした状況に関して友人たちと率直な，心からの話し合いを持つことにした。

その次の集まりには，何の資料も用意せずに行った。僕は友人たちに言った。「みんな，申し訳ないが，グループ全体を毎週リードする時間がないんだ。もう何をするべきかは全員がわかっているだろうし，質問があれば僕が答えるよ。質問がなければ，自分たちでディスカッションを進めていけるように準備しておいてほしい」

ナターシャは怒り出し，「私たちを見捨てるなんて信じられない！」と言った。ジェイソンはナターシャが部屋を出ていくときに首を横に振った。「わかったよ，ペドロ。何もかもまかせっきりにして悪かった。とても自信があるように見えたんだ」他のみんなもそれでいいよと言い，グループディスカッションで平等に責任を持つことを約束してくれた。

勉強会には今でもナターシャは出席してくれていて，毎週集まっているし，僕は友人たちが歴史についてお互いに討論するのを聞くのが大好きだ。参加できて僕は嬉しいが，今やそれは僕だけのグループではなく，みんなのグループなんだ。

メモ：

僕たちが一緒に学んだこと

筆者(ペドロ・ゴールドシュミット)について
- 友人たちのことを気にかけていた
- 担当の先生が，30 ③ 異なる時代が共通に持つものとは何か に関して尋ねることによって歴史を教えるということを理解していた

話に登場する人物
- ジェイソン：勉強会のメンバーで，31 ④ グループの学習方法を変えるというペドロの決断を支持した。
- ナターシャ：勉強会のメンバーで，強い感情的な反応をした。
- ウェリン先生：アメリカ史を教える先生。

自信のある友人およびリーダーとしてのペドロの成長に影響を与えた出来事
友人たちを勉強会に誘った
- → 32 ② 自分たちの先生の歴史に対する取り組み方を説明した
- → 33 ④ 取り組むための記述式の例題を友人たちに与えた

→ 34 ⑤ 友人たちが歴史の授業でよりよい成績を取るのを見た

→ 35 ① 勉強会と自分自身の勉強のことが心配になりだした

<u>ペドロが勉強会のリーダーとして気づいたこと</u>

教える人は, 36 ③ 他の人の自主性を奪わずに学習を導く ように注意しなければならない。

<u>この話から私たちが学べること</u>

● 37 ① 健全な人付き合いには明確なコミュニケーションが必要である。

● 38 ③ グループで勉強している間は, 他のメンバーと協力し合うべきだ。

【語句・構文解説】
・present A to B「A を B に発表する」
・note「メモ」
・a story written by a high school student in America「アメリカの高校生が書いた話」 written 以下は a story を修飾する過去分詞句。
◆第 1 段落◆
・hand in O / hand O in「O を提出する」
・get an A「A を取る／最高の評価を得る」 A はアメリカの評価基準(通常 A~F)で最高の評価を意味する。
・assignment「課題」
・confident「自信のある」
・notice O doing「O が~しているのに気づく」
・stare at A「A を見つめる」
・with frowns on one's face「しかめ面で」
◆第 2 段落◆
・do well in A「A でよい成績をとる」
・have no idea wh-節「~かまったくわからない」
・even+比較級「さらに~」 even は比較級を強める副詞。
・upset「取り乱した／混乱した」
・fail O「O(試験や学科)に落第する／落ちる」
・stay up all night doing「徹夜で~する／~して一晩中起きたままでいる」
・discouraged「落胆した」
・material「教材／資料」
・prepare for O「O のために準備をする」
◆第 3 段落◆
・truthfully「正直に言えば」
・expect O to do「O が~すると予想する／期待する」
・to one's surprise「(人が)驚いたことに」
・be used to doing「~するのに慣れている」

・instruct O「O に教える／指示する」
・keep one's promise「約束を守る」
・instead of doing「~するのではなく／~する代わりに」
・focus on A「A に焦点を当てる／集中する」
・detail「細かい事柄／詳細」
・have O in common「O を共通に持っている」
◆第 4 段落◆
・at first「最初は」
・memorize「暗記する」
・have O do「O に~させる／してもらう」
・analyze O「O を分析する」
◆第 5 段落◆
・be thrilled to do「~してわくわくする」
・progress「成長／進歩」
・session「会合」
・occupy O「O(時間)を取る／占める」
・I was basically preparing full lessons for my friends, which could take hours.「基本的に勉強の準備はすべて, 友人たちのために僕が行っていて, それには何時間もかかることがあった」 which 以下は前の部分に補足説明を行う関係詞節。
・Not only did I barely have any free time at home after school, but ...「放課後, 家で自由になる時間はほとんどなかったばかりでなく, …」 Not only が文頭に来たために倒置(did I barely have)が起きている。
　Not only ~, but ...「~ばかりでなく, …もまた」
　barely ... any A「A がほとんど…ない」
・the time I needed to prepare for classes I was having trouble in「自分が苦労している授業の準備に必要な時間」 I needed to prepare 以下は the time を修飾する節。I was having trouble in は

classes を修飾する節。

have trouble in A「A で苦労する」

◆第6段落◆
・over time「時が経つにつれて」
・spend O *doing*「～するのに O（時間）を費やす／O（時間）を～して過ごす」 ここでは *doing* に asking と discussing が並列で用いられている。
・as time goes on「時が経つにつれて」
・rely on A to *do*「A が～するのをあてにする」
・rather than *doing*「～するのではなく／～するよりもむしろ」

◆第7段落◆
・otherwise「そうでなければ」
・be ready to *do*「～する準備ができている」

◆第8段落◆
・abandon O「O を見捨てる／置き去りにする」
・shake *one's* head「頭を横に振る／かぶりを振る」
・take responsibility for A「A に対して責任を持つ」
・equal「平等な／同等の」

◆第9段落◆
・include O「O を含む」
・join in「参加する／加わる」
・not just A「A だけではない」

◆メモ◆
・care about A「A のことを気にかける／気にする」
・emotional reaction「感情的な反応」
・influential「影響を及ぼす」
・instructor「教える人／インストラクター」

【設問解説】
問1 30 ③

30 に入れるのに最も適切な選択肢を選べ。
① 歴史上の重要な出来事の名前と年号
② 歴史上の人物が重要である理由
③ **異なる時代が共通に持つものとは何か**
④ なぜアメリカの歴史を学ぶ必要があるのか

　第3段落第5・最終文「僕は，教科担当であるウェリン先生が，僕たちにどのように歴史を理解してほしいのかを説明した。細かい事柄ばかり見るのではなく，僕たちに歴史上の様々な出来事を調べて，どんな共通点があるのかを発見してほしいのだと」より，③が正解。①と②は，第2段落第2・3文「いつもは歴史の授業でよい成績を取るジェイソンが『先生が何を勉強させたかったのか全然わからない。名前と年号は全部知っていたけれど，全然役に立たなかった』と言った」より，不可。④については述べられていないので，不可。

問2 31 ④

31 に入れるのに最も適切な選択肢を選べ。
① 歴史を学ぶための独特な方法を持っていた
② ペドロがグループをリードしないと発表したとき部屋を出て行った
③ ペドロがグループで使う勉強の計画を立てた
④ **グループの学習方法を変えるというペドロの決断を支持した**

　第7段落で，ペドロが学習方法を変えると述べたこと，および第8段落第2～5文「ジェイソンはナターシャが部屋を出ていくときに首を横に振った。『わかったよ，ペドロ。何もかもまかせっきりにして悪かった。とても自信があるように見えたんだ』」より，④が正解。①は，第2段落第3文「名前と年号は全部知っていたけれど，全然役に立たなかった」に関連するが，暗記は独特な方法ではないので，不可。②は，上記第8段落第2文より退室したのはナターシャだとわかるので，不可。③は，第5段落第4文の「基本的に勉強の準備はすべて，友人たちのために僕（＝ペドロ）が行っていて」より，不可。

問3 32 ② 33 ④ 34 ⑤ 35 ①
　5つの選択肢（①～⑤）のうち**4つ**を選び，起きた順に並べ換えよ。

32 → 33 → 34 → 35

① 勉強会と自分自身の勉強のことが心配になりだした
② 自分たちの先生の歴史に対する取り組み方を説明した
③ 自分は勉強会から抜けるつもりだと説明した
④ 取り組むための記述式の例題を友人たちに与えた
⑤ 友人たちが歴史の授業でよりよい成績を取るのを見た

　「友人たちを勉強会に誘った」以降の出来事を見ていく。第3段落第5文「僕は，教科担当であるウェリン先生が，僕たちにどのように歴史を理解してほしいのかを説明した」より，32 には②が入る。次に第4段落第3・最終文「彼らが練習するのを助けるために，僕は彼らのために小テストや小論文の問題を用意し，彼らに異なる時代に起こった主な歴史的出来事の分析を行わせた。まもなく，友人たちはどんどん自信を持ち始めた」より，33 には④が入る。なお，この課題をペドロが与えていたことは第5段落第4文の「基本的に勉強の準備はすべて，友人たちのために僕が行っていて」よりわかる。同段落第2文「その次に授業で小テストが行われたとき，彼らの成績はずっとよくなり，みんなから勉強会のことで感謝された」より，34 には⑤

— 131 —

が入る。そして同段落最終文「放課後，家で自由に
なる時間がほとんどなかったばかりでなく，自分が
苦労している授業の準備に必要な時間が取れていな
いことにも僕は気づいた」および第6段落第1文
「もっと重要だったのは，時間が経つにつれ友人た
ちの行動の変化に気づき始めたことだ」より， 35
には①が入る。③については，第7段落第2・3文
「僕は友人たちに言った。『みんな，申し訳ないが，
グループ全体を毎週リードする時間がないんだ。も
う何をするべきかは全員がわかっているだろうし，
質問があれば僕が答えるよ』」より，ペドロはグルー
プを抜けるのではなく，指導的立場を退くと言った
だけであり，また，これは①より後の出来事なので，
不可。

問4 36 ③
36 に入れるのに最も適切な選択肢を選べ。
① 生徒の個人的なニーズと彼らの親たちの個人的
なニーズのバランスをとる
② 予期せぬ変化に生徒が対応できるようにする授
業を創造する
③ 他の人の自主性を奪わずに学習を導く
④ 個々の学習スタイルにアピールするやり方で教
える
第6段落第2・3文「初期の何度かの集まりでは，
彼らはよく考えた質問をしたり，様々な考えについ
て討論したりしていたが，時間が経つにつれて彼ら
は僕から何もかも教わることを期待するようになっ
た。僕は，彼らが自分で考えるのではなく，僕が彼
らに代わって考えることをあてにするようになって
きているのではないかと心配し始めた」と，第7段
落第3・4文「もう何をするべきかは全員がわかっ
ているだろうし，質問があれば僕が答えるよ。質問
がなければ，自分たちでディスカッションを進めて
いけるように準備しておいてほしい」より，参加者
全員が主体的に考え，自主性と創造性を保持して取
り組むように指導することが注意すべきことだとわ
かるので，③が正解。①は，「生徒の親やそのニー
ズ」については述べられていないので，不可。②，
④についても述べられていないので，不可。

問5 37 38 ①・③
37 と 38 に入れるのに最も適切な2つの選
択肢を選べ。（順不同。）
① 健全な人付き合いには明確なコミュニケーショ
ンが必要である。
② 勉強会の人たちはいつも理解がある。
③ グループで勉強している間は，他のメンバーと
協力し合うべきだ。

④ あなたが何をしようとも，他人を助けることは
できない。
⑤ テストのためには，細かいことをたくさん覚え
なければならない。
第6段落で，勉強会のメンバーの自主性がなく
なっていくことに懸念を抱いた筆者が，第7～8段
落では，メンバー全員が平等の責任を持つことを話
し合いの場で提案し，拒否反応がありつつもメン
バーの賛同を得て，皆が積極的に役割を果たす理想
的な勉強会ができあがるという経緯の中で，人付き
合いにおけるコミュニケーションの重要性が描かれ
ているので，①は正解。また，第8段落第3～最終
文「『わかったよ，ペドロ。何もかもまかせっきりに
して悪かった。とても自信があるように見えたん
だ』他のみんなもそれでいいよと言い，グループ
ディスカッションで平等に責任を持つことを約束し
てくれた」には，グループのメンバーが協力し合う
ことの大切さが述べられているので，③も正解。②
は，第8段落第1文「ナターシャは怒り出し，『私た
ちを見捨てるなんて信じられない！』と言った」よ
り，不可。④は，第5段落第2文「その次に授業で
小テストが行われたとき，彼らの成績はずっとよく
なり，みんなから勉強会のことで感謝された」より，
不可。⑤は，第2段落第3文の「名前と年号は全部
知っていたけれど，全然役に立たなかった」という
ジェイソンの発言などより，不可。

— 132 —

第6問
A
【全訳】
クラスのディスカッションで，あなたは次の記事を要約するよう求められています。メモだけを使って，その要約をクラスに発表する予定です。

ペットと人間社会

　私たちの多くにとって，飼っているペットは家族の重要な一員である。私たちはペットにエサを与え，語りかけ，体をきれいにし，散歩に連れて行き，場合によっては可愛らしい服で着飾りさえする。人間と動物の間の親密な関係は，現代に限られたことではない。事実，ペットは，私たちの歴史の最も早い時期から人間社会の一部となってきた。

　考古学と遺伝学の証拠は，今から3万年以上前に人間がすでにイヌと一緒に暮らし始めていたことを示唆している。今日私たちが飼っているすべてのイヌの品種 —— 小型犬，大型犬，毛がふさふさしたイヌ，脚の長いイヌ —— はもともと野生動物であるオオカミの子孫である。人間とオオカミが一緒に暮らし始めたのはなぜだろうか？　推測の域を出ないが，おそらく両者がその関係を有益なものだと気づいたからだろう。人間にとってオオカミは役に立つものだった。オオカミは私たちが狩りをするのを手伝い，野生動物による攻撃から私たちを守り，近くにいてくれた。オオカミに対して，人間は食べ物と住み処を提供した。ひょっとしたら，荒野で生き延びようとするよりも，人間と一緒に暮らす方が楽だったのかもしれない。いずれにせよ，人間とオオカミという2つの種の間に強い絆が発達したことがわかっている。人間とイヌが一緒に葬られた古代の墓が発見されており，その遺跡の中には1万2千年以上の古さのものもある。

　私たちとネコとの関係もまた文明の始まりにまでさかのぼることができる。ネコは今から1万年以上前に，中東で最初に飼い馴らされたと考えられている。オオカミの場合と同じように，おそらく野生のネコは，エサと温かい寝場所を与えてくれる人間と一緒に暮らすことに利益があることを発見したのだろう。他方で人間は，貯蔵してある穀物を食べるイエネズミやドブネズミのような有害な動物を駆除するため，おそらく身近にネコを置いておくようになったのだろう。ネコが私たちの代わりに有害な動物を捕まえてくれるので，そのお返しに，私たちはネコに住み処を提供した。ネコと強く結び付いた社会の1つが，今から約4千年前の古代エジプトの社会だった。古代エジプト人はネコを大いに敬い，美術の中で神々を表すためにネコを使うことが多かった。エジプトでは，多数のネコの像や壁画と，頭部がネコになっている人物の像や壁画も発見されている。ネコには人間と同じような埋葬が行われ，ミイラにさえされた。しかしながら，ネコがすべての社会で敬われたわけではなかった。中世ヨーロッパでは，ネコは悪魔や黒魔術と結びつけられるようになった。ネコを飼う人々が魔女の疑いをかけられた。そのような考えは今日でも私たちのおとぎ話の一部になっていて，そこでは魔女が黒猫と共にいることが多い。

　歴史が始まって以来ペットとして飼われてきた他の動物には，ウサギ，トリ，サル，ヘビ，さらにはクマまで含まれる。動物の種類とペットの飼い方は実に様々であるが，飼い馴らされた動物の存在は，ほとんどすべての文化，社会，部族の共同体に共通のものであったようである。

　今日の世界には10億匹以上のペットがいて，その中には2億匹を超えるネコと4億匹以上のイヌが含まれると考えられている。ほとんどの人にとって，ペットは，私たちの祖先に対して果たした機能的な役割をもはや果たすことはない。私たちは森で狩りをするのを飼っているイヌに手伝ってもらう必要はないし，私たちの貴重な穀物を盗むイエネズミを捕まえるようネコに求めることもない。むしろ，現代でのペットの飼育は贅沢だと言える。ペットは私たちにお金と時間をかけさせるが，そのお返しに実用的または経済的な利益を与えてくれることはないのが普通だ。では，それでも私たちがペットを飼うのはなぜだろうか？

　その答えは単純なもの，つまり愛情であるようだ。人々はペットを愛する。動物に対して愛情

— 133 —

を抱く人間の能力は，文化や歴史を越えた普遍的なもののように見える。私たちは，ペットを飼うことを，人間社会の中での根本的に正常な行為だと考えることができるのだ。

メモ：

ペットと人間社会

導入
- ◆ 人間は大昔からペットとともに暮らしてきた。
- ◆ 39 ② 人間とイヌは今から３万年以上前に一緒に暮らしていた。

事実
- ◆ 40 ③ イヌと人が同じ墓に埋葬された という事実が，人間とイヌの関係の証拠となっている。
- ◆ ネコは，古代のエジプト人に大いに敬われていた。
- ◆ 今日の世界のペットの数：10億匹
  - ◇ 家で飼われるネコが２億匹以上
  - ◇ 家で飼われるイヌが４億匹以上

人間はなぜペットを飼い始めたか
- ◆ おそらく両者がその関係から利益を得たからだろう。つまり，人間がエサと住み処を提供し，他方でペットは 41 ① 野生動物の狩りをするのを助けること と 42 ② 穀物を食べる動物を捕まえること によって私たちを助けてくれたということだ。

私たちは今なぜペットを飼うのか
- ◆ 43 ③ ペットに対して私たちが強い愛情を感じるから。

【語句・構文解説】
- summarize O「Oを要約する」
- the following A「次のA」
- article「記事」
- present A to B「AをB(人)に発表する」
- note「メモ」
◆第１段落◆
- feed O「Oにエサをやる」
- take O for a walk「Oを散歩に連れて行く」
- dress up O / dress O up「Oを着飾る」
- outfit「服／上着」
- close relationship「親密な関係」
- unique to A「Aに特有な」
- the modern age「現代」
- in fact「実際」
◆第２段落◆
- archeological「考古学の」
- genetic「遺伝の」
- evidence「証拠」
- suggest that SV ...「…ということを示唆する」
- alongside A「Aと一緒に」
- more than A「A以上／Aより多い」

- breed「(家畜の)品種／種類」
- huge「巨大な」
- fluffy「毛がふさふさの」
- long-legged「脚の長い」
- originally「もともと／元来」
- be descended from A「Aの子孫である」
- wolf「オオカミ」
- wild「野生の」
- guess「推測する」
- it is likely that SV ...「…である可能性が高い」
- find O to be C「OがCであると気づく」
- beneficial「利益をもたらす／有益な」
- useful「役に立つ」
- help O to do「Oが〜するのを手助けする」
- hunt「狩りをする」
- protect A from B「AをBから守る」
- attack「攻撃／襲撃」
- creature「生物／動物」
- companionship「一緒にいること／付き合い」
- provide O「Oを提供する」
- shelter「住み処／避難所」
- the wild「荒野」
- regardless「いずれにせよ」
- bond「(強い)絆」
- develop「発達する」
- species「(生物の)種」
- ancient「古代の」
- grave「墓」
- bury O「Oを埋める」
- discover O「Oを発見する」
- site「遺跡／跡地」

◆第3段落◆
- trace A back to B「A(起源)をB(時代)にまでさかのぼる」
- civilization「文明」
- it is thought that SV ...「…と考えられている」
- domesticate O「Oを飼い馴らす／家畜化する」
- the Middle East「中東」
- as with A「Aの場合と同様に」
- benefit「利益／利点」
- on the other hand「他方で／一方」
- likely「おそらく」
- keep around O / keep O around「Oを身近に置いておく」
- control O「Oを駆除する／抑制する」
- pest「有害な動物／害虫」
- A such as B「例えばBのようなA」

- mice＜mouse「イエネズミ」の複数形。
- rat「ドブネズミ」
- store O「Oを蓄える／貯蔵する」
- in return「そのお返しに」
- provide A with B「AにBを提供する」
- associate A with B「AをBと結びつける」
- that of Ancient Egypt「古代エジプトの社会」
  that は the society の代用。
- around A「およそA」
- the Ancient Egyptians「古代エジプト人」
- respect O「Oを敬う／尊重する」
- represent O「Oを表す／表現する」
- god「神」
- statue「(石や木などの)像」
- A, as well as B「AもBも／BだけでなくAも」
- those of human figures「人物の像や壁画」those は the statues and wall paintings の代用。
- burials similar to those of humans「人間と同じような埋葬」those は burials の代用。
  burial「埋葬」
  A similar to B「Bによく似たA」
- turn A into B「AをBにする」
- mummy「ミイラ」
- not ... all A「すべてのAが…というわけではない」
  部分否定の表現。
- the Middle Ages「中世」
- come to do「〜するようになる」
- devil「悪魔」
- dark magic「黒魔術」
- suspect A of B「AがBではないかと疑う」
- witch「魔女／魔法使い」
- belief「考え方／信念」
- remain C「Cのままである」
- fairy story「おとぎ話」

◆第4段落◆
- Other animals kept as pets throughout history「歴史が始まって以来ペットとして飼われてきた他の動物」kept 以下は Other animals を修飾する過去分詞句。
- include O「Oを含む」
- manner of doing「〜するやり方」
- presence「存在」
- common to A「Aに共通の」
- culture「文化」
- tribal「部族の」

◆第5段落◆
- billion「10億」

・including A「A を含めて」
・no longer「もはや…ない」
・serve O「O を提供する」
・functional role「機能的な役割」
・as they did for our ancestors「彼ら(＝ペット)が私たちの祖先に対してしたように」 did は served a fundamental role の代用。
・need O to *do*「O に〜させる必要がある」
・forest「森」
・require O to *do*「O に〜することを要求する」
・steal O「O を盗む」
・precious「貴重な」
・rather「そうではなくて／むしろ」
・luxury「贅沢」
・cost A B「A(人)に B(お金)がかかる」
・practical「実用的な／実質的な」
・economic「経済的な」

◆第6段落◆
・capability「能力」
・affection「愛情」
・appear to be C「C であるように見える」
・universal「普遍的な」
・consider O to be C「O を C であると考える」
・fundamentally「根本的に／基本的に」
・normal behavior「正常な行動」
◆メモ◆
・introduction「導入」

【設問解説】
問1 39 ②
　　39 に入れるのに最も適切な選択肢を選べ。
① 今日多くの社会でネコは神として崇拝されている。
② 人間とイヌは今から3万年以上前に一緒に暮らしていた。
③ ペットを飼うことはある特定の社会にだけ見られるものである。
④ 中世の人々は普通，イヌを飼っていた。
　第2段落第1文「考古学と遺伝学の証拠は，今から3万年以上前に人間がすでにイヌと一緒に暮らし始めていたことを示唆している」より，②が正解。①は，第3段落第7文「古代エジプト人はネコを大いに敬い，美術の中で神々を表すためにネコを使うことが多かった」に関連するが，これは古代エジプト社会でのことであって今日のことではないので，不可。③は，最終段落第3文「動物に対して愛情を抱く人間の能力は，文化や歴史を越えた普遍的なもののように見える」より，ペットを飼うことは特定

の社会にだけ見られるわけではないので，不可。④は，第3段落第11・12文「中世ヨーロッパでは，ネコは悪魔や黒魔術と結びつけられるようになった。ネコを飼う人々が魔女の疑いをかけられた」に関連するが，中世の人々がイヌを飼っていたかどうかについては述べられていないので，不可。
問2 40 ③
　　40 に入れるのに最も適切な選択肢を選べ。
① 古代の人々はイヌの絵を描いた
② DNA 鑑定からイヌがオオカミの子孫であることがわかる
③ イヌと人が同じ墓に埋葬された
④ イヌは古代の伝説や物語で主役となっていた
　第2段落最終文「人間とイヌが一緒に葬られた古代の墓が発見されており，その遺跡の中には1万2千年以上の古さのものもある」より，③が正解。①は，第3段落第8文「エジプトでは，多数のネコの像や壁画と，頭部がネコになっている人物の像や壁画も発見されている」に関連するが，イヌの絵については述べられていないので，不可。②は，第2段落第2文「今日私たちが飼っているすべてのイヌの品種 ── 小型犬，大型犬，毛がふさふさしたイヌ，脚の長いイヌ ── はもともと野生動物であるオオカミの子孫である」に関連するが，人間とイヌとの関係に関わる内容ではないので，不可。④は，第3段落最終文「そのような考えは今日でも私たちのおとぎ話の一部になっていて，そこでは魔女が黒猫と共にいることが多い」に関連するが，イヌの話については述べられていないので，不可。
問3 41 42 ①・②
　　41 と 42 に入れるのに最も適切な選択肢を選べ。(順不同。)
① 野生動物の狩りをするのを助けること
② 穀物を食べる動物を捕まえること
③ 多くの赤ん坊を生むこと
④ 政治状況を改善すること
⑤ 医学においてある役割を果たすこと
⑥ 隠された宝物を探すこと
　第2段落第5文「人間にとってオオカミは役に立つものだった。オオカミは私たちが狩りをするのを手伝い，野生動物による攻撃から私たちを守り，近くにいてくれた」より，①が正解。また，第3段落第4文「他方で人間は，貯蔵してある穀物を食べるイエネズミやドブネズミのような有害な動物を駆除するため，おそらく身近にネコを置いておくようになったのだろう」より，②も正解。③，④，⑤，⑥については述べられていないので，不可。

— 136 —

問4　43　③

43 に入れるのに最も適切な選択肢を選べ。

① ペットは贅沢なものであり，私たちに幸運をもたらしてくれるから。

② ペットは様々な役に立つ仕事をしてくれるから。

③ ペットに対して私たちが強い愛情を感じるから。

④ 私たちはペットを尊敬し，神のように扱うから。

　現代人がペットを飼う理由については最終段落に述べられている。同段落第1～3文「その答えは単純なもの，つまり愛情であるようだ。人々はペットを愛する。動物に対して愛情を抱く人間の能力は，文化や歴史を越えた普遍的なもののように見える」より，③が正解。①は，第5段落第4・5文「むしろ，現代でのペットの飼育は贅沢だと言える。ペットは私たちにお金と時間をかけさせるが，そのお返しに実用的または経済的な利益を与えてくれることはないのが普通だ」より，ペットが人間に幸運をもたらすとは言えないので，不可。②は，同段落第2・3文「ほとんどの人にとって，ペットは，私たちの祖先に対して果たした機能的な役割をもはや果たすことはない。私たちは森で狩りをするのを飼っているイヌに手伝ってもらう必要はないし，私たちの貴重な穀物を盗むイエネズミを捕まえるようネコに求めることもない」より，現代ではペットは実用性がないとされているので，不可。④は，第3段落の古代エジプト人のネコに対する考え方なので，不可。

— 137 —

B

【全訳】

　あなたは国際科学プレゼンテーションコンテストのために準備している学生グループに属しています。宇宙空間に関するプレゼンテーションの自分の担当パートを作成しようと，次の文章を用いています。

　単なるゴミのポイ捨てであれ，気候変動の原因となる温室効果ガスの増加であれ，環境汚染は何十年も前から地球上でよく知られている問題である。しかし，地球周辺の宇宙空間に蓄積しているゴミのように，知っている人も，考えている人もほとんどいない問題もある。大したことではないと思われるかもしれないが，「宇宙ゴミ」としても知られる宇宙空間のデブリの蓄積は，近い将来大きな問題になるかもしれない。

　このような宇宙ゴミがすべてどこから来るのかと思うかもしれない。1957年以来，ロケットの打ち上げによって10,000基以上の人工衛星が地球の周回軌道に投入されている。一部は重力によって地球の方に引き戻され，大気圏で破壊される。高度250〜550kmの衛星の場合，軌道にとどまるように働きかけなければ，数週間から数年ほどで地球に墜落してしまう。しかし，衛星がいったん800kmより上空にまで上がると，重力が衛星を引き戻すのに数十年から数百年かかることさえある。また，科学研究に使われる，1,000kmより上空にある衛星の中には安定した軌道にあるものもあり，これらの衛星は何千年も存在し続けることがある。

　浮遊している「死んだ」衛星は，最も重大な問題ですらない。宇宙ゴミの破片が十分に大きければ，地上と宇宙ベースの技術を使って追跡するのは簡単だし，宇宙空間にある他の制御された物体はそれを避けることができる。もっとも，ときには2つの衛星が衝突し，両者が数百から数千の比較的小さな破片になってしまうこともある。さらに，アメリカ，中国，インドなどの国々は最近，人工衛星に搭載した軍事システムのテストを始めた。爆破ミサイルによって衛星が破壊されると，偶発的な衝突の場合よりもさらに小さな破片になる。宇宙ゴミの小さな破片はさほど危険ではないように思えるかもしれないが，小さなデブリでも十分な速度が出ていれば，宇宙ステーションの薄い外壁を突き破ることが可能である。そして，このようなデブリの小さな破片は追跡や回避がはるかに難しいため，人工衛星や人間が操作する宇宙船や宇宙ステーションに実際に危険をもたらす。

　今のところ，ロケットの打ち上げは宇宙ゴミによって支障が出る危険性はあまりないようだが，現在軌道上にある人工衛星には危険である。先に述べた10,000基の衛星のうち，7,000基以上が今も稼働しており，残りのほとんどは死んでいる。径10cm以上の大きさの宇宙ゴミは34,000個，1mm以上の大きさの宇宙ゴミは1億2,800万個以上あると推定されている！　作動中の衛星にとって，これらの破片は重大事故の可能性を意味する。そして，私たちが述べたように，そのような事故はより多くのデブリを生み出すだけである。上空800〜1,000kmにある軍事衛星はおおむね安全だが，それよりやや低い軌道にある気象衛星の中には影響を受けたものもある。その下の撮影衛星も危険な状態にある。最も低い軌道にあるISS，つまり国際宇宙ステーションは，2005年以来25回もデブリとの衝突を避けるために軌道変更を余儀なくされている。宇宙ステーションに滞在する人々にとって，宇宙デブリは現実的で日常的な脅威なのだ。

　これまでにも宇宙ゴミをどうにかしようという提案はあったが，そのアイデアのほとんどは費用がかかりすぎるか，リスクが高すぎるとされてきた。強力な磁石やレーザー，さらにはネットを使用する計画は，デブリの中でも最も大きく，容易に回避可能なものに対してのみ有効である。少なくとも今のところは，宇宙ゴミが地球に自然に落下するにまかせることが望ましいアプローチであるように思われる。

　だが，それもまもなく変わるかもしれない。というのも，様々な企業が現在軌道上にある衛星の数を大幅に増やす計画を発表しているからだ。現在でも，軌道上で稼働している衛星の約半分は，巨大な「コンステレーション」つまり小型衛星の大集団の一部である。これらのコンステレーションは概して世界中からインターネットにアクセスできるように使用されており，その数は今後10年間で飛躍的に増加すると予想されている。ある試算によれば，軌道上の衛星の数は2030年までに50,000基まで増加するという。その時点で，衛星同士の衝突がデブリを生み出し，デブリが増えるとさらに衝突が増えるという連鎖反応が始まる可能性がある。言い換えれば，宇宙ゴミはまもなく小さな不便から進歩を妨げる大きな障害になるかもしれないのだ。

プレゼンテーション用スライド

深刻化する宇宙デブリ問題

1．主な事実

・最近の衛星の大幅な増加
44
・① およそ 3,000 基の死んだ衛星が軌道上にある
・③ 1957 年以降 10,000 基以上の衛星が打ち上げられた
・④ 10cm 以上のデブリが 30,000 個以上ある
・⑤ 1,000km より上空にある衛星はより長く軌道にとどまる可能性が高い

2．小さなデブリが発生する原因

・ 45 ③ 各国が衛星を爆破できる武器のテストを始めた。
・ 46 ④ 2 基の衛星の衝突によって両者が小さな破片になることがある。

3．解決策に関して

・一部の衛星は大気圏で自然に燃え尽きるだろう。
・ 47 ① これまでに提案された方法はほとんどが非実用的である。

4．何がどの軌道にあるか？ 48

(E) 科学衛星
(D) 軍事衛星
(C) 気象衛星 1,000km
(B) 撮影衛星 800km
(A) ISS
         550km
地球

5．最後に

49 ① 直ちに懸念されるものではないが，今後 10 年間の宇宙デブリの増加は科学と経済に深刻な影響を及ぼす可能性がある。

【語句・構文解説】
・a student group preparing for an international science presentation contest「国際科学プレゼンテーションコンテストのために準備している学生グループ」 preparing 以下は a student group を修飾する現在分詞句。

prepare for A「Aのために準備する」
- the following A「次のA」
- passage「文章」
- outer space「宇宙空間」

◆第1段落◆
- pollution「環境汚染」
- decade「10年間」
- littering「ゴミのポイ捨て」
- greenhouse gases causing climate change「気候変動の原因となる温室効果ガス」 causing 以下は greenhouse gases を修飾する現在分詞句。
  climate change「気候変動」
- trash「ゴミ」
- build up「蓄積する」
- a big deal「大きな問題」
- buildup「蓄積」
- debris in space, also known as "space junk"「『宇宙ゴミ』としても知られる宇宙空間のデブリ」 also 以下は debris in space を補足説明する過去分詞句。
  debris「デブリ／残骸」
- pose O「O(問題など)を引き起こす」

◆第2段落◆
- wonder wh-節「…かなと思う」
- rocket launch「ロケットの打ち上げ」
- satellite「(人工)衛星」
- orbit「軌道」
- get pulled back「引き戻される」
- gravity「重力」
- the atmosphere「大気圏／大気」
- altitude「高度」
- crash「墜落する」
- once SV ...「いったん…すると」
- it takes O for A to do「Aが～するのにOを要する」
- some satellites used for scientific research that are over 1,000 kilometers up「科学研究に使われる，1,000kmより上空にある衛星」 used for scientific research は some satellites を修飾する過去分詞句。that 以下も some satellites を修飾する関係代名詞節。
  scientific research「科学研究」
- stable「安定した」
- last「存在し続ける／続く」

◆第3段落◆
- "Dead" satellites floating around「浮遊している『死んだ』衛星」 floating around は"Dead" satellites を修飾する現在分詞句。

- float「浮かぶ」
- significant「重要な」
- track O「Oを追跡する」
- space-based「宇宙ベースの／宇宙に設置された」
- controlled object「制御された物体」
- avoid O「Oを避ける」
- collide「衝突する」
- cause O to do「Oに～させる(原因となる)」
- break into A「Aに砕ける」
- hundreds of A「何百ものA」
- thousands of A「何千ものA」
- recently「最近」
- military「軍事の」
- explosive「爆破の／爆発性の」
- missile「ミサイル」
- accidental「偶発的な」
- impact「衝突／影響」
- be capable of doing「～することが可能である」
- break through A「Aを突き破る」
- much＋比較級「はるかに～」 比較級を強調する副詞。
- do＋動詞の原形「実際に～する」

◆第4段落◆
- for now「今のところ」
- in danger of doing「～する危険な状態に」
- currently「現在」
- the 10,000 satellites mentioned earlier「先に述べた10,000基の衛星」 mentioned 以下は the 10,000 satellites を修飾する過去分詞句。
- estimate O「Oを推定する」
- space junk bigger than 10 centimeters across「径10cm以上の大きさの宇宙ゴミ」 bigger 以下は space junk を修飾する形容詞句。
  A across「径A／幅がA」
- space junk bigger than 1 millimeter「1mm以上の大きさの宇宙ゴミ」 bigger 以下は space junk を修飾する形容詞句。
- functional「作動している／機能する」
- represent O「Oを表す」
- potential「可能性」
- as S mention「Sが述べるように」
- A up「A上空に」
- weather satellite「気象衛星」
- orbit「軌道を回る」
- suffer O「Oを受ける／被る」
- photography satellite「撮影衛星」
- ～ as well「～もまた」

— 140 —

- on board「乗船して」
- threat「脅威」

◆第5段落◆
- proposal「提案」
- declare O C「O が C であると断言する」
- risky「危険な」
- involve O「O を含む／伴う」
- magnet「磁石」
- laser「レーザー」
- work on A「A に有効である」
- avoidable「避けやすい」
- at least「少なくとも」
- preferred「好ましい」

◆第6段落◆
- ..., though「でも，…／けれども，…」 副詞である。
- announce O「O を発表する」
- increase O「O を増やす」
- constellation「コンステレーション／星座」
- typically「概して／一般的に」
- provide O「O を提供する」
- be expected to *do*「～すると予想される」
- immensely「飛躍的に／著しく」
- according to A「A によると」
- estimate「推定」
- crash「衝突」
- chain reaction「連鎖反応」
- lead to A「A につながる／A を引き起こす」
- in other words「言い換えれば」
- inconvenience「不便／不都合」
- obstacle「障害」
- in the way of A「A を妨げる」
- progress「進歩」

◆プレゼンテーション用スライド◆
- key「主な／鍵となる」
- massive「大幅な」

【設問解説】
問1 44   ②

44 に含めるべきで**ない**ものは次のうちどれ
か？
① およそ 3,000 基の死んだ衛星が軌道上にある
② **1cm 以下のデブリはまったく問題を引き起こ
さない**
③ 1957 年以降 10,000 基以上の衛星が打ち上げら
れた
④ 10cm 以上のデブリが 30,000 個以上ある
⑤ 1,000km より上空にある衛星はより長く軌道に
とどまる可能性が高い

第 3 段落第 6・最終文「宇宙ゴミの小さな破片は
さほど危険ではないように思えるかもしれないが，
小さなデブリでも十分な速度が出ていれば，宇宙ス
テーションの薄い外壁を突き破ることが可能であ
る。そして，このようなデブリの小さな破片は追跡
や回避がはるかに難しいため，人工衛星や人間が操
作する宇宙船や宇宙ステーションに実際に危険をも
たらす」，および第 4 段落第 3・4 文「径 10cm 以上
の大きさの宇宙ゴミは 34,000 個，1mm 以上の大き
さの宇宙ゴミは 1 億 2,800 万個以上あると推定され
ている！ 作動中の衛星にとって，これらの破片は
重大事故の可能性を意味する」より，②が正解。①
は，第 4 段落第 2 文「先に述べた 10,000 基の衛星の
うち，7,000 基以上が今も稼働しており，残りのほと
んどは死んでいる」より，含めるべきである。③は，
第 2 段落第 2 文「1957 年以来，ロケットの打ち上げ
によって 10,000 基以上の人工衛星が地球の周回軌
道に投入されている」より，含めるべきである。④
は，上記第 4 段落第 3 文より，含めるべきである。
⑤は，第 2 段落最終文「また，科学研究に使われる，
1,000km より上空にある衛星の中には安定した軌道
にあるものもあり，これらの衛星は何千年も存在し
続けることがある」より，含めるべきである。

問2 45   46   ③・④

小さなデブリが発生する原因のスライドに入る，
特に危険な宇宙デブリが増加している理由を 2 つ選
べ。（順不同。） 45 ・ 46
① 死んだ衛星を回収しようという過去の試みがさ
らに多くのデブリを作り出した。
② ゴミ袋が国際宇宙ステーションから捨てられて
いる。
③ **各国が衛星を爆破できる武器のテストを始め
た。**
④ **2 基の衛星の衝突によって両者が小さな破片に
なることがある。**
⑤ 軌道に打ち上げられたロケットが死んだ衛星に
ぶつかることがある。

第 3 段落第 3 文「もっとも，ときには 2 つの衛星
が衝突し，両者が数百から数千の比較的小さな破片
になってしまうこともある」より，④は正解。第 3
段落第 4・5 文「さらに，アメリカ，中国，インド
などの国々は最近，人工衛星に搭載した軍事システ
ムのテストを始めた。爆破ミサイルによって衛星が
破壊されると，偶発的な衝突の場合よりもさらに小
さな破片になる」より，③も正解。①，②について
は述べられていないので，不可。⑤は，第 4 段落第
1 文前半「今のところ，ロケットの打ち上げは宇宙

— 141 —

ゴミによって支障が出る危険性はあまりないようだ」より，不可。

問3 〔47〕 ①

解決策に関してのスライドに入れるのに最も適切な選択肢を選べ。〔47〕

① これまでに提案された方法はほとんどが非実用的である。

② 強力な磁石は，大きさに関係なく宇宙デブリを引き付けるために使える。

③ 特別な衛星が宇宙デブリを集めるために設計されている。

④ 衛星の総数が制限されなければならない。

第5段落第1文「これまでにも宇宙ゴミをどうにかしようという提案はあったが，そのアイデアのほとんどは費用がかかりすぎるか，リスクが高すぎるとされてきた」より，①が正解。②は，同段落第2文「強力な磁石やレーザー，さらにはネットを使用する計画は，デブリの中でも最も大きく，容易に回避可能なものに対してのみ有効である」より，不可。③と④については述べられていないので，不可。

問4 〔48〕 ②

何がどの軌道にあるか？ のスライドにある地球の軌道の図にある空白のラベルを完成させよ。〔48〕

① (A) ISS (B) 軍事衛星
(C) 科学衛星 (D) 気象衛星
(E) 撮影衛星

② **(A) ISS** **(B) 撮影衛星**
(C) 気象衛星 **(D) 軍事衛星**
(E) 科学衛星

③ (A) 撮影衛星 (B) ISS
(C) 軍事衛星 (D) 科学衛星
(E) 気象衛星

④ (A) 科学衛星 (B) 軍事衛星
(C) 気象衛星 (D) 撮影衛星
(E) ISS

⑤ (A) 気象衛星 (B) ISS
(C) 科学衛星 (D) 軍事衛星
(E) 撮影衛星

第4段落第6～8文「上空800～1,000kmにある軍事衛星はおおむね安全だが，それよりやや低い軌道にある気象衛星の中には影響を受けたものもある。その下の撮影衛星も危険な状態にある。最も低い軌道にあるISS，つまり国際宇宙ステーションは，2005年以来25回もデブリとの衝突を避けるために軌道変更を余儀なくされている」より，(A)にはISS，(B)には撮影衛生，(C)には気象衛星，(D)には軍事衛星が入る。第2段落最終文「また，科学研究に使

われる，1,000kmより上空にある衛星の中には安定した軌道にあるものもあり，これらの衛星は何千年も存在し続けることがある」より，(E)には科学衛星が入る。したがって，②が正解。

問5 〔49〕 ①

最後のスライドに入れるのに最適な言葉はどれか。〔49〕

① 直ちに懸念されるものではないが，今後10年間の宇宙デブリの増加は科学と経済に深刻な影響を及ぼす可能性がある。

② 宇宙デブリは地球の大気圏で燃え尽き，新しく開発された様々な科学的方法によって除去されるため，徐々に問題ではなくなっている。

③ 宇宙デブリは，技術者が将来，小型衛星の打ち上げと運用のための新しい技術を開発するため減少するだろう。

④ 宇宙デブリは宇宙飛行士にとって問題であるにすぎなかったが，現在，地表に住む人々が物理的な脅威にさらされている。

第5段落最終文「少なくとも今のところは，宇宙ゴミが地球に自然に落下するにまかせることが望ましいアプローチであるように思われる」と，最終段落第4～最終文「ある試算によれば，軌道上の衛星の数は2030年までに50,000基まで増加するという。その時点で，衛星同士の衝突がデブリを生み出し，デブリが増えるとさらに衝突が増えるという連鎖反応が始まる可能性がある。言い換えれば，宇宙ゴミはまもなく小さな不便から進歩を妨げる大きな障害になるかもしれないのだ」より，①が正解。②は，第5段落第1・2文「これまでにも宇宙ゴミをどうにかしようという提案はあったが，そのアイデアのほとんどは費用がかかりすぎるか，リスクが高すぎるとされてきた。強力な磁石やレーザー，さらにはネットを使用する計画は，デブリの中でも最も大きく，容易に回避可能なものに対してのみ有効である」より，不可。③については述べられていないので，不可。④は上記最終段落第4～最終文より，「現在，地表に住む人々が物理的な脅威にさらされている」とは述べられていないので，不可。

MEMO

MEMO